# 丛书编委会

**主　编**

刘国永

**副主编**

李文思　王　萌

**编　委**

孙晓霞　王华巍　姜　蓉　张　林　罗　杰
王文才　何文盛　马蔡琛　华清君　李宜祥
俞红梅　任晓辉　彭锻炼　汤　泉　刘　敏
　　　　信俊汝　吴　晶　夏和飞

全面实施预算绩效管理系列丛书

丛书主编 刘国永

信俊汝 朱文 王春影 梁园园 编著

# 全面实施预算绩效管理案例解读（2021）

江苏大学出版社
JIANGSU UNIVERSITY PRESS

镇江

**图书在版编目(CIP)数据**

全面实施预算绩效管理案例解读.2021/信俊汝等
编著.—镇江：江苏大学出版社,2021.12
ISBN 978-7-5684-1744-0

Ⅰ.①全… Ⅱ.①信… Ⅲ.①财政预算—经济绩效—
财政管理—案例—世界 Ⅳ.①F811.3

中国版本图书馆 CIP 数据核字(2021)第 260909 号

全面实施预算绩效管理案例解读(2021)
Quanmian Shishi Yusuan Jixiao Guanli Anli Jiedu (2021)

编　　著/信俊汝　朱　文　王春影　梁园园
责任编辑/柳　艳
出版发行/江苏大学出版社
地　　址/江苏省镇江市梦溪园巷 30 号(邮编：212003)
电　　话/0511-84446464(传真)
网　　址/http://press.ujs.edu.cn
排　　版/镇江文苑制版印刷有限责任公司
印　　刷/南京艺中印务有限公司
开　　本/787 mm×1 092 mm　1/16
印　　张/15.25
字　　数/360 千字
版　　次/2021 年 12 月第 1 版
印　　次/2021 年 12 月第 1 次印刷
书　　号/ISBN 978-7-5684-1744-0
定　　价/48.00 元

如有印装质量问题请与本社营销部联系(电话:0511-84440882)

# 序 一*

刘仲藜

　　财政是国家治理的基础和重要支柱，财税体制在国家治理中发挥着基础性、制度性、保障性作用。1993年初夏，党中央做出了实施财税体制改革的重大战略部署，一场影响深远的财税体制改革自此拉开了序幕。十八届三中全会以来，财税体制改革全面发力、多点突破、纵深推进，预算管理制度更加完善，财政体制进一步健全，税收制度改革取得重大进展，现代财政制度框架基本确立。2017年，党的十九大报告从全局和战略高度要求加快建立现代财政制度，建立全面规范透明、标准科学、约束有力的预算制度，全面实施绩效管理。

　　回顾这些年财税体制改革的历程，全面实施预算绩效管理是深化财税体制改革的重要内容，也是新形势下的必然之举。深化财税体制改革的内容涵盖预算管理制度、税收制度和财政管理体制三个领域，其中预算管理制度改革是基础。十八大以来，中期财政规划、预算公开、地方政府债务管理等一系列预算管理制度改革举措的落地实施，为全面实施预算绩效管理夯实了基础条件。从另一个角度看，全面实施预算绩效管理要求强化预算为民服务的绩效理念，促进预算更加公开透明，增强对重大战略任务的财力保障，平衡好促发展和防风险的关系，这些要求则进一步明确了预算改革的目标导向原则，拓展了预算管理的广度和深度，加快了财税体制改革的实施进程。

　　进一步讲，全面实施预算绩效管理是推进国家治理体系和治理能力现代化的内在要求。我国的财税体制改革始终紧密围绕推进国家治理体系和治理能力现代化的总目标推进。随着改革的逐步深入，国家治理体系中一些深层次问题仍有待解决，如政府和市场资源配置效率不高、事权和支出责任关系未理顺、公共服务供给不平衡不充分、绩效理念尚未牢固树立、政府部门履职成效有待提高等。全面实施预算绩效管

---

* 本序作者刘仲藜系中华人民共和国财政部原部长。

理，不单单是财政资金的管理，其实是在更深层次上将理财与理政结合在一起，将全面实施预算绩效管理转化为完善国家治理体系、促进发展质量效益提升的动力和重要手段。

纵观我国预算绩效管理的发展过程，自 20 世纪 90 年代探索绩效评价试点开始，我们先后历经了绩效评价扩点增面、全过程预算绩效管理等阶段。历经多年探索，2018 年《中共中央 国务院关于全面实施预算绩效管理的意见》正式发布，为全面实施预算绩效管理做出统筹谋划和顶层设计，预算绩效管理改革按照"全方位、全过程、全覆盖"的框架体系进入全面深化阶段。

当前，我国已进入新发展阶段，随着国内外形势发生深刻复杂的变化，为推动构建新发展格局，必须持续深化财税体制改革。"十四五"时期的财政改革发展各项工作，从强化高质量发展目标引领，注重宏观政策协调配合，促进财政政策提质增效，到深入推进预算管理制度改革、进一步理顺财政体制等，都对绩效管理提出了更高更新的要求。

作为一项长期的、系统性的工程，全面实施预算绩效管理需要在工作实践中不断完善和动态改进。在这个过程中，需要解决的难题很多，需要理顺的关系很多，需要研究的课题很多；在这个过程中，需要汇聚各方力量，各尽其责、各展所长，广泛深入开展研究，为全面实施预算绩效管理建言献策。

刘国永教授及其团队在预算绩效管理领域深耕多年，长期奋战在业务一线，不仅具有深厚的理论基础、专业素养，同时也积累了丰富的实践经验，并于 2019 年推出《全面实施预算绩效管理系列丛书》。几年时间里，我国预算绩效管理体系不断完善，预算绩效管理的范围和层次较以往均有了较大的拓展。刘国永教授及其团队本着与时俱进、精益求精的一贯精神，结合新的实践经验，组织对《全面实施预算绩效管理系列丛书》进行修订，并增编了《政府购买服务绩效评价：理论、实践与技术》《政府债务预算绩效管理路径探索：基于代际公平和投融资机制的视角》等新著，对绩效如何融入全口径预算管理的具体实施路径进行了诸多有益的探索，对如何推动绩效和预算更全面、更实质性地融合等问题的研究更为深入系统，还重点关注了基层政府如何开展预算绩效管理等，案例也很有新意、很具有代表性，应该会激发一些有价值的讨论。

相信系列丛书的新出版发行，会加深读者对"全面实施预算绩效管理"的认识和理解。书中提供了颇多开展绩效管理的方法体系和技术工具，有助于绩效管理改革创新，希望能够给各类读者提供有益的借鉴。

忝为序。

刘仲藜

# 序　二 *

· · · ·
· · · ·

马蔡琛

　　财政为庶政之母，预算乃邦国之基。2018 年 9 月发布的《中共中央 国务院关于全面实施预算绩效管理的意见》（以下简称《意见》）提出："力争用 3 至 5 年时间基本建成全方位、全过程、全覆盖的预算绩效管理体系，实现预算和绩效管理一体化，着力提高财政资源配置效率和使用效益，改变预算资金分配的固化格局，提高预算管理水平和政策实施效果，为经济社会发展提供有力保障。"三年多以来，财政部门围绕落实《意见》目标，精心谋划、认真组织、大力推动，经各方共同努力，全国各地区各部门强化绩效意识，努力推进改革，已取得诸多成绩。然而，全面实施预算绩效管理这项工程庞大而复杂，由于各地实践的具体环境与所处阶段各有不同，当前对于预算绩效管理先进经验的总结、理念和方法的探讨非常有必要。

　　上海财经大学公共绩效研究院刘国永教授及其团队多年来一直基于实践，系统性地展开预算绩效管理领域的研究，这套《全面实施预算绩效管理系列丛书》（修订版）就是他们不断探索的重要成果。这确实是一件值得祝贺的事情。

　　这套丛书在 2019 年版本的基础上进行了修订和拓展，更成体系，内容更广泛。前两册专业基础和实践指导围绕"四本预算"进行了修订，包括理论梳理、实践论证；全新编撰的第三册《全面实施预算绩效管理案例解读（2021）》则基于各地实践，筛选近年来的典型案例特别是绩效管理探索创新的实践内容，进一步丰富案例积累；新纳入的第四册《政府购买服务绩效评价：理论、实践与技术》立足于政府购买服务绩效评价亟待解决的问题，搭建形成包括理论基础、实施路径、指标体系、评价机制在内的政府购买服务绩效评价理论体系；第五册《政府债务预算绩效管理路径探索：基于代际公平和投融资机制的视角》对全面实施预算绩效管理背景下政府债务如何

＊ 本序作者马蔡琛系南开大学经济学院教授，博士生导师。

"全方位、全过程、全覆盖"绩效管理的实施路径进行了探索。丛书内容丰富，相关经验及方法的分享实践指导意义颇大，其体例在国内亦为新颖，编者的研究视野和成书勇气都非常值得肯定。该丛书对于推进全面实施预算绩效管理实践具有很大价值，不仅可为预算绩效领域的研究者提供参考资料，还可以为各级政府部门、第三方绩效评价机构提供有用的实践方法。

我们可以看到，自新《预算法》实施以来，我国一般公共预算、政府性基金预算、社会保险基金预算、国有资本经营性预算这一整套全口径预算管理体系已然基本形成。在此基础之上，考虑到全面实施预算绩效管理的新要求，如何将预算绩效管理的覆盖面从一般公共预算延展到其他"三本预算"，加快建成全方位、全过程、全覆盖的预算绩效管理体系，对当前的预算绩效管理提出了全新的挑战。

将政府性收支最大限度地纳入政府预算管理之中，是全覆盖预算绩效管理行之有效的重要前提，而我国目前"四本预算"之间的界限并不十分清晰，这将在相当程度上制约预算绩效管理的改革进程。这种界限不清集中体现在以下三个方面：

第一，目前我国的"四本预算"之间仍存在"交叉重叠"部分。举例来说，一般公共预算和政府性基金预算存在相同或相似科目。譬如，二者均设置了"城乡社区支出""交通运输支出"的类级科目。其中一般公共预算设置了"城乡社区公共设施""城乡社区环境卫生"两个款级科目，政府性基金预算则设置了"城乡基础设施配套费安排的支出"这一相似的款级科目。对于此种相似领域资金的重复覆盖，将会导致预算绩效实时监督的障碍和矛盾。

第二，政府性基金预算的界限模糊，内容范围规定尚待完善。目前，新《预算法》中已然对政府性基金的征收方式、征收对象和征收依据做出了说明，但由于政府性收费本身数量和种类都较为繁杂，且地方政府性收费一度随意性较强，实际上难以统计和管理。因而，很多具有政府基金性质的杂项收费都并未在法律层面提供有效的划分依据，而各种政府性基金的盈利和增值，也并未纳入政府性基金管理。

第三，国有资本经营预算存在覆盖缺口。目前，国有金融类企业和国家政策性企业的收入尚未纳入国有资本经营预算范围，且未能全面反映国有资本的存量和增量。

而在"四本预算"绩效管理体系的建立之中，需要重点关注两个问题。一是，目前的预算编制、调整权力集中在各级财政部门，由于行政隶属关系的制约，财政部门实际上很难深入国有资本经营预算和社会保险基金预算的编制与决策过程。以国有资本经营预算为例，预算编制的视角应下沉到具体项目和项目承载企业中去，充分考虑实际项目情况。因而预算管理部门在编制预算的过程中，为保证其科学性和合理性，需要适当考虑业务部门的实际，但也不宜过于放权，否则将会致使管理混乱。二是，原来的预算绩效管理主要针对的是一般公共预算，对另外"三本预算"的绩效管理不够规范和完整。不仅难以对其提炼出高质量的绩效信息，对"四本预算"整体预算绩效进行评估更无从谈起。实际上，另"三本预算"的绩效管理各有其特点，政府性基金预算绩效管理应重点关注基金政策设立延续依据、征收标准、使用效果等情况，国有资本经营预算绩效管理要重点关注贯彻国家战略、收益上缴、支出结构、使用效果等情况，社会保险基金预算绩效管理要重点关注各类社会保险基金收支政策效果、基金管理、精算平衡、地区结构、运行风险等情况。因而，规范化"四本预算"的资金管理，精准定位不同评价主体和不同评价对象在预算活动中的功能特点，制定与之契合的绩效目标和评价体系，既是"四本预算"绩效管理中的重点，也是痛点。

在全面实施预算绩效管理背景下，通过全口径预算绩效管理体系的构建，不仅对各本预算进行独立绩效管理，更要将之有机衔接起来，最终织就一张全覆盖的预算绩效管理网。在理论和实践上还有诸多具体问题有待解决，我们在《全面实施预算绩效管理系列丛书》的前三册中可以看到实践者是如何用智慧化解的，也能看到将来还有哪些问题有待更好地完善。

再说对政府购买服务进行绩效评价。当下，"政府购买服务"已然成为包括我国在内的世界主要国家公共治理的核心政策工具，而政府"花钱必问效，无效必问责"已被提至新高度，因此与老百姓关系密切的约1万亿元规模的政府采购服务绩效评价备受关注，也是"全面实施预算绩效管理"需纳入讨论的重要内容。近年来，《财政部关于推进政府购买服务第三方绩效评价工作的指导意见》《政府购买服务管理办法》等先后发布，政府购买服务绩效评价规则进一步细化，但是在评价过程中可能依然会出现以下几个误区：第一，过分强调形式上的"结果"，违背满足社会公众需求的最初目标。如果执着于绩效评价结果，过度强调供给规模，可能反而导致服务质量、供给有效性和效率性下降。第二，政府购买服务的边界不清晰。对于不同性质的公共服务，政府部门和社会组织应当承担的责任是有差别的。因而，应当结合实际情况，明确政府购买服务清单或负面清单，有选择性地推广政府购买服务。第三，不同层级政府和社会公众之间职责分工不明确。应当合理界定政府与社会之间的角色定位和责任分工，充分协调合作，尽可能避免不同合作部门之间的"踢皮球"现象。如何走出误区，更为高效、科学地进行政府购买服务绩效评价？本丛书第四册《政府购买服务绩效评价：理论、实践与技术》给出了最新的探索与实践案例。

最后，我们谈谈丛书第五册《政府债务预算绩效管理路径探索：基于代际公平和投融资机制的视角》涉及的话题"政务债务预算绩效管理"。党的十九大报告中指出："我国经济已由高速增长阶段转向高质量发展阶段。"当前，我国财政运行处于紧平衡状态，经济下行压力加大的同时，财政收入增长动力会有所减弱。一些地方收支矛盾更为突出，有的财力紧张，资金使用固化、僵化问题不同程度存在，保工资、保运转、保基本民生面临困难。地方政府债务能不能发挥预期效果，关系到我国财政长期预算平衡，以及能否为经济社会发展持续提供税源。构建全覆盖预算绩效管理体系过程中，推进政府债务预算绩效管理体系建设也是重要的一环，有助于科学合理配置财政资源，防范地方政府债务风险，提高地方债资金使用效益，实现积极财政政策的

"提质增效"。这本书的探索能够给当前的研究和实践带来一些启发：一是根据债务管理主体职责、债务项目生命周期、债务偿还渠道和债务资金投向等特征，如何构建多位绩效目标体系；二是从债务管理、预算管理和绩效管理一体化的视角，如何构建符合政府债务特征的全过程绩效管理模式。

加快建立现代财政制度，建立全面规范透明、标准科学、约束有力的预算制度，必须以全面实施预算绩效管理为关键点和突破口，推动财政资金聚力增效，提高公共服务供给质量，提升政府公信力和执行力。在实践中，我们需要以预算推动治理，以绩效看待发展，将实施落到实处，《全面实施预算绩效管理系列丛书》（修订版）确实进行了实实在在的探索，取得了颇为可观的研究成果，相信阅览此书的读者诸君一定会获益良多。

是为序。

# 自　序[*]

· · · ·
· · · ·

## 构建预算绩效管理新范式：
## 数据驱动、标准支撑、业财绩融合

刘国永

自《中共中央 国务院关于全面实施预算绩效管理的意见》发布以来，各地纷纷按照3至5年时间基本建成全方位、全过程、全覆盖的预算绩效管理体系的目标推进各项工作。在"三全"的框架体系之内，各地还不断尝试创新突破，有的实施基于成本核算的预算绩效管理，有的开展下级政府财政运行综合绩效评价试点，有的开展绩效标准建设，应该说都具有各自的亮点和特色。当然，各地也都面临一些问题和挑战，并总结了一些经验和教训。目前，各地的预算绩效管理工作，既处在阶段收官的成果验收期，也处在再度出发的未来展望期。值此全面实施预算绩效管理的关键时刻，基于对历史的总结和未来的期待，我们重新修订了《全面实施预算绩效管理系列丛书》，从各地已经面临或即将面临的挑战出发，有针对性地总结出五个亟待进一步深化破解的难题，并对应地提出了一系列看法，以期帮助读者把握未来预算绩效管理工作的主要方向。

### 一、质量为基：预算绩效管理提质扩围

构建全方位、全过程、全覆盖的预算绩效管理体系，是全面实施预算绩效管理的主要目标。随着各项工作的不断深入，预算绩效管理改革也进入了"深水区"，管理对象进一步拓展，延伸到政府性基金预算、国有资本经营预算和社会保险基金预算其他三本预算，以及一般公共预算中的政府采购项目、政府购买服务项目、政府和社会资本合作（PPP）项目、政府债务项目、政府投资基金等。从这些管理对象的特点来

---

* 本序作者刘国永系上海财经大学公共绩效研究院副院长、全国财政信息化标准化工作组委员、上海闻政管理咨询有限公司董事长、上海市公共绩效评价行业协会会长、海南省财政绩效评价行业协会会长。

看，与以往纳入绩效管理的对象相比，主要有以下四个特点：一是管理目标更综合、更立体，例如，上述对象可能与国家关于政府职能转变、理顺政府间财政关系、国有资本保值增值等目标相关联，也会涉及具体某个管理环节的特定要求；二是对财政收入绩效管理提出了明确要求，其他"三本预算"均可能涉及预算收入的绩效管理内容；三是财政管理与其他行业管理特征交织，例如基金、债务等项目还需要结合金融及资金运行风险的相关管理要求；四是管理对象的层次更高，例如一级政府的财政运行情况、某个社会保险基金整体运行情况等。由于这些管理对象存在上述特点，导致在全面实施预算绩效管理之前，大多数财政部门不将这些对象纳入管理范围。

但是，"三全"的管理要求，使得对这类对象的管理需求与日俱增，相关的研究和试点也在陆续展开中，如何有效地将管理范围拓展到这些对象、推动全面实施预算绩效管理工作持续深入，已经成为摆在各级财政部门乃至各级党委政府面前的重大课题。因此，要实现全面实施预算绩效管理的持续深入，有待于进一步明确目标、把握特征、完善路径。明确目标，就是要基于全方位的视角，将目标定位于建立管理对象的目标体系、内容体系、方法体系和标准体系；把握特征，就是要按照全覆盖的要求，在管理过程中充分体现不同对象的不同特征；完善路径，就是要提炼全过程的经验，搭建形成相关管理对象覆盖事前评估、目标管理、运行监控、绩效评价、结果应用等环节的闭环系统。

**二、标准为本：预算管理一体化科学化**

实现预算与绩效管理一体化是全面实施预算绩效管理的根本目标，集中体现了绩效为预算管理服务，通过绩效管理提升预算管理水平，进而推进预算管理科学化的基本方向。绩效标准体系是全面实施预算绩效管理的基础，也是预算和绩效管理一体化的核心，包括目标标准、支出标准和评价标准三项内容。其中，目标标准是支出标准的依据，支出标准是目标标准的约束，评价标准是目标标准和支出标准的调节机制。"十三五"期间，我国通过推进全面实施预算绩效管理，在完善绩效管理流程、加大绩效管理覆盖范围、强化预算和绩效管理衔接等方面取得了较大进展。但是，在绩效管理的深度上，由于绩效目标标准和支出标准缺乏衔接，绩效管理和预算管理的一体化仅停留在流程和形式上，绩效和预算"两张皮"、预算编制和执行"两张皮"等问题仍然没有解决。只有健全绩效标准体系，以绩效标准作为支出标准的依据，才能进一步发挥绩效标准在预算和绩效管理中的基础支撑作用，从而实现预算和绩效管理全过程的实质性一体化融合。

健全预算绩效标准体系，应以绩效指标建设为基础，包含三方面内容：一是以目标标准与基本公共服务标准、支出标准衔接匹配为原则，建立以规划政策和部门职责为先导，以质量和效益为核心的目标标准；二是要在保障财政资源统筹的基础上，坚持先有目标再有预算，分析实现目标标准的科学合理支出水平，建设财政支出标准；

三是要健全各类绩效评价方法、规则、模型和管理标准等，研判支出安排和目标标准的匹配性，以评价标准的建立促进目标标准和支出标准的动态调整。目标标准、支出标准和评价标准等三项构成了绩效标准的完整体系，需要整体设计和全面推进。绩效标准体系建设的水平和质量，也反映了预算绩效管理的水平，也是实质性通过预算绩效推进预算管理科学化的关键。这也是党的十九大对预算管理改革的要求。

### 三、主体责任：业、财、绩融合的行业绩效管理体系

在全面实施预算绩效管理的整体背景下，通过若干年的工作实践，预算绩效管理工作已不再是财政部门的"独角戏"，相关要求已经转化为不少行业领域主管部门的自身诉求。这种转变得益于以下三点：一是预算绩效管理正在成为行业主管部门开展内部管理的重要工具，通过将业务和财务相互融合，厘清主管部门和单位之间、机构内部不同处室之间的权责利关系，将绩效管理作为预算部门开展内部管理的新手段、新方法；二是预算绩效管理有助于明确政府开展行业监管和补贴的标准，建立以绩效数据为支撑的行业监管体系，确立行业监管的绩效标杆；三是预算绩效管理可以实现行业管理的进一步科学化、精细化，树立绩效标杆，解决部门预算资源配置效率最大化的问题。

这种转变的产生，来自行业领域主管部门不同的管理诉求，主要包括：第一，行业领域主管部门是预算绩效管理的责任主体，更多的部门预算自主管理权限体现为对行业领域特征的关注；第二，与财政部门更关注资金相比，行业领域主管部门更关注预算绩效管理与部门运转、项目管理、业务开展、部门履职等方面的联系；第三，由于还存在业务方面相关的考核评估，行业领域主管部门还对预算绩效管理与各种形式的督导、考核、评估、评价能否相互融合较为关注。因此，在后续搭建行业领域绩效管理体系的过程中，主要要做到以下三点：一是立足绩效，建立覆盖部门内部所有绩效管理需求的管理体系，覆盖管理的多个层次，实现多类绩效管理需求的统合；二是聚焦财务，抓住资金管理主线，以绩效视角改变传统记账式财务、向管理会计转型，以融合创新支撑财务治理能力现代化；三是专精业务，涵盖运转、人事、资产等各个方面的管理内容，以数据驱动行业领域智能管理、智能决策。因此，预算绩效管理对于部门单位的最大价值是通过优化资源配置，提升部门决策和管理水平。

### 四、治理规制：基层政府预算绩效决策体系

基层政府是我国政府治理的基础，承担着多数公共服务的主体责任，既向普通民众直接提供教育、卫生、公共安全、住房、文化等基本公共服务，也通过国有企业间接提供供水、供热、公交、环卫等公用事业服务。在履行上述政府职能的过程中，基层政府始终面临着财权事权不匹配、经济基础薄弱、人力资源紧张、管理手段匮乏、预算标准缺失等诸多问题。不同于其他更高层级政府的管理现状，对于基层政府而

言，如何紧紧抓住全面实施预算绩效管理的改革契机，充分发挥绩效"指挥棒"的工具属性，厘清县乡两级政府的财政事权和支出责任，最大限度简化管理流程和降低管理难度，将预算绩效与基层财政资源的整合及配置决策联系起来，既是最为迫切的需求，也是亟待解决的难点。

相对于其他层级政府将项目和政策作为主要绩效管理对象的通行做法，基层政府应立足于自身财政资源的整体配置规划，缩短绩效管理行为与财政资源投入决策之间的半径，按照基层政府财力与事权相匹配的原则，通盘考虑如何有效率、均等化、可持续地回应普通民众希望获得公共服务的基本诉求。为此，对于基层政府而言：一是要推进基本公共服务绩效分析及标准建设，以绩效标准为引领全面盘活县乡两级财政资源，破解当前有限资源和高质量发展目标之间的矛盾难题；二是要加快公用事业国有企业财政补贴标准及机制建设，合理划分政府与市场的边界，提升公用事业的服务供给效率；三是要推进一级政府财政运行综合绩效决策分析，提供县级和乡镇经济社会发展状况的衡量工具，及时发现影响高质量发展的重大风险因素。

**五、数据驱动：预算绩效管理大数据分析应用**

当前，大数据应用日益成为"数字政府"转型的重要基础和新的驱动力，推动政府数据开放共享，促进社会事业数据融合和资源整合，开展数据应用，将极大提升政府履职能力。财政和预算部门作为绩效管理的责任主体，既有条件，也有必要依托这一抓手，加快推进绩效大数据应用，充分整合和挖掘数据资源，促进政务信息化由传统流程化管理向数据资源价值发挥，支持科学决策的重大转变。预算绩效管理作为贯穿预算编制、执行、监督和决算全过程的管理活动，预算绩效管理的大数据分析应用不应局限于财政自身数据，也需要将各个预算部门和单位的业务数据纳入进去，同时还需要整合政务数据之外的外部数据。

要整合内外数据，开展预算绩效管理大数据分析应用，就需要进一步完善具体的应用路径，具体来说：一是要建立应用机制，加快推动形成以党委领导、政府统筹、政务信息化主管部门协调、行业需求部门主导参与、相关部门单位积极配合的工作格局，深度挖掘行业领域预算绩效管理的需求，通过多种方式支持与专业企业开展合作，理顺大数据建设过程中的权责关系，建立预算绩效大数据的统一标准规范；二是要明确应用场景，将相关场景完全贴合预算管理实践，面向实践工作中面临的难点问题，使得大数据分析应用在预算编制、执行、监督和决算的全流程中充当监管工具、衡量工具、模拟工具；三是要设计应用功能，按照应用场景的基本定位，提供全景现状、问题诊断、仿真模拟等分析功能，有效满足财政部门和预算部门掌握预算绩效全景现状、识别资源配置主要风险、了解不同配置策略下预算绩效变化趋势等管理诉求。

在我国全面实施预算绩效管理即将取得阶段性成果，但预算绩效管理工作亟待持续深化的大背景下，今天呈现在大家面前的《全面实施预算绩效管理系列丛书》（修订版），是我们近年来按照预算与绩效管理一体化的要求不断探索和实践的结果，凝结了我们多年的心血。与上一版相比，本次修订主要有以下特点：第一，按照目前政府治理、财政和预算管理的一系列新形势、新背景、新政策，对丛书涉及的相关概念、数据和知识体系进行了完善更新，特别对四本预算、部门行业绩效管理、绩效标准和大数据建设应用进行了丰富和拓展；第二，基于我们近两年的深耕，结合我们在各地开展预算绩效管理实务工作的经验，形成了全新的案例解读，更贴近读者工作实际；第三，按照预算绩效管理范围不断拓展的要求，依托近年来我们参与财政部政府购买服务、政府债务等部省共建联合研究课题的成果，特别撰写形成了关于政府购买服务和政府债务预算绩效管理两册专著，以期帮助读者进一步深入理解预算绩效管理在各个财政专题中的深入应用。

从整体内容上看，本套丛书从理论、实践到案例，内容完整，且更加丰富；从篇章结构上看，在知识梳理、路径划定、经验描述方面，也尽量做到简洁清晰、相互呼应。因此，我们有理由相信，本套丛书的再次修订出版，一定会对读者了解预算绩效管理、认识预算绩效管理乃至开展预算绩效管理有所助益。

我们也希望预算绩效管理领域的有志之士能够不断创新，持续研究，大胆实践，共同承担更多责任，为我国深化预算绩效管理改革贡献更多力量。

是为序。

# 目录

専題预算绩效管理实践

第七章

# 本书导读

· · · ·

· · · ·

为全面贯彻落实《中共中央 国务院关于全面实施预算绩效管理的意见》各项要求，加快构建全方位、全过程、全覆盖的预算绩效管理体系，实现新时期预算绩效管理的高质量发展，各地各级政府积极推进预算绩效管理改革，绩效理念不断深化，绩效基础不断夯实，全面实施预算绩效管理的格局初步建立，绩效管理的质量和效果逐年提升。从近几年的实践情况来看，预算绩效管理的范围有了较大的拓展，层次也明显提升：在实施地域上，已经从局部地区拓展到全国各地；在预算覆盖上，已经从一般公共预算拓展到其他"三本预算"；在管理环节上，已经从以事后绩效评价为主向全过程、全生命周期预算绩效管理推进。本书立足实践，拟通过总结近几年来预算绩效管理实践经验，对不同类型的预算绩效管理案例进行解读，为预算绩效管理工作提供借鉴和参考。

首先，本书以全过程预算绩效管理各环节为主线，从预算编审阶段的绩效目标管理及绩效事前评估，到预算执行阶段的绩效运行监控，再到预算执行后的绩效评价及结果应用，多案例、多维度进行分析解读。其次，以构建全方位预算绩效管理格局的要求为关注点，遴选了财政支出政策绩效管理和部门整体支出预算绩效管理等案例，为该项工作的推进提供参考。最后，结合国家对国有资本经营预算、政府投资基金、政府和社会资本合作（PPP）、政府债务项目等专题领域开展绩效管理的要求，将相关地区和部门试点创新的结果通过案例予以介绍，为专题领域绩效管理积累经验借鉴。全书共有 24 个解读案例，涉及事业专业类、基本建设类、信息化建设类、财政政策类等主要类型，覆盖教育、交通、卫生、文化、农业等重要行业，力求案例类型的通用性、案例解读的通俗性、案例内容的代表性。

当然，随着预算绩效管理工作的深入推进，绩效管理的政策和要求，以及绩效管理的对象和类别都会发生变化，我们将结合管理的实际情况和需求，不断完善案例读本，为各相关方提供更多、更新的典型案例。本书旨在抛砖引玉，以此加强与绩效管理各参与方的交流，共同促进预算绩效管理质量和效率的提升。

# 预算绩效目标管理

## 第一章

按照《中共中央 国务院关于全面实施预算绩效管理的意见》的要求，绩效目标管理作为预算绩效管理工作的起点、基础和前提，是开展事前绩效评估、事中绩效运行监控和事后绩效评价的重要依据，也是预算绩效一体化的核心。近年来，各地区各部门对绩效目标管理越来越重视，绩效目标责任进一步落实，管理工作流程不断规范，绩效目标覆盖面持续扩大，绩效目标质量逐年提升，绩效目标与预算安排的融合度进一步提高。

本章拟通过两个典型案例总结预算绩效目标管理实践经验。其中，以"Aaa 大学预算绩效目标体系建设"为例，呈现预算单位绩效目标体系建设的思路、方法及路径；以"Bbb 地区金融发展资金项目支出绩效目标申报及审核"为例，总结当前预算部门（单位）在项目支出绩效目标编制中存在的问题，讨论绩效目标审核重点。

## |案例一| Aaa 大学预算绩效目标体系建设

当前，Aaa 大学的预算绩效管理工作尚处于探索阶段，学校内部绩效管理意识不强、预算绩效目标编制不合理、考核机制运行效果不佳等问题显著。如何积极响应财政预算绩效管理要求、建立学校内部预算绩效管理机制、有效提升财政资金的使用效益，成为 Aaa 大学预算绩效管理重点探索的内容。本案例以 Aaa 大学预算绩效目标体系建设为核心内容，首先从其预算绩效管理发展要求及当前存在的问题出发，简要介绍 Aaa 大学预算绩效管理体系的发展要求；然后结合建设过程和成果，阐述高校二级单位和项目资金预算绩效目标体系的构建思路及成果；最后分析 Aaa 大学预算绩效目标体系的应用，探索高校预算绩效管理的建设方向。

### 一、Aaa 大学预算绩效管理现状

为保障学校职能和职责的实现，Aaa 大学设有 70 个内部机构，学校各单位在"统一领导、分级管理、集中核算"的预算体制下，通过制定统一的财务收支计划调配资源。在全面实施预算绩效管理的政策要求下，Aaa 大学积极开展预算绩效管理工作。但目前 Aaa 大学的预算绩效管理正处于萌芽探索阶段，包括预算绩效目标管理在内的预算绩效管理推进仍存在一定的局限性，无法适应 Aaa 大学当前的预算绩效

管理需求。

（一）Aaa 大学预算绩效管理发展要求

近年来，我国各级政府大力推进预算绩效管理。《中共中央 国务院关于全面实施预算绩效管理的意见》明确要求实施"全方位、全过程、全覆盖"的预算绩效管理。Aaa 大学所在地方政府积极响应，并出台相关文件，贯彻落实全面实施预算绩效管理要求，于 2020 年年底基本建成"三全"预算绩效管理体系，实现预算和绩效管理一体化。Aaa 大学作为政府事业单位，也是财政资金的使用单位，构建适合自身发展且覆盖所有相关主体、涵盖全过程的高校预算绩效管理体系，已成为不可回避的内容。

1. 实施高校预算绩效管理是完善高等教育管理的重要内容

高校作为教育体系中重要的组成部分，是财政教育资金重点支持对象，其庞大的资金投入增加了高校绩效管理研究热度。《国家中长期教育改革和发展规划纲要（2010—2020 年）》指出，要把"改进管理模式，引入竞争机制，实行绩效评估，进行动态管理"作为一流大学和一流学科建设的管理机制。2014 年教育部直属高校工作咨询委员会第 24 次全体会议更是强调："以科学评价为基础，通过绩效拨款，引导高校内涵发展、提高质量。"可见，绩效管理已成为高等教育管理的重要内容，Aaa 大学作为国家高等教育综合改革试验校，积极响应国家高等教育改革发展号召，探索具有中国特色的现代大学制度是学校发展的重大使命。

2. 优化科研绩效评价体系是完善高等教育管理的关键举措

开展科研活动是高校履职的重要内容，《国务院关于优化科研管理提升科研绩效若干措施的通知》（国发〔2018〕25 号）明确提出"强化科研项目绩效评价"，具体从"推动项目管理从重数量、重过程向重质量、重结果转变""实行科研项目绩效分类评价""严格依据任务书开展综合绩效评价"和"加强绩效评价结果应用"四个方面入手。Aaa 大学积极响应并落实科研绩效管理要求，配合科研项目主管单位落实绩效目标管理，在项目实施关键环节主动落实考核，并将考核结果作为校内科研经费、科研启动配套经费的分配依据，是学校实现"建设国际化高水平研究型大学、创造国际一流学术成果"办学目标的重要途径之一。

（二）Aaa 大学预算绩效管理存在的主要问题

此前，Aaa 大学落实的"绩效"管理主要侧重于教育部对高校"教育教学质量"的考核要求。如何综合教育条线绩效评估动态管理、科技条线项目绩效管理和财政条线预算绩效管理，提高管理效率和效果，建立适合 Aaa 大学特点的高校绩效评价体系，仍在探索阶段。当前，Aaa 大学预算管理主要按"计划"分配资源，对预算执行效果监测重视程度较低，校内预算绩效管理推广过程中阻力大。具体而言，Aaa 大学内部预算绩效管理存在的问题主要表现为以下三个方面。

1. 预算绩效管理意识不强

Aaa 大学内部绩效管理意识不强，缺乏强有力的约束机制，加剧了校内预算执行

"计划"分配不合理、绩效弱化的程度。在校内实地调研时发现，由于前期对预算编制不准确、项目绩效目标设置不合理的部分项目同样予以立项，导致此部分项目在执行过程中"钱不知怎么花""花钱产出效果不明显"等现象频发，严重影响了项目预算执行效率和效益。

2. 预算绩效管理机制不合理

Aaa 大学内部采用扁平化管理，但仍存在二级单位职责分工不清晰的现象。部分单位存在钱与事、权与责不统一等问题，导致 Aaa 大学的预算编制与绩效目标编制"各自成章"，未形成有效的对应关系。具体来说，校本级预算绩效目标由财务部独立编制完成，二级单位预算绩效目标编制则随意性较大，预算申报测算依据不充分、绩效目标编制不合理的问题显著。

3. 预算绩效管理执行力度不足

Aaa 大学虽要求二级单位在预算编报时有绩效目标、预算执行中有绩效监控反馈、预算执行结束有绩效自评，但各单位对预算绩效管理机制的执行仍处于试点阶段，绩效目标设置不合理、绩效监控实施不及时、绩效自评质量不高、绩效评价结果未实际运用等问题严重，未能有效落实校级关于预算绩效管理的相关要求。

## 二、Aaa 大学预算绩效目标体系建设

为提升资源利用效率，建立有效的预算绩效目标体系是 Aaa 大学预算绩效管理的基础。为响应财政部门对高校、Aaa 大学对内部二级单位全覆盖的预算绩效管理要求，并在预算编制环节深化预算绩效管理理念，本案例项目对 Aaa 大学所有二级单位、项目资金实施了预算绩效目标体系建设。其中，二级单位是指为保障高校各职能实施而建设的学校内部单位，如财务部、理学院、数学系、语言中心、前沿与交叉学科研究院、人文科学中心等；项目资金是指 Aaa 大学整体支出预算根据项目支出类别进行预算编制的项目金额，如教育教学支出、科研支出、后勤服务保障支出等。

### （一）二级单位整体支出预算绩效目标体系

开展二级单位整体支出预算绩效目标体系建设，有助于加大高校内部预算绩效管理力度，并基于此在预算申报环节对各单位进行绩效管理约束。二级单位整体支出预算绩效目标体系建设应遵循"全面覆盖、特点突出、可比可测"的原则，根据各单位的职能职责进行分类，分别构建共性指标和个性指标。

1. 二级单位体系划分

Aaa 大学 70 个二级单位的履职内容不尽相同，各单位的业务性质具有一定的差异。为保障学校内部预算绩效管理横向可比的需求，并实现全面覆盖，在对二级单位职能和职责进行梳理后，将业务性质基本相同的单位归为一类，建立校内单位业务体系。二级单位体系划分见图 1-1。

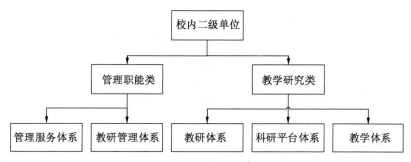

图 1-1　二级单位体系划分

2. 单位共性或个性目标体系建设划分

在前述分类下，2 个大类、5 个体系覆盖了 Aaa 大学校内 70 个二级单位，各类别履职内容存在明显差异，但同体系下的二级单位履职内容有的同质化较强，有的个性化明显。为了在体现共性的同时也能够充分反映出各单位的特色，目标体系建设可以分为共性目标体系和个性目标体系两部分。

如教研体系，因体系内单位的职责均可划分为教学、科研、人才队伍建设等，所以可构建一套共性目标体系；而管理服务体系，虽然所有单位业务方向均为保障学校履职及运转，但各单位职能差异较大（科研部主管科研项目、学生工作部主管学生活动等），故而分别建设了目标体系。体系定义、单位覆盖、同质性程度、目标体系构建等情况，见表 1-1。

表 1-1　二级单位体系内容

| 序号 | 体系名称 | 体系定义 | 单位覆盖 | 单位举例 | 同质性程度 | 目标体系构建 |
|---|---|---|---|---|---|---|
| 1 | 管理服务体系 | 为教学、科研提供服务保障单位 | 39 个 | 财务部、人力资源部、科研部 | 低 | 各单位各一套目标体系 |
| 2 | 教研管理体系 | 综合统筹内部系别教学和科研工作的行政管理单位 | 6 个 | 理学院、工学院、创新创业学院 | 高 | 共设一套共性目标体系 |
| 3 | 教研体系 | 承担教学和科研任务单位 | 16 个 | 数学系、物理系、金融系 | 高 | 共设一套共性目标体系 |
| 4 | 科研平台体系 | 专门从事科研探索的研究平台 | 2 个 | 前沿与交叉学科研究院、科学与工程计算中心 | 高 | 共设一套共性目标体系 |
| 5 | 教学体系 | 仅为学生提供通识课程教学的单位 | 7 个 | 语言中心、思想政治教育与研究中心、体育中心 | 高 | 共设一套共性目标体系 |

### 3. 二级单位目标体系建设思路

二级单位本身即为"部门"，对其开展绩效目标管理也就应当按照部门开展。在目标体系建设前，先结合二级单位的中长期发展规划、职能、年度工作计划等内容进行履职活动和重点任务梳理，构建"履职—任务—预算"的关联关系。然后根据预算情况，厘清单位的重点任务内容，进而梳理产出目标和效果目标，从而构建二级单位的预算绩效目标体系。具体体系建设思路见图1-2。

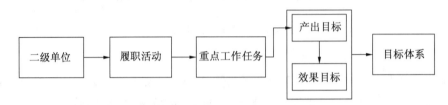

**图1-2 二级单位预算绩效目标体系建设思路**

### 4. 二级单位目标体系建设案例

下面以管理服务体系中图书馆的"数据库购置"任务和纯教学体系的"课程建设"任务为例，结合二级单位预算绩效目标体系建设思路，具体阐述绩效目标建设的路径。

**（1）图书馆"数据库购置"目标体系建设**

在建设图书馆的"数据库购置"任务目标指标时，先根据图书馆中长期发展规划、职能等资料，梳理出6项履职活动，结合预算安排，就"文献资料购置"活动梳理出3项重点工作任务内容，聚焦"数据库购置"任务梳理出其对应的产出目标及效果目标，并由此构成图书馆的绩效目标体系。图书馆绩效目标体系建设流程见图1-3。

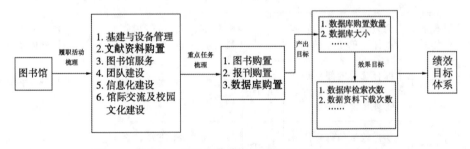

**图1-3 图书馆—数据库购置任务绩效目标体系建设流程**

图书馆单位整体支出绩效目标体系由单位所有重点任务绩效目标综合组成，基于上述图书馆—数据库购置任务绩效目标建设流程，建成涵盖指标内容、指标解释、目标值的图书馆整体支出绩效目标体系（节选）见表1-2。

表 1-2 图书馆单位整体支出绩效目标体系（节选）

| 一级目标 | 二级目标 | 职能活动 | 具体项目 | 指标内容 | 指标解释 | 目标值 |
|---|---|---|---|---|---|---|
| 产出 | 数量/质量/时效 | 基建与设备管理 | 装修改造管理 | …… | …… | …… |
| | | | 设备采购 | …… | …… | …… |
| | | | 家具采购 | …… | …… | …… |
| | 数量/质量/时效 | 文献资源购置 | 图书购置 | …… | …… | …… |
| | | | 报刊购置 | …… | …… | …… |
| | 数量 | | 数据库购置 | 数据库购置数 | 反映图书馆购置的电子数据库的数量 | ＊＊个 |
| | 数量 | | | 数据库大小 | 反映图书馆购置的电子数据库的大小 | ＊＊兆 |
| | 数量/质量/时效 | 图书馆服务 | 荐购服务 | …… | …… | …… |
| | | | 图书预约服务 | …… | …… | …… |
| | | | 查收查引服务 | …… | …… | …… |
| | | | 空间服务 | …… | …… | …… |
| | | | 信息素养培训 | …… | …… | …… |
| | 数量/质量/时效 | 团队建设 | 外出交流 | …… | …… | …… |
| | | | 内部培训 | …… | …… | …… |
| | 数量/质量/时效 | 信息化系统建设 | 信息化系统建设 | …… | …… | …… |
| | 数量/质量/时效 | 馆际交流 | 馆际交流 | …… | …… | …… |
| | 数量/质量/时效 | 校园文化建设 | 学术文化展览 | …… | …… | …… |
| 效果 | 社会效益 | 文献资源购置 | 数据库购置 | 检索次数 | 反映图书馆数据库年度检索次数 | ＊＊次 |
| | 社会效益 | | | 下载次数 | 反映图书馆数据库年度下载次数 | ＊＊人次 |
| | 社会效益 | | …… | …… | …… | …… |
| | 满意度 | 满意度 | …… | …… | …… | …… |

（2）课程建设目标体系建设

在建设教学体系的"课程建设"任务的目标指标时，首先根据教学体系语言中心、体育中心、艺术中心及政治教育与研究中心四个单位的长期发展规划、职能等资料，综合梳理出 3 项履职活动；其次结合预算申请安排，就"教学工作开展"活动梳理出 5 项重点工作任务；最后聚焦"课程建设"任务，梳理出其对应的产出目标及效果目标，并由此构成纯教学体系"课程建设"任务具有的共性绩效目标体系。纯教学体系的目标体系建设流程见图 1-4。

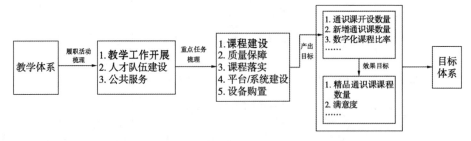

**图 1-4 纯教学体系—课程建设任务绩效目标体系建设流程**

教学体系绩效目标体系由该体系所有重点任务绩效目标综合组成，根据上述纯教学体系—课程建设任务绩效目标体系建设流程，建成涵盖指标内容、指标解释、目标值的纯教学体系单位整体支出绩效目标体系（节选）见表 1-3。

**表 1-3 纯教学体系单位整体支出绩效目标体系（节选）**

| 一级目标 | 二级目标 | 职能活动 | 具体项目 | 指标内容 | 指标解释 | 目标值 |
|---|---|---|---|---|---|---|
| 产出 | 数量 | 教学工作开展 | 课程建设 | 开设通识课数量 | 反映中心开设的必修和选修通识课的总课程数量 | ＊＊门 |
| | 数量 | | | 新增通识课数量 | 反映中心新开设的通识课数量 | ＊＊门 |
| | 质量 | | | 数字化课程（慕课）比率 | 反映中心开设的数字化课程（慕课）占总课程量的比率 | ＊＊% |
| | 数量/质量/时效 | | 质量保障 | …… | …… | …… |
| | | | 课程落实 | …… | …… | …… |
| | | | 平台/系统建设 | …… | …… | …… |
| | | | 设备购置 | …… | …… | …… |
| | 数量/质量/时效 | 人才队伍建设 | 人才引进 | …… | …… | …… |
| | | | 人才稳定 | …… | …… | …… |
| | | | 教师培训 | …… | …… | …… |

| 一级目标 | 二级目标 | 职能活动 | 具体项目 | 指标内容 | 指标解释 | 目标值 |
|---|---|---|---|---|---|---|
| 产出 | 数量/质量/时效 | 宣传工作 | 宣传活动 | …… | …… | …… |
| | 数量/质量/时效 | 公共服务 | 招生服务 | …… | …… | …… |
| | | | 特色活动 | …… | …… | …… |
| 效果 | 社会效益 | 教学工作开展 | 课程建设 | 精品通识课程数量 | 从教师资格、教学内容、教学方法、教材、教学管理等维度对中心开设的课程进行考核，最终筛选教学质量精良，能代表中心通识课程水平的精品课程数量 | ＊＊门 |
| | 社会效益 | | …… | …… | …… | …… |
| | 满意度 | 满意度 | 满意度 | 学生满意度 | 反映学生对单位通识课程开设内容的满意度（满分 100 分） | ＊＊％ |
| | | | …… | …… | …… | …… |

**（二）项目资金分类的预算绩效目标体系建设**

对项目资金进行绩效目标体系建设，是高校对预算绩效管理要求响应的直接体现。在目标体系建设过程中，先依据项目资金相关管理、使用要求及资金支出功能特点对项目资金的支出范围、实施方向、保障学校功能等内容进行梳理，并确定项目资金对应的活动内容。结合资金使用方向，在活动内容基础上厘清具体项目内容，进而梳理具体项目对应的产出指标和效果指标，以此构建项目资金的绩效目标体系。在本案例具体实施过程中，基于此建设思路完成了 20 余个项目资金的目标体系建设，除了前文提及的教育教学支出、科研支出、后勤服务保障支出，还对博士后引进支出、教学服务保障支出、校长基金经费、学生活动支出、学生奖助学金等项目资金进行了目标体系建设，覆盖了 Aaa 大学预算编制涉及的所有项目支出类型。具体建设思路见图 1-5。

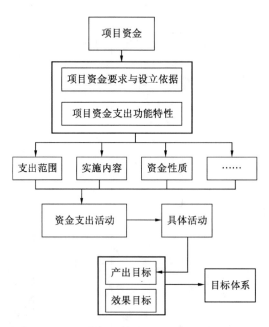

**图 1-5　项目资金预算绩效目标体系建设思路**

以科研支出中的"市级科研项目"为例，根据资金管理及使用要求，该笔经费主要用于学校开展科研工作、学校引进的高层次人才科研项目前期启动工作、实验室科研设备及仪器购置、科研耗材购置、科研工作日常办公支出、科研设备跨年支付、科研合作项目等内容，经项目组对 Aaa 大学科研支出内容梳理后，主要有科研平台建设、课题研究、学术交流、人才队伍建设 4 项活动。就"课题研究"可以梳理出 4 个具体项目，聚焦"市级科研项目"梳理其对应的产出目标和效果目标，进而构成科研支出的绩效目标体系。科研支出的目标体系建设流程见图 1-6。

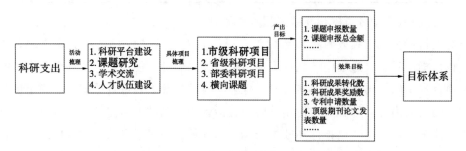

**图 1-6　科研支出—市级科研项目绩效目标体系建设流程**

科研支出绩效目标体系由所有具体项目绩效目标综合组成，综合上述科研支出—市级科研课题绩效目标建设流程，建成涵盖指标内容、指标解释、目标值的科研支出绩效目标体系（节选）见表 1-4。

表 1-4　科研支出绩效目标体系（节选）

| 一级目标 | 二级目标 | 职能活动 | 具体项目 | 指标内容 | 指标解释 | 目标值 |
|---|---|---|---|---|---|---|
| 产出 | 数量/质量/时效 | 科研平台建设 | 重点实验室建设 | …… | …… | …… |
| | | | 研究中心建设 | …… | …… | …… |
| | | | 设备购置 | …… | …… | …… |
| | | | 重点学科图书购置 | …… | …… | …… |
| | 数量 | 课题研究 | 市级科研项目 | 市级竞争性课题申请数 | 反映计划申请市级竞争性课题的数量 | ＊＊项 |
| | 数量 | | | 市级竞争性课题申报总金额 | 反映计划申请市级竞争性课题经费达到的总金额 | ＊＊万元 |
| | 数量/质量/时效 | | 省级科研项目 | …… | …… | …… |
| | | | 国家级（部委）科研项目 | …… | …… | …… |
| | | | 横向课题 | …… | …… | …… |
| | 数量/质量/时效 | 学术交流 | 学者访问 | …… | …… | …… |
| | | | 学术会议举办 | …… | …… | …… |
| | | | 机构合作 | …… | …… | …… |
| | 数量/质量/时效 | 人才队伍建设 | 人才引进 | …… | …… | …… |
| | | | 研究生培养 | …… | …… | …… |
| 效果 | 社会效益 | 课题研究 | 市级科研项目 | 科研成果转化数 | 反映科研活动产出的科研成果实际落地转化投产的项目数量 | ＊＊项 |
| | 社会效益 | | | 科研成果奖励数 | 反映一年的科研投入预期产出的科研成果嘉奖项数 | ＊＊项 |
| | 社会效益 | | | 专利申请数量 | 反映科研投入预期产出的科研成果并进行专利申请的数量 | ＊＊项 |
| | 社会效益 | | | 顶尖期刊论文发表数 | 反映科研投入在各学科领域顶级期刊发表论文的预期数量 | ＊＊篇 |
| | 社会效益 | | | …… | …… | …… |
| | 满意度 | 满意度 | | …… | …… | …… |

### 三、Aaa 大学预算绩效目标体系应用

预算绩效目标体系建设是 Aaa 大学预算绩效管理体系的重要内容，合理的绩效目标对 Aaa 大学内部管理有着积极的引导作用，并在学校内部教学、科学研究等履职内容上起到一定的监督和促进效果。

#### （一）内外部预算绩效管理互补联通

在本案例中实施项目资金分类的绩效目标体系建设主要基于财政对预算绩效管理的要求，即高校在进行预算申请时需同步申报预算绩效目标；而实施校内绩效目标体系建设则是高校内部预算绩效管理的要求。

首先，Aaa 大学二级单位预算实际来源于项目资金，即项目资金的合理拆解构成二级单位预算内容，所以结合高校预算资金使用路径，两个体系在最终绩效目标体系建设时所聚焦的履职活动内容相同。其次，两个不同绩效目标体系的应用环节不同，Aaa 大学对二级单位实施绩效目标管理实际是其在预算编报环节对二级单位进行绩效约束，而财政对项目资金实施绩效目标管理，则是在高校部门支出预算编报时进行绩效约束。二级单位和项目资金绩效目标同时建设，并在预算申报环节同时使用，形成了"财政—高校—二级单位—履职活动"预算绩效目标管理的统一，在整个绩效目标管理流程上形成了互补联通。

#### （二）目标体系与评价指标体系协同管理

"预算编制有目标，预算执行有监控，预算完成有评价，评价结果有反馈，反馈结果有应用"是全过程预算绩效管理的内容。目标体系建设作为预算绩效管理体系建设的初始环节，是评价指标体系建设的基础，两者均是预算绩效管理不可或缺的内容。

评价指标体系在目标体系基础上建设，两者协同管理。本案例中，在建设 Aaa 大学二级单位绩效目标体系后，为便于校内绩效管理单位在预算执行后对二级单位进行绩效评价，建设了与各体系单位绩效目标相对应的评价指标体系。Aaa 大学通过评价指标体系对二级单位年初设定的绩效目标进行评价，把握学校预算绩效管理总体情况；基于评价结果在同一体系内进行横向比较，分析各单位绩效管理实施效果，对经验做法进行总结。总而言之，绩效目标体系建设是对预算进行绩效管理的基础，而评价指标体系则是反馈预算绩效结果的途径，两者协同作用于预算管理全流程方可提升预算绩效管理的效果。

#### （三）预算绩效管理助力高校行政管理

高校行政管理存在资源浪费、效率低下等普遍性问题。[1] 就 Aaa 大学而言，其学校行政管理结构扁平化但二级单位职责分工不清、学校发展迅速但管理机制不健全、学校财政支持力度大但项目立项约束力不强，在一定程度上造成了学校行政机构臃

---

[1] 禹黄姣，董美辰. 高校行政管理中存在的问题及对策——基于新公共管理理论的视角 [J]. 法制与社会，2017 (20).

肿、单位履职不清晰、资金使用效率不高甚至是浪费的现象。

在预算绩效管理实施过程中，要求二级单位同时申报预算和绩效目标并对申报内容负责。单位只有在对自身职责、分工、完成要求足够明确的前提下设立绩效目标，其预算执行后的绩效自评才具有反馈单位内部行政管理和预算管理效果的作用。结合二级单位绩效目标体系的分类设计，在预算执行结束后，配合相应的评价指标体系实施绩效评价，将评价结果作为各单位下一年度预算安排、内部团队建设、科研/教学/后勤服务等单位履职资源分配的重要参考依据，对各单位落实"类型不同、要求不同、评价不同、支持不同"的绩效管理约束，并在一定程度上对行政管理的工作效率和资源使用率产生正向影响。

### 四、案例总结

#### （一）案例经验及优点

##### 1. 分类建设绩效目标体系，打通内外部绩效管理需求

本案例结合 Aaa 大学内部预算绩效全单位覆盖的管理要求，对全校 70 个二级单位实施了绩效目标体系建设，从预算管理的初始环节实施预算绩效管理，既保障全单位覆盖，又保障单位绩效评价有目标根据。同时，本案例根据财政部门对高校预算绩效管理要求，按预算申报的项目类型对 Aaa 大学预算内容开展了绩效目标体系建设。两者虽然绩效管理对象不同，但内外预算绩效管理共同实施，搭建了"财政—高校—二级单位—履职活动"预算绩效管理链条，实现了内外部预算绩效管理的联通。

##### 2. 实施绩效目标体系建设，打下绩效评价基础

绩效目标体系建设是预算绩效管理的基础内容。在预算编制环节落实预算绩效目标，保障了预算执行过程中绩效监控及决算后绩效评价的开展，确保了在绩效监控和绩效评价过程中有明确的绩效目标值作为标杆值对绩效实现程度进行衡量。绩效目标体系建设为实施全流程预算绩效管理提供了基础，避免了绩效监控、绩效评价需事后补报绩效目标的不良现象。

##### 3. 构建分类指标体系，引导单位个性发展

在构建绩效目标体系时，不仅对全校 70 个二级单位进行了体系划分，基于同体系内单位履职特点，统一或分别构建共性指标体系，减少单位绩效目标编报的工作量，提高工作效率；而且为了突出单位个性发展的需求，在为二级单位建设评价指标体系时，考虑了"个性加分项"内容。从目标体系建设到绩效评价实施，通过全预算绩效管理引导二级单位在保障自身基本履职任务完成的同时，又能基于财政资金约束进行个性化发展。

#### （二）案例的局限性

本案例虽然基于 Aaa 大学的管理体系划分建设了相对科学、合理的绩效目标体系，但体系的建成只是 Aaa 大学预算绩效管理的第一步，无法在短时间内解决 Aaa

大学预算绩效管理中存在的诸多问题，更多的是通过目标体系的建设树立绩效的理念，对校本级及其所属二级单位进行绩效引导。预算绩效管理是一项重要的长期任务，绩效目标体系的具体内容需要匹配二级单位不同时期的发展规划及职能定位。所以，Aaa大学的绩效目标体系应该是需动态调整的。从这一角度来讲，本案例就形成Aaa大学绩效目标建设优化的长效机制方面还有待完善。

（三）进一步探讨的方向

首先，本案例对高校预算绩效管理体系中项目资金、二级单位两个评价主体的绩效目标体系进行了研究，后续会先就落实全过程、全方位高校预算绩效管理体系建设进行探讨；其次，基于高校特性，对高校教学质量评估、人力资源考核、预算绩效评价三者的区别、联系及融合进行了探讨；最后，对高校发展和高校教育预算投入之间的关系进行了研究。具体探讨内容如下三点：

一是对全过程、全方位高校预算绩效管理体系建设的探讨。在新公共管理理念的宣贯下，既要求高校保证正常运行，也要对高校预算资金使用效益"实施问责"。而建设一个覆盖预算执行全流程、确保"预算编制有目标，预算执行有监控，预算完成有评价，评价结果有反馈，反馈结果有应用"的全过程，以及覆盖高校内部实施项目、学科类型、二级单位、高校部门整体等高校体系所有绩效管理主体的全方位预算绩效管理体系，是我们重点探讨的方向之一。

二是对财政、教育、科技领域绩效管理要求融合的探索。结合Aaa大学预算绩效管理发展要求分析，对财政要求实施的预算绩效管理、教育要求推进的绩效评估动态管理制度建设、科技要求落实的科研项目绩效评价进行深入探索研究，再根据Aaa大学的办学目标和学校特征，探索涵盖三大主管部门绩效管理要求且适合学校自身发展的高校绩效管理体系。

三是对高校发展与预算投入关系的探索。当前我国高等教育已经由数量和规模为主的外延式发展，转变为以质量和公平为特征的内涵式发展，对高校资源配置的优化也有了更高的要求。如何平衡高校发展和财政预算投入，有效将财政资金与高校办学效益相结合，是高校预算绩效管理的发展方向。引导高校关注绩效，重视有限财政投入下的产出结果，展现高校办学效果和效率，凸显"绩效责任"，提升财政资金使用效率，将是高校发展与预算投入关系探索的核心内容。

## |案例二|　Bbb地区金融发展资金项目绩效目标申报及审核

本案例通过Bbb地区地方金融监管局申报的金融发展资金项目，展示预算部门（单位）申报绩效目标的真实情况，反映当前预算部门（单位）在绩效目标申报过程中存在的共性问题。同时，梳理绩效目标审核重点，对项目支出绩效目标申报和绩效目标审核进行详解，从而为预算部门（单位）申报绩效目标及管理部门审核绩效目标提供参考。

### 一、Bbb 地区绩效目标管理工作背景

2019 年，Bbb 地区人民政府办公厅印发了《Bbb 地区市级部门单位预算绩效管理办法》（以下简称《管理办法》），对绩效目标管理做出明确要求，由财政部门负责共性指标建设，并按照"谁申请资金，谁编制目标"的原则，由业务主管部门负责健全绩效目标内部编报机制，组织所属单位或项目实施单位编制绩效目标。按照《管理办法》的要求，绩效目标分为政策和项目绩效目标、部门整体绩效目标。绩效目标可根据预算调整、政策变化等情况予以修改完善。在绩效目标审核、批复和调整方面，Bbb 地区要求本级业务主管部门和财政部门按照各自职责分别进行审核，未按要求设定绩效目标或绩效目标审核未通过的，不安排预算。财政部门在批复部门预算或下达资金时，同步批复、下达预算绩效目标。在预算执行过程中，因预算调整、政策变化、突发事件等影响绩效目标实现，确需调整绩效目标的，由所属单位或项目实施单位提出绩效目标调整申请，业务主管部门和财政部门按规定程序进行审核。

按照《管理办法》相关规定，Bbb 地区地方金融监管局申报了 2020 年"金融发展资金"项目绩效目标，并由 Bbb 地区财政部门对其申报目标进行审核。

### 二、案例解析

（一）项目基本情况

2018 年，Bbb 地区金融业税收收入居于全省首位，金融业增加值居于全省首位，本外币存款余额居于全省首位，本外币各项贷款余额居于全省第二位，金融机构总数位居全省首位。为加快 Bbb 地区产业金融中心建设，促进 Bbb 地区现代金融产业发展，响应 Bbb 地区推进十大"千亿产业"振兴和现代金融产业发展的部署要求，进一步鼓励和引导金融管理部门和金融机构充分发挥积极作用，Bbb 地区地方金融监管局设立了"金融发展资金"项目，并负责该项目的组织实施。该项目按照标准对符合政策的银行、保险、地方性金融组织、法人金融机构等进行奖补；同时，Bbb 地区制定了若干金融产产业发展扶持政策和金融产业发展绩效考核办法，对下级金融管理部门有关金融工作进行考核，并根据考核情况对下级金融管理部门按照标准给予一定奖励。

（二）项目绩效目标申报

项目绩效目标申报主要回答三个问题：项目为什么要开展、项目如何开展、项目开展的目标是什么。

1. 项目为什么要开展

回答这一问题，首先，要从部门职能职责出发，并结合事业发展要求明确部门整体战略目标，项目的设立应当与部门职能相适应，回答项目如何支持部门战略目标的

实现，同时符合本地区发展政策和优先发展重点。就本案例来说，Bbb 地区地方金融监管局的职责是负责本地区金融产业发展的统筹协调，围绕产业金融中心建设、培育发展新型金融业态、推进企业上市挂牌、强化金融风险防控等方面的要求，编制本区域金融中心建设规划并承担组织实施的具体工作，拟订本地区多层次资本市场培育、改革和发展的政策措施，营造良好的金融业发展环境，促进 Bbb 地区金融业健康快速发展，使得金融业成为 Bbb 地区的支柱产业。

其次，要分析项目立项依据的充分性，即项目是否符合相关法律法规的规定、国民经济发展的规划，以及党委和政府的决策。根据本地区加快现代金融产业发展若干扶持政策的要求，Bbb 地区财政部门每年均会安排一定规模的金融产业发展专项资金，用于加快推进 Bbb 地区金融产业发展和区域性金融中心建设，保障和提高所辖区域内金融工作开展的积极性，深化金融改革创新，完善金融管理和服务体系，优化金融生态环境，做大做强金融产业。依据金融工作绩效考核办法及评分细则，该项目的实施内容主要包括两个方面：一是对符合政策的银行、保险、地方性金融组织、法人金融机构等进行奖补；二是对下级金融管理部门有关金融工作进行考核，根据考核情况依标准给予一定奖励。

结合前述内容分析，可以梳理出项目基本信息的相应内容（见表 1-5）。

表 1-5　项目基本信息 1

| 梳理维度 | 具体内容 |
| --- | --- |
| 项目内容 | ① 金融扶持资金。为加快推进区域性金融中心建设，全面促进本地区金融业发展，申请执行《Bbb 地区人民政府关于印发 Bbb 地区加快现代金融产业发展若干扶持政策的通知》（Bbb 政发〔20××〕×号）所需的配套资金；<br>② 金融绩效考核奖励。为加快推进 Bbb 地区金融产业发展和区域性金融中心建设，保障和促进各县（市）区积极开展工作，确保完成年度目标任务，Bbb 地区金融办、Bbb 地区财政局每年度对各县（市）区有关金融工作进行考核，根据考核情况给予一定奖励 |
| 项目规模 | 金融扶持资金 2.20 亿元（参照上一年度实际发放数），金融绩效考核奖励 300 万元（历年延续），合计 2.23 亿元。 |
| 项目范围 | ① 金融扶持资金。执行《Bbb 地区人民政府关于印发 Bbb 加快现代金融产业发展若干扶持政策的通知》（Bbb 政发〔20××〕×号），对符合政策的银行、保险、地方性金融组织、法人金融机构等进行奖补；<br>② 金融绩效考核奖励。Bbb 地区金融办、Bbb 地区财政局每年度对各县（市）区有关金融工作进行考核，根据考核情况给予一定奖励 |
| 政策依据 | 《关于印发县（市）区金融工作绩效考核办法及评分细则的通知》（Bbb 金办〔20××〕×号）；《Bbb 地区人民政府关于印发 Bbb 地区加快现代金融产业发展若干扶持政策的通知》（Bbb 政发〔20××〕×号）等 |
| 项目立项必要性 | 为加快推进 Bbb 地区金融产业发展和区域性金融中心建设，保障和提高各县（市）区工作开展的积极性，有必要对相关金融机构进行政策引导，对县（市）区进行金融工作绩效考核并予以资金奖励 |

2. 项目如何开展

回答这一问题，主要梳理实现项目支出绩效目标所需的人财物保障情况，以及相关制度制定和保障措施能否支持项目的组织实施，并顺利完成绩效目标。为保障"金融发展资金"项目的顺利开展，Bbb 地区地方金融监管局在人力资源方面投入全局 10 个处室，配备合适的项目管理和具体实施人员，进行申请材料审核，分项提供年度数据对区县工作进行评比，并引入第三方机构共同参与；在资金保障方面，本级财政为项目提供资金保障，Bbb 地区地方金融监管局严格按照《财务管理制度》使用资金；在组织管理方面，Bbb 地区地方金融监管局按照《"三重一大"事项决策和监管实施细则》组织实施；在项目实施方面，Bbb 地区地方金融监管局制定了各项考核工作机制、长效管理办法、风险处置工作流程等文件以推进项目实施。

依据前述内容分析，可以梳理出以下项目基本信息（见表 1-6）。

**表 1-6　项目基本信息 2**

| 梳理维度 | 具体内容 |
|---|---|
| 人力保障 | 该项目由 Bbb 地区地方金融监管局组织实施，涉及政策法规处、银行保险处等 10 个处室，各处室按照职能分工，分项实施申报材料审核与区县年度数据 |
| 财力保障 | 按照政策要求，由 Bbb 地区本级财政提供资金保障 |
| 制度保障 | 组织管理：《"三重一大"事项决策和监管实施细则》<br>资金管理：《财务管理制度》<br>项目开展：已制定考核工作机制、长效管理办法、风险处置工作流程等文件 |

3. 项目开展的目标是什么

回答这一问题，要从项目的年度总目标着手，从以下三个方面进行梳理：首先，预期产出目标是什么，包括提供公共产品和服务的数量、质量、时效、成本目标；其次，预期效果目标是什么，包括经济效益、社会效益、生态效益和可持续影响等；最后，设置服务对象或项目受益人满意度方面的目标。

根据前述内容分析，Bbb 地区地方金融监管局梳理的项目总目标与项目绩效指标如下：

（1）项目总目标

Bbb 地区地方金融监管局拟紧紧围绕"打造四个中心，建设现代城市"的中心任务，以做强做大金融产业为目标，以改革创新为动力，以产融联合建设为突破，通过进一步完善工作机制，加大政策扶持力度，优化金融环境，不断巩固壮大传统金融，大力发展新兴金融，引进培育金融机构，健全完善金融市场，提升直接融资比例，增强区域金融集聚辐射能力。同时，通过考核奖励，保障和促进各县（市）区积极开展工作，从而加快推进 Bbb 地区金融业发展和区域性金融中心建设。

（2）项目绩效目标指标（见表 1-7）

表 1-7　Bbb 地区 2020 年金融发展资金项目支出绩效目标指标表

| 一级指标 | 二级指标 | 三级指标 | 年度目标值 |
|---|---|---|---|
| 产出目标 | 数量 | 扶持政策申报受理率 | ＝100％ |
| | | 扶持资金发放完成率 | ＝100％ |
| | | 金融绩效考核奖励发放完成率 | ＝100％ |
| | 质量 | 扶持资金兑付受理审查质量达标率 | ＝100％ |
| | | 绩效考核评审质量达标率 | ＝100％ |
| | 时效 | 扶持资金发放及时率 | ＝100％ |
| | | 金融绩效考核奖励发放及时率 | ＝100％ |
| 效果目标 | 经济效益 | 地区金融业增加值增长率 | ≥8.5％ |
| | | 金融业税收增长率 | ≥10％ |
| | | 本外币存款余额增长率 | ≥6％ |
| | | 保费收入增长率 | ≥8.5％ |
| | | 地方金融业注册资本 | ≥280 亿元 |
| | | 普惠金融总量规模 | ≥8 000 亿元 |
| | 社会效益 | 新增各类金融机构数量（家） | ≥30 家 |
| | | 不良贷款率是否低于全省平均值 | 是 |
| | 环境效益 | 优化金融营商环境 | 是 |
| | 满意度 | 县区满意度 | ≥85％ |
| | | 被扶持企业满意度 | ≥85％ |
| 影响力目标 | 长效管理 | 长效管理健全性 | 健全 |
| | 部门协助 | 区县配合程度 | 良好 |
| | 信息公开 | 扶持资金兑付工作信息公开实现率 | ＝100％ |

（三）绩效目标审核

按照 Bbb 地区项目绩效目标管理要求，Bbb 地区地方金融监管局于 2019 年 10 月将 2020 年度"Bbb 地区金融发展资金"项目绩效目标申报表随同项目预算上报至 Bbb 地区财政局，随后由 Bbb 地区财政局对其项目绩效目标进行审核，Bbb 地区地方金融监管局根据审核意见修改完善绩效目标。

项目绩效目标审核主要从绩效目标的完整性、相关性、适当性、可行性四个方面展开，具体审核要点细化见表 1-8。

**表 1-8　项目绩效目标审核要点**

| 审核内容 | 审核要点 |
|---|---|
| 一、完整性审核 | |
| 规范完整性 | 绩效目标填报格式是否规范，内容是否完整、准确、翔实，是否无缺项、错项 |
| 明确清晰性 | 绩效目标是否明确、清晰，是否能够反映项目主要情况，是否对项目预期产出和效果进行了充分、恰当的描述 |
| 二、相关性审核 | |
| 目标相关性 | 总体目标是否符合国家法律法规、国民经济和社会发展规划要求，与本部门（单位）职能、发展规划和工作计划是否密切相关 |
| 指标科学性 | 绩效指标是否全面、充分、细化、量化，难以量化的，定性描述是否充分、具体；是否选取了最能体现总体目标实现程度的关键指标并明确了具体指标值 |
| 三、适当性审核 | |
| 绩效合理性 | 预期绩效是否显著，是否能够体现实际产出和效果的明显改善；是否符合行业正常水平或事业发展规律；与其他同类项目相比，预期绩效是否合理 |
| 资金匹配性 | 绩效目标与项目资金量、使用方向等是否匹配，在既定资金规模下，绩效目标是否过高或过低；或要完成既定绩效目标，资金规模是否过大或过小 |
| 四、可行性审核 | |
| 实现可能性 | 绩效目标是否经过充分调查研究、论证和合理测算，实现的可能性是否充分 |
| 条件充分性 | 项目实施方案是否合理，项目实施单位的组织实施能力和条件是否充分，内部控制是否规范，管理制度是否健全 |

　　Bbb 地区项目绩效目标审核采取定性审核与定量审核相结合的形式，对其审核内容提出定性审核意见并进行打分。定性审核分为"优""良""中""差"四个等级。其中，填报内容完全符合要求的，定级为"优"，得该项分值的 90%（含）～100%；绝大部分内容符合要求，仅需对个别内容进行修改的，定级为"良"，得该项分值的 80%（含）～90%；部分内容不符合要求，但通过修改完善后能够符合要求的，定级为"中"，得该项分值的 60%（含）～80%；内容为空或大部分内容不符合要求的，定级为"差"，得该项分值的 60% 以下。定量审核按对应等级进行打分，保留一位小数。

　　具体至"Bbb 地区金融发展资金"项目，绩效目标审核结论如下：

　　完整性方面，项目绩效目标填报格式规范，内容完整、准确、翔实，无缺项、错项。然而，该项目总目标仅从项目宏观和中观的角度进行了阐述，未对财政支出的目的、范围、对象、产出、效果等要素进行相对描述。建议调整为"通过金融发展资金项目的开展，对符合政策的金融机构进行奖补以及对各县（市）区根据金融工作考核情况给予一定奖励，确保奖励全部及时发放完成、奖励发放准确，实现地区金融业增加值增长……的目标"。

相关性方面，项目总体目标符合《关于印发县（市）区金融工作绩效考核办法及评分细则的通知》（Bbb 金办〔20××〕×号）、《Bbb 地区人民政府关于印发 Bbb 地区加快现代金融产业发展若干扶持政策的通知》（Bbb 政发〔20××〕×号）等政策文件的要求，与 Bbb 地区地方金融监管局职能、发展规划和工作计划密切相关。绩效指标全面、充分、细化、量化，并且选取了最能体现总体目标实现程度的关键指标，明确了具体指标值。但一方面，缺少成本类绩效指标，可将对应文件规定的扶持和奖励标准作为成本指标及指标值；另一方面，在指标归类上需提高准确性，环境效益特指生态环境方面的效益，"优化金融营商环境"指标归类错误，应属经济效益指标。此外，某些指标名称的表述上需进一步规范，比如"不良贷款率是否低于全省平均值——是"，建议调整为"不良贷款率——＜n％（n％为全省平均值）"。

适当性方面，该项目预期绩效清晰，运用增长率、注册资本、机构规模等具体数值能够充分体现实际产出和效果的明显改善，符合金融行业的正常水平和发展规律。但在绩效目标与项目资金量的匹配度方面，由于单位填报的绩效指标未体现发放补贴的企业数量，故难以判断绩效目标与项目资金量是否匹配。

可行性方面，预算部门制定有《关于印发县（市）区金融工作绩效考核办法及评分细则的通知》（Bbb 金办〔20××〕×号）、《Bbb 地区人民政府关于印发 Bbb 地区加快现代金融产业发展若干扶持政策的通知》（Bbb 政发〔20××〕×号）等文件。此外，Bbb 地区地方金融监管局内部控制规范，管理制度健全。因缺少相关预算测算的过程和材料依据，对于预算合理性与目标实现可能性之间关系的论证难以评估。

总体来说，Bbb 地区金融发展资金项目绩效目标表质量整体较好，Bbb 地区财政局对该项目绩效目标审核定性为"良"，对个别指标修改后审核通过，批复预算同时批复绩效目标。

### 三、案例总结

**（一）绩效目标申报中的常见问题和解决路径**

在本案例中，Bbb 地区金融发展资金项目绩效目标填报的思路清晰，逻辑严密，较为全面、系统地介绍了"Bbb 地区金融发展资金"项目目标，项目内容填写完整、清晰明确，指标体系设计合理、健全。但部分指标在设定目标值时存在无法测算具体数量、部分指标难以客观评价、与预算的匹配性难以考察等情况，这也是现阶段大多数预算单位绩效目标填报普遍存在的问题。

在产出方面，以"Bbb 地区金融发展资金"项目为例。作为奖补类项目，大多是根据实际申请补贴的数量及通过审核的数量进行补贴发放。但预算单位反映难以在项目开展前就准确掌握全年补贴的情况，故通常将数量指标设为"企业申报材料受理完成率""扶持资金发放完成率""金融绩效考核奖励发放完成率"等，目标值均为100％。然而，该类指标难以体现具体补贴数量，不够量化，难以衡量项目绩效目标的实现情况，故建议回到预算测算本身，结合预算申请金额、补贴标准、历史补贴发放情况等方面，得出"企业申报材料受理数量""扶持资金发放金额""金融绩效考核奖励发放数量"等指标的计划目标数值。

在效果目标方面，部分项目效果目标的影响因素较多、较复杂，很难完全对应到项目预算资金。例如"Bbb地区金融发展资金"项目的"保费收入增长率"效益指标，促进保费收入增长的因素可能包括政策利好或上市保险公司的渠道和期限结构调整等因素，考察时难以测算出仅仅因为享受补贴这一个因素带来的保费收入增长。故建议在指标设置中回到部门战略目标和优先发展重点本身，应将与项目不相关的指标删除，只保留符合客观实际、用以反映和考核项目绩效目标与项目实施情况的指标。

（二）绩效目标审核流程的现状

在绩效目标审核方面，Bbb地区财政局在绩效目标审核过程中充分依据四个审核原则对"Bbb地区金融发展资金"项目绩效目标进行了审核，指出了绩效目标申报表中存在的不足，并提出了实质性修改意见。然而，根据《Bbb地区市级部门单位预算绩效管理办法》（Bbb政办发〔20××〕×号）的要求，"业务主管部门和财政部门按照各自职责分别进行审核"。该案例中，Bbb地区地方金融监管局同为预算单位和业务主管部门，未有业务主管部门审核步骤。在开展绩效目标审核过程中，此种情况普遍存在，加大了财政部门的审核压力和审核难度。另外，当前目标审核的重点多集中于绩效指标本身，未将目标审核结果或绩效目标申报的质量与预算审核和批复挂钩，绩效目标管理的应用不到位。此外，由于目标审核工作多集中在预算编审阶段，目标审核时间集中，面临任务重、时间短等难点，在不同程度上压缩了目标审核的流程，无法有效保证审核质量。

（三）绩效目标管理进一步探讨的方向

基于目前绩效目标管理过程中存在的问题，在实际工作开展中，需要就如何提升预算部门（单位）的绩效目标填报质量、发挥主管部门在目标审核流程中的重要作用做进一步探讨。针对预算部门（单位），需要通过开展培训、建立预算部门绩效指标库等方式，使其具备预算绩效管理的基础知识、具有可供参考的指标，或对填报成果加以规范。针对预算主管部门，需要进一步明确其对本部门及其下属预算单位的绩效管理责任，组织本部门绩效目标申报工作，并加大部门对下属各预算单位申报目标的审核力度。此外，财政部门应有效落实绩效目标审核结果与预算批复相挂钩的机制，倒逼预算部门和单位提高重视程度，进而提升绩效目标申报的质量。

事前绩效评估

第二章

事前绩效评估是绩效目标管理环节的拓展与深化，其内涵包括立项必要性、目标合理性和预算合理性等，开展形式和组织主体较为多元，应用场景十分广阔。由于事前评估主要应用于项目或预算的审批环节，因而是开展预算绩效一体化管理的重要举措，有利于从源头上防控资源配置的低效或无效。提高预算资金分配决策的科学性，实现公共资源配置的优化。

本章通过 3 个案例阐述财政预算事前绩效评估的主要模式。从与社会公众关系较为密切的交通、卫生、文化三个重点民生保障领域，筛选了当前实践中最常见的项目支出和财政支出政策案例，还通过卫健委的案例介绍以部门所有项目支出为评估对象的部门项目整体事前绩效评估经验，以反映财政预算事前绩效评估的设计思路、常用方法和实施路径，以及核心的绩效分析和结论等内容，通过实践案例总结达到指导各类型事前绩效评估工作实施的目的。

## |案例一| Ccc 地区公交驿站建设项目事前绩效评估

事前绩效评估作为全过程预算绩效管理的重要环节，能够从源头上提高财政资金分配绩效，因而受到越来越多财政部门和预算主管部门的重视。Ccc 地区交通局为了解决农村地区公交候车及快递收发问题，设立了为期三年的公交驿站建设项目，并已于 2018 年完成第一期 50 个公交驿站建设并投入运行。为进一步提高 2019 年公交驿站建设财政资金使用绩效，使预算安排更合理、资源配置更有效，Ccc 地区财政局组织开展了 2019 年公交驿站建设项目事前绩效评估。本案例在简要介绍项目基本情况的基础上，对评估思路、评估实施要点、绩效分析等事前绩效评估的重点内容进行了提炼，总结了本次评估所存在的不足，并提出了进一步改进和探索的方向，以期为后续事前绩效评估实践提供参考。

### 一、项目简介

#### （一）项目实施背景

乡村振兴路先行。推动农村公共交通发展有助于解决农村群众出行问题，对地区经济和社会发展均有极大推动作用。当前，Ccc 地区的农村大多数公交站台依然是站牌式，缺乏休憩设施，群众候车条件有待提升。同时，受农村物流市场规模小、效益低等因素的制约，Ccc 地区农村物流发展相对缓慢，物流网点少且分散，大部分快递仅到镇而不进村，给村民收发快递带来了不便。为此，Ccc 地区交通运输局（以下简称"交通局"）从建设"四好农村路"出发，与丰巢公司进行合作，将农村公交站台改造与物流网点建设相结合，创造性地提出在人口聚集的地方建设集候车休憩、快递物流、电商服务等功能于一体的"农村公交驿站"。

（二）项目内容、范围及期限

该项目内容为建设 18 米长公交驿站，内含挡雨顶棚、候车坐凳、公交指示牌、广告牌和智能快递自动售货一体柜。项目建设范围覆盖 Ccc 地区的镇区驻地及 300 户人口以上行政村。项目建设周期为 2018—2020 年，每年计划建设公交驿站 50 个，共建设 150 个。

（三）项目资金来源及规模

本项目资金主要来源于 Ccc 地区本级财政资金，用于支付公交驿站站台建设；该项目柜机设备投放成本由丰巢公司承担；驿站日常运行所产生的水、电、网络成本由当地财政承担。2019 年拟安排项目预算 950 万元，无预算编制明细。

（四）项目组织、管理及流程

在完成项目需求调研后，由交通局继续负责项目统筹管理，财政局负责资金拨付、监管等。驿站建设和运行涉及的主体包括施工方、公交站台、广告牌维保公司，以及负责快递柜运维的丰巢公司。

项目立项后，交通局通过公开招标方式确定施工单位，负责公交站台的建设，经交通局验收通过后投入运行。该项目后续运行主要包括三部分内容：一是基础设施维护，质保期三年，由施工方负责；二是公交驿站的保洁和广告牌运营，由交通局通过公开招投标的方式，交由第三方维保公司负责；三是快递柜的投放及运维，由丰巢公司负责。

（五）项目绩效目标

Ccc 地区公交驿站建设项目的总体绩效目标为：通过改造农村站牌式公交站台，提高群众候车舒适度，同时融入快递物流、电商服务等元素，解决农村快递物流下不了乡的问题，构建"一点多能、一网多用、深度融合"的农村公交、物流发展新格局。该项目 2019 年度绩效目标为完成 50 个公交驿站建设并投入运行。

**二、事前绩效评估设计与实施**

（一）评估思路

对照《中共中央 国务院关于全面实施预算绩效管理的意见》中关于事前绩效评估"重点论证立项必要性、投入经济性、绩效目标合理性、实施方案可行性和筹资合规性"等的要求，结合项目实际情况，响应委托方需求，评估组梳理评估的重点，从项目必要性、绩效性、可行性三个方面，在对 2018 年项目绩效分析的基础上，对 2019 年公交驿站建设的必要性、可行性及选点布局、建设规格、投入模式等方面的合理性进行绩效评估，从而为 2019 年公交驿站建设项目提供决策参考。具体评估思路如下：

1. 项目实施必要性

从项目设立依据充分性、现实需求满足度、项目公益性、项目重复性等角度分析项目实施的必要性。首先，结合中央"四好农村路"的建设部署和指示，以及项目前期调研情况，根据 Ccc 地区农村现有群众出行情况和物流发展情况，分析农村公交驿站建设是否符合农村居民出行及农村物流发展规划的现实需求；其次，分析财政投入相关性，即项目是否具有公共属性，是否属于公共财政支持范围；最后，该项目定位和实施内容是否与其他项目存在重复等。

2. 项目实施绩效性

基于公交驿站建设项目一期建设已完成并投入使用的背景，在对 2019 年项目第二期进行事前绩效评估时，评估组以 2018 年度项目绩效实现情况为基础，对项目建设的选址、预期绩效、投入模式、预算测算等进行评估，从而为项目后续建设及投入模式调整提供参考依据。一是考察公交驿站布局和建设标准合理性，结合村庄布局和驿站使用情况，分析公交驿站选点及建设标准是否合理；二是预期绩效，通过对周边居民进行问卷调查，考察已建成公交驿站附近居民候车体验的提升情况，以及对物流网络优化、方便农村居民收发快递的促进作用，分析群众对公交驿站建设的需求；三是考察投入模式合理性，包括投资模式、成本分担机制和反哺机制等；四是考察预算编制合理性，包括预算测算依据是否充分、数量及单价测算标准是否合理等。

3. 项目实施可行性

若项目实施具有较强的必要性和绩效性，则进一步对项目实施的可行性进行评估。具体包括组织分工明确性、建设规划和保障机制，以及项目后期运维机制的建立健全情况。首先，考察项目的组织管理是否有效，驿站建设、运维的相关主体职责是否明确；其次，分析公交驿站建设规划、管理制度及监管措施等是否健全，能否有效保障公交驿站投入使用后的顺利运行；最后，分析公交驿站后续运营管理机制是否完善，如宣传推广机制是否到位、运行维护机制是否健全等。此外，评估组还结合 2018 年项目建设及相关方履职情况，对单位建设驿站的能力进行了考察。

（二）评估实施

基于上述评估思路，在综合考虑区域覆盖、人流密度、公交线路设计等的基础上，评估组从 2018 年已建成的驿站中选取了 20 个点位，并从 2019 年计划建设的驿站中选取了 10 个点位作为样本开展调研。此次调研采取实地勘察、访谈与问卷调查相结合的方式进行，根据相关方在项目中的职能分工，设计对应的调研内容（见表 2-1）。

表 2-1　调研对象及内容

| 序号 | 调研对象 | 调研内容 |
|---|---|---|
| 1 | 交通局 | （1）Ccc 地区农村物流现状及发展计划<br>（2）城区公交站台的运营模式：管理方，农村公交驿站广告运营模式，广告费收益分配机制及既往收益情况<br>（3）公交驿站建设及运营情况的监督管理机制<br>（4）建设标准的确定依据，有无细化测算<br>…… |
| 2 | 公交驿站管理负责人 | （1）村原站台设置情况<br>（2）村常住人口及人流量情况<br>（3）在驿站建设起来前后，快递点的布局变化情况<br>（4）公交驿站日常管理情况<br>（5）驿站与传统公交站比较的优劣势<br>（6）驿站的设置是否需要优化，比如凳子的长度、顶棚等<br>…… |
| 3 | 丰巢公司 | （1）快递柜后续的运营管养实施，如宣传、维护、升级等<br>（2）驿站投入使用后，快递量后台数据，快递柜使用率（频次）及预期收入情况<br>…… |
| 4 | 村民 | （1）驿站建成前的当地候车状况<br>（2）驿站建成后的候车舒适度<br>（3）对公交驿站功能、设施使用方式等的知晓情况<br>（4）快递收发的需求量（次数）、收发方式<br>（5）在公交驿站收发快递的情况<br>（6）公交驿站与传统公交站比较的优劣势<br>（7）驿站的设置是否需要优化，比如凳子的长度、顶棚等<br>…… |

（三）绩效分析

对照上述评估思路，评估组以社会调查获取的数据为基础，分别从必要性、绩效性和可行性三个维度进行了绩效分析。

1. 必要性分析

（1）就项目设立依据充分性，主要将项目定位、实施内容与上级规划、交通局职能进行匹配性分析。该项目设立与《X 省乡村振兴战略规划（2018—2022 年）》中所提出的"鼓励发展镇村公交、全面推进城乡公交化建设、推进农村物流网络节点建设"的相关要求相符合，也与交通局"负责主要交通设施设计实施管理、参与制定物流业发展规划和相关政策、推进现代物流业发展"等职能相匹配。

（2）为更好地评估新型公交驿站其现实需求是否充分，围绕拟解决的居民候车和快递收发需求展开分析。通过与 11 个镇、50 个行政村的 139 位农村居民进行一对一访谈，对当前 Ccc 地区农村居民的候车和快递收发需求进行了调研。

在候车需求方面，随着当前农村公共交通的不断发展，Ccc 地区已基本实现镇村公交畅通，但有超过 75％的公交站台为站牌式站台，无法挡风遮雨，也未设置座位，居民出行候车体验较差。从调研结果来看，有超过 80％的农村居民对于推进公交站台建设持支持意见。

在快递收发需求方面，尽管农村物流作为物流行业的新兴领域具有较好的发展前景和发展空间，但受村内留守老人较多、农村智能手机普及程度较低等因素影响，当前 Ccc 地区农村居民收发快递的需求尚未形成规模。评估组调研的 139 人中，仅有 24 人具有快递收发需求且只有 1 人使用过丰巢快递柜。从当前 Ccc 地区农村快递物流布局来看，各镇村集聚地均已有快递公司；在各行政村，也在商店、超市设置了快递代收发点。在农村居民快递收发需求量相对较小的情况下，现有模式基本能够满足其快递收发需求。由于快递点往往设置在周边居民居住较为密集的地点，对居民而言，前往公交驿站收发快递在距离和便捷性方面均没有足够的吸引力。

（3）基于前两点分析结果，对该项目是否属于公共财政支持范围进行判断。从总体来看，该项目作为农村社区公共设施建设，建设目的在于提升乘客候车舒适度、方便村民收发快递，受益群体覆盖 Ccc 地区所有农村居民。其中，对于站点改造提升乘车需求属于公共财政支持范围。但公交驿站的快递柜功能属于市场行为，公益性存在不足且与现有快递模式存在一定重合，对周边居民并没有显著的吸引力，不建议纳入财政支出范围。

2. 绩效性分析

综合对项目必要性分析结果，评估组从驿站建设选点和标准、预期绩效、投入方式及预算编制的合理性四个方面对该项目建设的绩效性进行了重点分析。

（1）公交驿站布局和建设标准分析。目前建设选点标准为镇村集聚地及 300 户以上行政村，公交站台建设规格为 18 米长。从建设的布局和选点来看，300 户是登记户数，不能充分代表 Ccc 地区农村实际居住人数，也未考虑公交发车频次、客流量等因素，选点标准过于单一。从建设规格方面分析，途经镇村集聚地的公交班次较多，候车人数也较多，18 米公交驿站能较好地满足群众的出行候车需求；而在相对偏远的行政村，途经公交车次少，候车人数也少，18 米公交驿站的建设规格远远超出居民实际需求。此外，从公交驿站设计来看，由于追求美观，存在高度过高、挡板过窄从而导致遮风挡雨效果较差，以及座椅设置较少而无法充分满足镇村集聚地候车群众休息需求的问题，站台实用性不足。

（2）项目预期绩效分析。评估组围绕公交驿站建设定位，从农村居民候车满意度和快递收发需求满足度两个维度分析其社会效益。一方面，从出行候车情况来看，根据实地核查情况，抽查的公交驿站均已配备长凳、顶棚等设施，提升候车体验功能已实现，与原先公交站牌处候车相比，候车舒适度有了一定的提升，居民满意度也相对较高。另一方面，从快递收发角度来看，结合必要性分析，预期效益不显著。

（3）公交驿站投入方式分析。这一分析主要从成本分担机制、反哺机制两个维度进行。公交驿站建设资金由本级财政承担，快递柜由丰巢公司配置，但公交驿站的物流功能需求及其公益性均不显著。从成本分担机制来看，公交驿站建设成本分为基础设施建设和快递柜两部分，分别由本级财政和丰巢公司承担，但财政还承担了因快递柜安置带来的公交驿站场地增加成本及后续运维用电成本。在快递柜建设公益性不足的情况下，该项成本分担不够合理。从反哺机制来看，快递柜在可预见的期间无法实现盈利，广告牌收入也尚不足以抵扣公交驿站的建设成本，盈利能力不足，反哺机制不健全。

（4）预算编制合理性分析。评估组主要根据 2018 年公交驿站建设支出情况及 2019 年项目预算测算过程对预算编制合理性进行分析。2018 年公交驿站建设项目实际支出为 883.10 万元；2019 年预算为 950 万元，但无明确的测算依据。该项目预算编制缺少明确的单价和数量测算依据，预算编制粗放，合理性不足。

3. 可行性分析

（1）由于公交驿站建设项目覆盖 Ccc 地区，而且是一个三年期的跨年度项目，所以评估组对建设方案健全性和目标设置明确性进行了分析。结合前述必要性分析结果，交通局与供销社虽然在农村物流布局方面开展了宏观层面的讨论，但未针对农村居民进行需求调研，从而导致项目实施方案的可行性和合理性不足。就项目目标来看，虽然有相对明确的中长期目标，但预算单位未设置具体、细化、量化的年度目标。

（2）结合 2018 年公交驿站建设完成情况，对 2019 年建设能力进行评估。2018 年，计划建设 50 个公交驿站，截至 2018 年年底已全部建设完成，且均验收合格、投入使用，建设能力具有较强的保障性。

（3）对公交驿站建成后的投入使用和运维情况进行分析。从宣传机制来看，针对每个公交驿站，丰巢公司均在当地配备了一个宣传推广员，要求推广员采取发放宣传单等方式进行推广。但是在实际宣传过程中，多数宣传推广员未按要求对公交驿站进行推广讲解，仅不到 20% 的调查对象接受过快递柜使用方法的宣传，宣传效果较差。从运维机制来看，公交驿站产权归当地政府所有，产权和后续运维权责清晰，但整体管理较为松散，主管部门交通局暂未指定专门单位或人员负责公交驿站后续运维的统筹管理工作，存在驿站保洁未落实到位的情况。

（四）评估结论

整体而言，Ccc 地区公交驿站建设创造性地将"公路"和"电商"融合，在全面建好农村公路的同时，积极探索农村物流新模式，推进农村"公路＋物流"的发展。该项目的实施，提高了候车舒适度，在一定程度上满足了群众出行需求，具有较强的民生意义。但该项目由于其首创性，在建设方案合理性、项目管理和实施流程上仍有较大改进空间。主要存在以下几个方面的问题：一是公交驿站建设定位不够精准，物流定位需求公益性不足；二是公交驿站建设布局不够合理，建设标准过于单一，与实际需求不相适应；三是财政投入与效益不够匹配，投入方式有待优化；四是公交驿站管理较为粗放，后续运维管理有待完善。此外，针对2019年项目预算编制依据不充分的问题，需要提升精细化管理水平。

针对项目建设过程中存在的问题，评估组主要给出以下建议：

1. 坚持规划引领，驿站定位聚焦便民出行

公交驿站建设项目作为推进农村公交及物流发展的创新性举措，应当做到规划先行，以规划引领实践，对公交驿站建设所需要解决的问题、实现目标、实施路径、保障机制等进行全面规划。在当前农村居民出行候车体验提升需求较充分而快递收发需求有所不足的情况下，建议公交驿站项目聚焦便民出行功能，驿站建设相关资源向服务农村居民出行候车倾斜。

2. 以需求为导向优化公交驿站选点布局，调整公交驿站建设规格

首先，建议交通局在本次评估基础上，以需求为导向，对Ccc地区的公交站台现状、公交出行需求、快递布局、快递需求等进行全面调查摸底，进一步优化选点标准。将当地途经公交车次、日均候车人次、日均快递收发量、周边快递点数量等影响因素纳入选点标准中。

其次，建议交通局根据居民出行候车需求调整公交驿站建设规格，在镇村集聚地车次较多、人流密集度较高、快递收发需求相对较为旺盛的地方，可以设置1个规格较高的18米公交驿站，以此辐射周边地区；在各行政村，考虑到其出行人次较少、村民快递收发需求不足，建议结合Ccc地区城乡公交站台建设整体推进计划，统一建设规格相对较小、造价较低的公交站台。

3. 积极探索公交驿站建设合作模式，推进农村物流发展

推进农村物流发展是贯彻落实乡村振兴战略的重要任务要求，而加快农村物流基础设施建设是健全农村物流末端配送的必然要求。考虑到当前Ccc地区农村快递收发需求呈现出分散性、规模小的特点，综合已建成驿站盈利能力不足的情况，建议Ccc地区在建设公交驿站时积极探索社会资本合作模式，推进农村物流发展。

4. 建立健全公交驿站管理体系，完善运维宣传机制

建议尽快建立健全公交驿站建设项目相关管理体系。一是要加快出台专项资金管理办法，办法中应当明确专项资金相关主体及对应权责、专项资金支出范围、资金使用流程、项目实施流程、项目质量监管措施、项目风险防范措施等内容。二是健全完善运维及宣传机制，建议Ccc地区交通局尽快推动驿站运维及宣传机制制度化、成文化，明确运维内容、运维标准、宣传内容、宣传方式、质量考核等要素，提高管理效率。

5. 建立事前绩效评估机制，加强事前评估和审核

建议Ccc地区交通局在以后项目实施过程中结合预算评审、项目审批等，对新出

台的重大政策项目开展事前绩效评估，重点论证立项必要性、投入经济性、绩效目标合理性、实施方案可行性、筹资合规性等。同时，建议 Ccc 地区财政局加强新增重大政策和项目预算审核，将事前评估和审核结果作为预算申请和安排的重要参考依据。

### 三、案例总结

#### （一）案例经验及优点

针对 2019 年公交驿站建设项目，评估组围绕项目必要性、绩效性和可行性三个维度进行分析。在事前绩效评估开展过程中，总结出如下两点经验：

一是评估重点清晰，绩效分析扎实。首先，评估组从项目设立目的出发，梳理出提升农村地区居民出行候车体验和方便快递收发两大目标。在此基础上，重点将出行候车和快递收发需求是否充分、预期绩效和投入模式是否合理等方面作为分析重点，并通过完整的事前绩效评估指标体系予以反映。其次，结合公交驿站跨年度实施的特点及 2018 年已经完成一期建设并投入使用的情况，评估组对于项目 2019 年的绩效分析，主要通过对比 2018 年公交驿站建成前后出行候车及快递收发的变化情况实现，从而对项目预期目标及其可达成情况做出更加准确的判断。

二是评估结论科学，建议有针对性，结果应用性强。本次事前评估对公交驿站后续是否建设、如何建设、投入模式如何调整等核心问题均进行了回应，为公交驿站项目后续实施提供了决策参考。此外，通过本次评估，提高了 Ccc 地区财政部门及预算部门和单位对于项目事前评估的重视程度，开始将项目事前评估结果作为预算申请和安排的重要依据。

#### （二）案例的局限性

受限于评估数据的限制，评估组在投入模式调整方面仅提供了方向性建议，未对单个驿站的建设成本及 2019 年的预算安排进行精准测算。若能够获取相关数据，在本次评估基础上，可以进一步采集公交驿站实际建设成本和运行盈利数据，预测公交驿站建设成本回收周期，为驿站投入运营后的预算测算提供参考依据，并在优化公交驿站建设成本分摊比例方面提供更具参考性的意见和建议，如政府部门仅承担站台基础设施建设成本，快递柜水电运行费及额外场地成本由快递公司自行承担等。此外，还可以结合其他地区公交站台建设和运营及农村地区物流发展的成功经验，借鉴更加优化的合作模式，真正实现政企合作，在减轻财政负担的同时，推动企业参与农村建设。

#### （三）进一步探讨的方向

公交站台对于方便居民出行、提升公交服务满意度具有重要的意义。首先，作为城市公共交通重要的配套措施，针对公交站台建设的事前绩效评估，更多地要从城市公共交通规划的角度出发，而不是仅仅针对站台建设，明确公交站台在公交发展中的定位和作用至关重要，如公交站台的布局、选点等均需要结合公交线路来设计。其次，在"公交优先"战略下，公交站台的功能也在不断延伸，如何结合各地和各条线路及各个公交站点的实际情况来确定公交站台建设标准，也需要进一步探索。如，是建设港湾式还是锯齿形公交站台，需要结合站台提供的功能进行设计。最后，公交站台提供的主要功能是候车服务，不可避免就要提到公交信息。随着信息化水平不断提升、电子设备成本不断降低，"智慧公交站台"也越来越多地出现在大众的视野中。但其建设成果与需求满足度、建设成本与实现效益之间的匹配性都有待进一步探讨。

## |案例二| Ddd 地区做大做强文化产业若干政策事前绩效评估

2019 年，Ddd 地区初步制定了《Ddd 地区做大做强文化产业若干政策措施》。为有效降低政策执行风险、充分发挥政策效益，在政策颁布前，Ddd 地区财政部门特委托第三方专业机构对该政策进行事前绩效评估。本次评估主要运用问卷调查、数据分析等方法从政策设立必要性、实施可行性、目标合理性、资金投入合理性四个维度对政策进行了全面分析，并对反映了政策内容、政策实施保障等方面的问题提出了针对性的建议。此次评估是目前实践中为数不多的政策事前绩效评估，案例将重点介绍 Ddd 地区文化产业政策事前绩效评估思路、方法及评估分析过程，以期为政策事前绩效评估体系构建、评估分析方法和评估实践等提供一定参考。

### 一、政策简介

#### （一）政策实施背景

2017 年，在全国同等级地区中，Ddd 地区规模以上文化企业数、资产总值的排名相对靠后。此外，Ddd 地区规模以上文化企业数、从业人员数、资产规模、收入规模等经营指标在全省所占比重均低于同省的 Z 市。总体看，Ddd 地区文化产业发展水平不高。

Ddd 地区在 2019 年之前未出台过系统性的文化产业扶持政策，每年主要安排约 3 000 万元资金以"一事一议"的方式扶持个别文化产业项目，资金投入相对较少且覆盖面较窄。为加快推动文化产业成为推进新旧动能转换和提升城市竞争力的重要驱动力，把 Ddd 地区打造成为带动全省、辐射周边的全国重要文化产业区域中心城市，2019 年，中共 Ddd 地区区委宣传部（以下简称"地区区委宣传部"）初步制定了《Ddd 地区做大做强文化产业若干政策措施》（以下简称《Ddd 地区文化产业政策》）、《Ddd 地区做大做强文化产业若干政策措施实施细则》（以下简称《实施细则》）。受 Ddd 地区财政部门委托，在该政策正式出台前开展事前绩效评估，以期发现政策内容、政策实施保障等方面存在的不足，提出针对性建议，降低未来政策执行风险，为政策效益发挥奠定良好基础。

（二）政策内容

根据《Ddd 地区文化产业政策》《实施细则》，Ddd 地区文化产业扶持政策共有21 条，主要对 Ddd 地区文化企业、文化产业园区（基地）、文化企业服务平台等进行奖励或补助，政策实施范围覆盖 Ddd 地区全地区，政策有效期为 3 年。评估组按照扶持对象将政策分为 7 大类，政策内容详见表 2-2。

表 2-2　政策内容

| 政策编号 | 扶持对象 | 政策内容简述 |
|---|---|---|
| 1 | 规模以上文化企业 | 经济总量首超奖励 |
| 2 | | 经济总量连续三年增长奖励 |
| 3 | | 首次入选或提名全国、全省文化企业 30 强奖励 |
| 4 | | ① 新增规模以上文化企业奖励；② 已纳入规模以上文化企业库，经济总量连年增长的企业奖励 |
| 5 | | 首发、新引进的上市文化企业奖励 |
| 6 | | 新引进的全国 30 强文化企业、新引进的全省 30 强文化企业、新引进的规模以上文化企业奖励 |
| 7 | 文化产业园区（基地） | ① 首次列入国家级文化产业园区（基地）、文化科技融合示范基地、广告文化产业园区、动漫游戏产业基地、数字出版基地、影视基地的属地园区奖励；② 首次列入省级文化产业园区的属地园区奖励；③ 首次列入市级重点的文化产业园区奖励 |
| 8 | | 利用工业厂房、历史文化街区等存量房产兴办文化产业园区项目奖励 |
| 9 | | 已投入运营的属地文化产业园区奖励 |
| 10 | 文化产业项目实施单位 | 列入《Ddd 地区文化产业专项规划》的文化产业项目，对立项评审通过的项目进行补贴 |
| 11 | 文化企业（影视公司） | ① 企业的原创电视剧首播奖励；② 获得飞天奖、金鹰奖奖励 |
| 12 | | 企业的原创动画片首播奖励 |
| 13 | | 企业的原创电影首播、票房突出及获奖（华表奖、金鸡奖、百花奖）奖励 |
| 14 | | 对企业的原创影视作品国内网站上首播奖励 |
| 15 | 文化企业（新媒体） | ① 新媒体企业必要办公用房补贴；② 新媒体企业展会补贴 |
| 16 | | 自带优秀新媒体产业项目入驻、获奖等奖励 |
| 17 | | ① 新媒体企业年经济总量首超奖励；② 入驻市级以上文化产业园区的新媒体企业必要的办公用房补贴 |

| 政策编号 | 扶持对象 | 政策内容简述 |
|---|---|---|
| 18 | 文化企业（中小微） | 设立文化风险补偿资金，对合作银行为中小微文化企业提供贷款发生坏账的损失补偿 |
| 19 |  | 中小微文化企业融资费用补贴 |
| 20 |  | 为中小微文化企业提供的信贷债务性融资业务的银行、担保公司奖励 |
| 21 | 文化企业服务平台 | 文化产业服务体系、平台建设及招商宣传等 |

（三）评估对象及资金情况

本次评估对象为《Ddd 地区文化产业政策》《实施细则》。政策资金计划由 Ddd 地区财政保障，地区区委宣传部根据相关数据对该政策资金投入进行了初步测算，预计政策实施期内每年资金投入约为 1.50 亿元。

（四）政策组织、管理及流程

地区区委宣传部是本政策的制定和主管部门。政策初稿形成后，征求各下辖区县党委宣传部、地区发改委、地区税务局、Ddd 地区文化和旅游局等相关部门及文化企业的意见，并根据相关单位意见对政策进行修订。政策实施涉及的其他责任单位包括 Ddd 地区税务局、Ddd 地区自然资源和规划局、Ddd 地区住房和城乡建设局、Ddd 地区文化和旅游局等，各部门职责分工清晰、明确。

本政策实施主要包括项目申报、主管部门审核、专家评审及现场核查等环节。具体实施流程为：主管部门通过政府网站公开发布《申报指南》，申请单位提交材料，主管部门会同地区文化和旅游局等相关部门对材料进行初步审核；审核通过后组织审计及专家评审论证，并对项目进行现场核查；论证通过后征求相关部门意见，并召开领导小组审议，审议通过后将扶持结果通过政府网站公示，公示无异议后拨付专项资金。

（五）政策绩效目标

通过梳理 Ddd 地区文化产业相关规划、《Ddd 地区文化产业政策》等文件，本政策实施的总目标可归纳为：促进文化产业质量效益大幅提升，成为全市新旧动能转换中坚产业和国民经济支柱产业；本地区成为带动全省、辐射周边的全国重要文化产业区域中心城市。截至评估开展时，该政策尚未设置量化、明确的阶段性目标及目标值。

**二、事前绩效评估设计与实施**

（一）评估思路

1. 拟解决的问题

本次评估旨在通过全面分析 Ddd 地区文化产业发展政策设立的必要性、实施的可行性、政策绩效目标及资金投入的合理性等，反映政策内容、政策实施保障等方面存在的不足，并对政策决策、政策内容优化及实施保障、预算投入及目标编制等提出针对性的建议，以降低政策执行风险，充分发挥财政支出政策效益。

2. 总体思路的设计

围绕立项必要性、投入经济性、绩效目标合理性、实施方案可行性和筹资合规性等事前绩效评估的核心，评估组首先了解了委托方开展本次事前绩效评估的目的与需求，并通过收集、梳理相关政策文件，明确了本政策的主要内容、实施目的等。结合委托方需求及政策特点，评估组明确了政策设立的必要性、政策的可行性、政策目标及资金投入的合理性四个评估重点。其中，政策设立的必要性是评估开展的基础。若政策设立的必要性不足，则无须开展其他三个维度的评估；但若确有必要，则需继续对政策实施可行性、目标及资金投入合理性做进一步分析。

政策设立的必要性：通过对主管部门访谈、相关资料核查，考察政策制定前是否对 Ddd 地区文化产业发展现状、薄弱点等进行过充分调研和分析，反映了政策制定程序的规范性和政策制定依据的充分性。通过对政策进行梳理、对文化产业数据进行统计分析及对文化企业进行调研，考察本政策与本地区文化产业发展重点、企业实际需求的匹配性，从而评估政策设立的必要性。

政策实施的可行性：在确定政策制定有必要性的基础上，通过研读 Ddd 地区文化产业规划、对比其他地区文化产业政策等，分析政策内容的明确性和合理性，具体包括政策扶持对象、扶持方式、扶持条件、扶持标准等。此外，通过收集、整理相关政策文件，考察为保障政策实施主管单位是否制定了相应的实施方案或实施细则，是否明确了政策实施流程、申报材料、审核标准，以及是否有明确的组织机构、职责分工，实施人员能否落实到位等。

政策绩效目标的合理性：通过政策研读，了解政策是否制定了明确的总体目标、阶段性目标；分析政策目标是否具有一定的前瞻性和挑战性，是否可实现，是否与战略目标相关，以反映政策目标设立的完备性及科学性。

资金投入的合理性：通过与财政部门沟通，了解资金来源渠道是否落实；通过收集 Ddd 地区文化企业及服务平台数据，根据现有扶持条件及标准测算资金投入规模，考察资金投入是否在财力可承受范围内。

3. 评估指标体系设计

在本次事前评估确认的四个重点的基础上，评估组结合政策实际，设计了具体评估指标体系（见图 2-1）。本案例中事前绩效评估指标体系主要作为评估开展思路，并未针对具体指标进行量化评分。

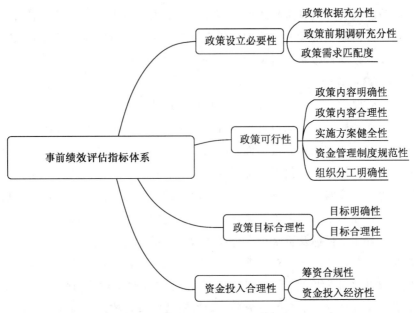

图 2-1 事前绩效评估指标体系框架图

（二）评估实施

与一般评估工作大致相同，本次评估实施主要包括前期调研、方案制定、评估实施、报告撰写四个阶段。在实施阶段，评估组采用"一对一访谈""集中座谈"相结合的方式对 26 家企业、4 个产业园区、2 个金融服务平台进行访谈，以充分了解 Ddd 地区文化产业发展现状、企业需求及企业对文化产业政策的相关建议，为政策设立必要性、政策可行性的分析提供依据。同时，评估组向政策主管部门收集了 Ddd 地区近 3 年文化产业相关统计数据，对每年满足扶持条件的企业数、资金投入规模进行了测算，为合理评估财政可承受能力提供支撑。

此外，为反映政策内容的合理性，评估组收集并梳理了多个地区的文化产业扶持政策，围绕政策扶持重点、对象、条件、标准等，与 Ddd 地区文化产业政策进行了对比分析，以发现 Ddd 地区文化产业政策存在的不足，并借鉴其他地区政策提出了优化建议。

（三）绩效分析

按照前述评估思路，评估组依据前期设计的事前绩效评估指标体系，通过定量与定性分析相结合的方式，从政策设立必要性、政策可行性、政策目标合理性、资金投入合理性四个方面开展评估分析。

1. 政策设立必要性

政策设立必要性分析主要从政策立项依据充分性、政策前期调研充分性、政策需求匹配度三个方面展开，其中重点是政策前期调研充分性与政策需求匹配度。

政策前期调研充分性方面，评估组通过与主管部门访谈，对 Ddd 地区文化产业发展规划文件、政策征求意见函等材料进行分析。本政策制定前，主管部门对相关部门、企业均进行了调研，对 Ddd 地区文化产业发展现状及存在的问题进行了研究，并编制了《Ddd 地区新旧动能转换文化创意产业专项规划》，该规划文件是本政策制定的主要依据。本政策形成初稿后，征求了各区县党委宣传部、Ddd 地区发改委、Ddd 地区科技局等多个部门的意见，同时征求了部分文化企业的意见，并参照相关意见对政策进行了多次修改与完善，由此可见，政策制定前期的调研较为充分。

政策需求匹配度方面，通过对 Ddd 地区文化企业、文化产业园区相关负责人进行访谈了解到，文化产业扶持资金可以缓解企业的经营压力，也能体现地方政府对文化产业的重视度，扶持政策对吸引企业落户能起到一定的作用。此外，通过与其他同级地区文化产业扶持政策对比，Ddd 地区文化产业扶持资金投入相对较少，扶持政策覆盖面较窄，扶持力度相对不足。综上，该政策与地方产业及企业发展需要匹配，政策制定具有一定的必要性。

2. 政策可行性

在确认政策设立必要的基础上，评估组从政策内容的明确性、合理性，以及实施方案与专项资金管理办法健全性三个方面对政策实施可行性展开分析。

（1）政策内容明确性

评估组分析了具体政策扶持对象是否有明确的界定范围、扶持标准是否量化、扶持条件是否清晰。从分析结果来看，有 10 条具体政策的扶持对象、扶持标准或扶持条件不够明确。如，对企业的原创电视剧、动画片、电影等首播奖励政策未明确扶持对象为"出品方""制作方"还是"发行方"；企业参加展会补贴的补贴标准为"经认定符合条件的，对活动经费给予补助，每年最高不超过 10 万元"，未明确具体的补贴比例及金额。

（2）政策内容合理性

首先，评估组收集、梳理了 Ddd 地区商务局、金融管理局等其他部门的补贴政策，通过与本政策对比，发现本政策中对首发上市企业奖励、展会及节事活动奖励、中小微文化企业贷款补贴等政策与 Ddd 地区其他政策存在交叉重叠。其次，评估组收集并研究了周边地区及其他地区的文化产业政策，就政策扶持重点、扶持对象、扶持方式、扶持条件、扶持标准等维度与本政策进行对比分析发现：本政策扶持方式以直接奖励居多，项目补助类政策较少；个别政策扶持标准远高于其他地区的标准；本政策扶持业态重点不够突出，文化产业共分为 146 个小类，涉及细分领域较广，存在重点扶持业态不突出等问题，难以提高资金投入的精准度。

（3）实施方案与专项资金管理办法健全性

首先，评估组分析了政策实施方案是否具有明确的申报条件、申报材料、申报审核主体与流程、审核及验收机制等内容，然后从明确性和执行风险两个角度分析政策内容的完善性。本政策的《实施细则》中未明确项目申报材料、专家评审维度等内容,立项评审类项目实施流程中无"现场考察"环节,无法有效规避政策执行风险。其次,评估组就政策配套的专项资金管理办法是否对资金支出范围、扶持对象、拨付流程及监督管理等内容予以明确。经沟通,本政策尚未制定专项资金管理办法。

3. 政策目标合理性

重点围绕完整性、前瞻性、可实现性、与战略目标的相关性、可衡量性、有无时间限制等方面对政策目标进行分析。经调研,本政策仅制定了总目标,暂未制定明确、量化的阶段性目标,政策目标需完善。

4. 资金投入合理性

本政策扶持资金全部由 Ddd 地区财政资金保障,资金来源渠道已落实。地区区委宣传部对该政策资金投入进行了初步测算,年度预算为 1.50 亿元。但是部分政策资金投入仅依据 2017 年一年的数据进行测算,部分政策甚至没有明确的测算依据,测算过程较为粗放。评估组通过统计分析 2016—2018 年三年的文化产业相关数据,对各政策年度资金投入规模进行了重新测算,测算结果为 2.202 亿元,经与财政部门沟通,资金投入在财力承受范围内。

(四)评估结论

总体来看,Ddd 地区做大做强文化产业若干政策设立具有必要性,政策制定依据充分,与 Ddd 地区文化产业发展需要相匹配,也有助于提高 Ddd 地区文化产业扶持政策吸引力,政策制定具有必要性。经测算,本政策资金投入力度较以前年度有较大的提升,可有效提升政策竞争力且在地区财力承受范围之内,资金投入较为合理。

同时,也存在一些问题,主要是政策可行性不高:一是本政策除对影视、动漫、新媒体有单独的扶持政策外,其他政策并未明确具体扶持业态,政策扶持重点不够突出;二是政策中部分政策扶持对象、条件、标准不够明确,部分政策与其他部门政策存在交叉,部分政策扶持标准明显高于其他地区;三是直接奖励类项目较多,重大项目补助政策较少,且缺少"消费端"的引导政策;四是政策配套的实施细则未明确项目申报材料等内容,政策实施的可行性不高,政策落地存在一定风险;五是本政策尚未制定专项资金管理办法,对资金扶持范围、拨付流程、监督管理、绩效评估等均未明确。

此外,政策目标合理性也不足。本政策明确了总目标,但总目标较为宏观、定性,未制定明确、量化的阶段性目标。

针对上述政策可行性不高、政策目标不够合理的问题,评估组从优化政策内容、健全政策实施保障机制和完善政策目标三个方面提出了相应的建议。

1. 进一步优化政策,明确和完善政策内容

(1)明确政策扶持重点文化产业业态,提高财政资金扶持精准度

建议主管部门结合《Ddd 地区文化创意产业专项规划(2019—2022)》中已明确的 Ddd 地区文化产业发展的主要业态体系,在对 Ddd 地区文化产业结构、发展现状

进行进一步的调研、论证的基础上，深入谋划 Ddd 地区文化产业发展方向，明确文化产业扶持政策重点扶持的业态。

（2）在本政策中增加"文化惠民消费项目"

Ddd 地区自 2017 年开始举办文化惠民消费季活动，为推动文化消费深入持续展开、进一步扩大消费市场、带动文化产业发展，建议将"文化惠民消费项目"纳入本政策。

（3）进一步明确、完善政策内容

首先，针对政策内容不明确、扶持标准过高等问题，明确扶持对象、扶持标准、扶持条件，同时参照其他地区政策适当降低个别政策的扶持标准。其次，针对本政策与 Ddd 地区其他政策存在交叉的情况，建议删除对应的政策或在政策中明确"同一项目符合 Ddd 地区多项鼓励扶持政策条款或性质相似条款的，按最高标准给予奖励，不可重复享受"。最后，建议扩大重大项目补助范围，建立重点文化产业项目库入库机制，入库企业每年按程序申请扶持资金，采用立项评审等方式确定扶持企业及金额。

（4）进一步梳理、归类政策内容

本政策中包括对规模以上企业、中小微企业、影视企业、产业园区等不同类型的扶持政策，建议进行进一步梳理、归类。如归类为"支持文化企业做大做强""鼓励优质企业落户""支持重点园区建设与发展""支持影视业发展""推动文化金融融合发展"等。

2. 健全政策实施保障机制，完善政策绩效目标

（1）进一步完善实施方案

第一，完善专家评审机制。目前，《实施细则》中已明确了专家评审采用"百分制"方式，但是具体评分维度未细化，建议从"与地方文化产业扶持重点领域的匹配度、项目投资额、行业地位和市场前景、地方贡献度、获得荣誉"等方面进行综合评定。第二，完善方案实施流程。在《实施细则》中，增加对立项评审类项目的现场考察环节，并明确考察组的人员构成。第三，在实施细则或后续制定申报指南时，针对各条政策明确申报材料。第四，对于重大项目的补助采用分阶段补助的方式，同时明确项目建设期。

（2）尽快制定适用于本政策的专项资金管理办法

为规范文化产业扶持资金的使用与管理，建议政策主管部门尽快制定文化产业专项资金管理办法，明确专项资金的管理职责、扶持范围、预算编制与执行、资金管理与监督及开展绩效评价等内容。

（3）制定政策目标，加强预算绩效管理

建议主管部门根据《Ddd 地区文化创意产业专项规划（2019—2022）》明确的发展目标，以及具体政策制定的目的，分解政策实施的阶段性目标。待政策具体实施

时，再根据阶段性目标细化为年度目标。具体目标可从受益企业的经济效益（如受益企业净利润增长率）、满意度及全市文化产业宏观经济效益（如全市文化产业增加值占 GDP 比重）、社会效益（文化产业带动就业人数增长率）等方面考虑。

### 三、案例总结

**（一）案例经验及优点**

本案例以 Ddd 地区做大做强文化产业若干政策事前绩效评估为例，完整呈现了政策事前绩效评估"确定评估思路—设计评估指标体系—开展评估分析—得出评估结果"的实施路径，并对评估结果应用进行了总结，反映了政策事前绩效评估在政策决策方面是如何发挥实效的。

1. 评估重点明确，评估路径清晰

案例以实现评估目的为根本，明确了政策设立必要性、政策可行性、政策目标及资金投入合理性四个评估重点，并设计了完整的政策事前绩效评估指标体系，全面分析了 Ddd 地区文化产业政策制定必要性、政策内容明确性与合理性、政策实施相关保障性制度与措施的完备性、政策目标及资金投入规模合理性。综合分析后得出结论，回应了政策是否应设立、是否存在执行及效益发挥风险、政策投入是否合理等问题，并从政策扶持重点方向，到具体政策内容，再到配套实施方案及资金管理办法等方面逐层提出了切实可行的改进建议。

2. 政策研究深入，注重对标分析

本次评估收集了大量其他地区的文化产业政策，选取的地区包括与 Ddd 地区同省的经济发展水平相当的 Z 地区、与 Ddd 地区同级别的文化产业政策体系较为健全的城市、文化产业发展较为成熟的一线城市等。评估组从政策体系、扶持重点、扶持方式、扶持条件与扶持标准等方面，将 Ddd 地区文化产业政策与其他地区文化产业政策进行了对标分析，以发现本政策的不足之处，借鉴其他地区的经验，为完善政策提供参考。

3. 建议可操作性强，结果应用充分

评估组从政策扶持对象、扶持条件、扶持标准、扶持方式等方面对政策内容的合理性进行了深入分析，并针对政策内容优化及配套实施方案的完善提出了具体的、切实可行的建议。此次评估结果得到了财政部门及政策主管部门的高度认可，主管部门根据评估意见对政策进行了完善，如：明确了部分政策扶持对象、标准及条件；降低了新增规模以上文化企业、原创动画片首播补贴标准；建立文化产业重大项目库，增加重大项目补助政策；对政策进行梳理与归类；等等。经过完善，大大提高了政策的可行性，该政策目前已正式颁布。

**（二）案例的局限性**

首先，Ddd 地区的文化产业扶持政策为初次制定，预期效益评估缺乏历史数据支撑，而且其他地区文化产业政策资金投入规模及其产出效果等数据难以获取，无法通过横向对比设立标杆值，预期效益仅根据文化企业的调研情况等进行了定性分析，无法做出准确评估。其次，本政策扶持对象覆盖规模以上和规模以下文化企业，但由于Ddd地区统计局等部门仅掌握全市规模以上文化企业相关数据，导致评估组无法准确测算项目实施年度满足扶持条件的企业数及资金投入规模，估算结果与实际情况可能会存在一定偏差。综合而言，由于统计数据不足，本次评估中政策预期效益及资金投入测算准确性有待提升。

（三）进一步探讨的方向

本政策制定的总目标为"推动Ddd地区文化产业的发展"，而财政扶持资金与产业发展之间的相关性仍需要进一步研究与探讨。另外，除财政扶持资金外，可以从宏观角度出发，通过数据建模，研究本地区营商环境、上下游产业配套、人力资源等因素与Ddd地区文化产业的发展的相关性，在此基础上，探讨财政资金的重点投入方向及方式。

本案例主要通过对比同类地区同类项目的扶持标准，并结合地方财力对政策扶持标准及资金投入规模合理性进行分析，后续可从资金投入—效益的关系出发，研究财政资金投入边际效应递减规律，探讨政策扶持标准、资金投入的最佳临界点，合理确定政策扶持标准及资金投入规模，最大限度地发挥财政资金使用效益。

## |案例三| Eee地区卫健委部门项目整体性事前绩效评估

根据《Eee地区2018年预算绩效管理工作方案》"从源头入手，建立项目库项目论证机制，实现项目决策前管理"的要求，Eee地区财政局对Eee地区卫生健康委员会（原卫生和计划生育委员会，以下简称"卫健委"）部门所有经常性项目进行事前绩效评估，重点关注项目立项、项目申报、项目预算、项目目标等方面。评估组在全面梳理卫健委部门所有经常性项目的基础上，结合卫健委部门职能职责，对项目进行了重新整合，明确并细化了项目预算测算依据及标准，并针对经常性项目设置了绩效目标。通过本轮事前绩效评估，理顺了Eee地区以部门为单位，对经常性项目进行整体性事前绩效评估的开展机制和实施路径，提高了预算编制和审核的质量，对于财政项目库建设和完善发挥了积极的作用。本案例将以卫健委为例，介绍Eee地区部门项目整体性事前绩效评估的开展思路。

### 一、案例背景及部门项目情况简介

建立全过程预算绩效管理链条，需要将绩效理念和方法融入预算编制、执行、监督的各个环节，构建事前、事中、事后绩效管理闭环系统，而开展事前绩效评估更有利于从源头上解决财政资金配置低效无效的问题。自 2016 年起，Eee 地区财政局就从预算管理的实际需求出发，启动了以事前绩效评估为重点的财政预算绩效管理工作。Eee 地区拟通过三年时间，采用部门项目支出整体性评估的方式，对本级财政支出项目开展一轮全面梳理，从而摸清本级预算部门项目预算管理情况，提高本级财政支出项目预算编制的质量，并建立事前绩效评估结果与项目预算编制、审核挂钩的结果应用机制。

2018 年，为推进 Eee 地区预算绩效管理工作，强化本级项目库建设及应用，切实提高财政资金使用效率和效益，Eee 地区财政局延续前述事前绩效评估总体思路，进一步丰富事前绩效评估工作内涵，实施了包含部门项目梳理和分类、项目预算审核和细化、绩效目标设置三方面内容的事前绩效评估工作。评估组总结前期事前绩效评估工作经验，以 2017 年、2018 年度经常性项目为基础，对 Eee 地区卫健委部门所有项目开展整体性事前绩效评估。

本次评估涉及卫健委本部及其 8 家直属事业单位，以 2017—2018 年共计 612 个项目为评估范围，预算资金为 2.37 亿元。其中，2017 年 290 个项目，预算总额为 1.10 亿元；2018 年 322 个项目，预算总额为 1.27 亿元。

**二、事前绩效评估设计与实施**

**（一）评估思路**

**1. 总体思路设计**

本次事前绩效评估主要通过项目梳理，按照"部门履职—活动—项目"的逻辑，对部门预算项目进行整合和分类，并对预算编制合理性进行重点评估，明确预算编制依据及标准，优化项目预算资金结构，设置匹配绩效目标，以进一步完善财政部门和预算部门预算管理及项目库管理。以优化项目库架构、提高预算编制合理性为目标，按照部门间共性、部门内共性和个性业务的分类思路，在全面梳理项目具体实施内容的基础上，对评估范围内的项目进行整合及重新分类，以增强同类项目预算的可比性，从而为同类项目支出标准的建设奠定基础。

此外，按照项目开展的延续性，结合项目所属支出功能类别在立项和预算编制方面的特点，评估组重点对经常性项目预算编制情况进行评估。经过此轮全面梳理后，财政后期仅需要对实施内容和预算申报金额有较大调整的经常性项目进行重点审核即可，提高了财政预算管理效率。针对一次性项目，评估工作组重点对立项依据充分性进行了考察，以期为预算部门（单位）今后预算编制提供参照依据和标准。

**2. 评估内容**

针对具体项目，评估组以绩效为核心导向，重点围绕"项目立项是否有依据""预算编制是否有依据"及"预算编制与年度工作目标的匹配性"进行分析。根据《Eee 地区预算绩效管理办法》，结合卫健委职能和项目特点，从项目立项、项目申报、项目预算、项目目标等方面对具体项目进行评估。具体评估内容见表 2-3。

表 2-3　Eee 地区卫健委事前绩效评估内容

| 评价维度 | 评价内容 | 评价标准 |
|---|---|---|
| 项目立项 | 考察项目立项依据充分性 | 是否与部门职能相符；是否符合国家、市、区的相关规划、政策法规与工作任务；是否经过论证或集体决策 |
| 项目申报 | 考察项目申报类别是否准确，部门内项目是否存在重复交叉 | 项目申报类别是否符合项目大类立项要求；部门内项目之间是否存在重复或者交叉 |
| 项目预算 | 考察项目预算安排的合理性及支出的规范性 | 是否清晰列示项目的预算构成和金额；价格和数量测算是否依据充分；项目实际支出方向和内容与预算是否一致；资金使用是否规范 |
| 项目目标 | 项目绩效目标编制情况 | 项目是否设置绩效目标；绩效目标是否量化、明确、可实现 |

考虑到本次事前绩效评估涉及单位及项目数量较多，评估组首先根据部门预算批复的一级目录对项目进行分类，将其分为基本建设、信息化建设与维护、设备购置及维修保养、政策补贴等 13 大类。针对每类项目的实施内容、项目立项和预算编制的特点，确定重点考察分析的内容。如：设备购置及维修保养类，考察项目立项是否符合专业用途，预算编制是否参考市场价格；政策补贴类，重点考察预算编制是否有明确的补贴标准和补贴数量；扶持经济发展类，考察项目立项和预算编制是否有明确的文件依据等。

（二）评估实施

在评估实施过程中，围绕评估目的，按照委托方要求，评估组完成了项目梳理、预算结构细化和绩效目标编制三块内容。

1. 项目梳理

评估组对 9 家预算单位提交的项目立项、项目申报、项目预算及项目管理等方面的资料进行了梳理核查，整理了各项目的绩效目标申报情况、资金使用情况、项目年度计划安排情况、业务管理制度和财务管理制度情况。通过资料核查和项目评估，评估组对项目进行了分类规范和有效整合，删除了不必要的项目，调整了重复项目或者内容交叉项目。同时，结合区卫健委部门职能职责，评估组对卫健委经常性及一次性项目进行了重新调整、统一或合并，确保项目内容与部门职能匹配、项目内容覆盖全面。

2. 预算结构细化

评估组采用比较法，通过对项目绩效目标与实施效果、历史执行与年度当期情况、不同部门同类支出的比较，综合分析项目预算编制合理性。基于既往支出情况，明确并细化了预算依据及标准。在此基础上，评估组前往各预算单位进行了现场沟通确认，确保预算编制有依据、测算标准合理且符合单位实际。

3. 绩效目标编制

评估组针对调整后的每个经常性项目均重新编制了绩效目标。在编制绩效目标时，评估组对以往年度项目预算执行和项目绩效目标达成情况进行了分析，优化了绩效指标，包括总结和规范了投入和管理目标，明确了经常性项目任务数量，调整了产出指标，提炼了核心效果指标，并确保了项目目标与实际需求相匹配、资金量与任务量相匹配。

（三）绩效分析

1. 项目情况分析

本次项目分类从卫健委总体职能出发，一方面，通过梳理卫健委本部及下属各单位职能职责，重新对卫健委总体职能进行分解、整合、对应；另一方面，通过梳理卫健委历年经常性项目，在项目整合的基础上，与各单位职能职责进行对应，匹配各项职能及项目名称，最后优化、完善，形成最终卫健委部门预算项目梳理思路图（见图 2-2）。

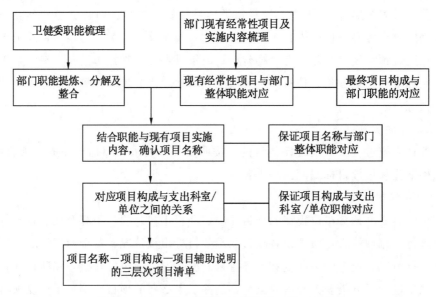

图 2-2　Eee 地区卫健委部门预算项目梳理思路图

其中，在确认卫健委职能时，评估组从卫健委各单位职能职责出发，首先分析研究"三定方案"，保留核心职能，筛选弱相关职能，整理后职责包括疾病预防控制、应急救援、卫生监督、妇幼保健等十余项，并将职能履行责任匹配到具体单位。在确定项目名称时，评估组一方面对职能进行细化、拆解，提炼核心关键词，如"疾病预防控制职能"，梳理出重大疾病防控和干预、传染病防治、慢性非传染性疾病的防治等项目名称；另一方面从现有项目梳理及评估结果出发，与已经提炼的项目名称进行匹配，查漏补缺。如，从以往年度项目情况来看，经项目评估后调整整合的项目名称为传染病防治、慢性非传染性疾病的防治、健康危险因素监测与干预等，现有项目未涵盖疾病预防控制所有涉及职能。2018 年 Eee 地区卫健委事前绩效评估职能梳理见表 2-4。

**表 2-4　2018 年 Eee 地区卫健委事前绩效评估职能梳理表（节选）**

| 序号 | 职能 | 涉及单位 | 项目名称 |
|---|---|---|---|
| 1 | 疾病预防控制 | 疾病预防控制中心<br>卫健委（本级）疾控科 | ① 重大疾病防控和干预<br>② 传染病防治<br>③ 慢性非传染性疾病的防治<br>④ 精神卫生<br>⑤ 健康危险因素监测与干预 |
| …… | …… | …… | …… |
| 4 | 妇幼保健 | 妇保所<br>卫健委（本级）妇幼保健科<br>计生指导中心<br>监督所 | ① 出生缺陷干预<br>② 两癌筛查<br>③ 孕产妇管理<br>④ 出生人口性别比综合治理<br>⑤ 儿童保健<br>⑥ 优生促进<br>⑦ 新生儿管理 |
| …… | …… | …… | …… |

2. 预算结构细化

在新项目归类的基础上，对应项目名称，匹配原有项目构成，明确测算依据及标准。对于测算依据及标准，评估组按照项目类型进行重点分析。如设备购置及维修保养类，重点考察预算编制是否符合市场价格，若不符合则根据市场价格进行调整。再如政策补贴类，考察预算编制是否有明确的补贴标准和补贴数量，若无则根据 2017 年预算执行情况及相应标准和数量进行调整优化。再如扶持经济发展类，考察预算编制是否有明确的文件依据，若无则根据项目工作计划、工作内容及 2017 年预算执行情况进行调整。在具体实施中，如健康危险因素监测与干预项目，根据以往工作内容来看，其主要任务包括老人接种肺炎疫苗、65 岁以上老人体检、预防性体检费等。针对老人接种肺炎疫苗、65 岁以上老人体检这两项工作，根据以往年度执行人数、执行标准进行测算；针对预防性体检费，根据上级政策文件标准，结合以往年度执行人数预测进行测算。具体见表 2-5。

表 2-5　2018 年 Eee 地区卫健委健康危险因素监测与干预项目预算测算表

| 项目名称 | 项目构成 | 2018 年预算金额（万元） | 2019 年建议预算金额（万元） | 辅助计算与说明 |
|---|---|---|---|---|
| 健康危险因素监测与干预 | 大学园区疫苗接种针次专项经费 | 5 | 5 | 6.5 元/人次＊7 692 人，小计 5 万元 |
| | 老人接种肺炎疫苗 | 7.5 | 7.5 | 25 元/人次＊3 000 人，小计 7.5 万元 |
| | 65 岁以上老人体检 | 621 | 621 | 180 元/人次＊3.5 万人，小计 621 万元 |
| | 预防性体检费 | 1 125 | 925 | 根据×卫计（2018）×号，食品从业人员 139 元/人，公共场所、饮用水、化妆品从业人员 105 元/人，依据历史体检人数予以测算，小计 925 万元 |
| | …… | …… | …… | …… |

**3. 绩效目标设置**

在项目梳理的基础上，结合预算结构细化的过程，同步对梳理出的所有经常性项目设置绩效目标。将项目产出目标与预算结构进行对应，将项目效果目标与部门（单位）职能匹配，提高预算部门（单位）绩效目标申报的质量，为实现预算与绩效目标的同步性奠定基础。以此轮事前绩效评估工作为起点，Eee 地区从源头入手建立项目库绩效论证机制，以绩效目标编制质量评审为抓手，将绩效目标编制与项目库优化结合起来，推动建立项目库绩效论证评审体系，实行"财政集中管理和部门分级维护"的项目库管理模式，将绩效目标管理作为项目入库的重要依据。

**（四）评估结论**

**1. 总体结论及存在问题**

从现有经常性项目的历史完成情况来看，Eee 地区卫健委及其 8 家直属事业单位在社会卫生服务综合改革、分级诊疗体系建设方面取得了积极进展，在医疗服务和医疗质量巩固提高等方面都取得了一定的成绩，但在项目预算管理方面仍存在以下四个方面的问题：一是项目立项方面，个别项目立项依据不充分，缺少立项依据文件且未有归口管理部门，同时缺少项目实施方案和计划；二是项目申报方面，预算单位内个别项目内容支持方向一致，内容存在重复交叉，不同预算单位之间的项目内容也存在一定的重复交叉；三是项目预算方面，部分项目预算编制依据不够充分，预算编制构成及标准不够明确，实际支出内容与预算不相符，还存在预算执行进度慢等情况；四是项目目标方面，绩效目标及指标内容不完整，绩效目标及指标不够细化量化，目标值设置不够准确合理。

2. 建议与改进措施

针对上述问题，评估组给出了对应的整改建议：

（1）项目调整方面

一是 2018 年 9 家预算单位的 286 个项目中，211 个项目无须进行预算调整，其余 75 个项目需要调整。其中，47 个项目预算金额调整，9 个项目取消，2 个项目合并，18 个项目纳入基本经费。二是 2018 年 9 家预算单位的经常性项目预算总额为 8 403.55 万元，经评估组评估及领导班子决议，共计调减 381.98 万元，调整后建议 2019 年预算总额为 8 021.57 万元，调整比例为 4.5%。

（2）预算管理方面

一是加强立项论证，加大预算项目统筹整合力度，科学合理确定预算项目并加强审核，避免项目资金重复、多方安排。二是树立绩效理念，加强项目绩效目标编制，让绩效管理贯穿预算管理各环节。三是科学设定预算构成内容及其范围，明确测算依据，量化测算标准，优化经费支出结构，提高预算编制的科学合理性。四是加强预算监督，建立全方位的预算监督体系。同时，充分利用现有项目库，建立监督信息反馈机制。对检查中发现的问题及隐患，督促项目单位及时采取纠偏措施。

（3）项目库建设方面

结合卫健委的部门职能职责，评估组对卫健委经常性及一次性项目进行了重新整合，梳理后的职能包括疾病预防控制、应急救援、卫生监督、妇幼保健、计划生育、基层卫生服务、血液管理、医政和中医药管理、学科建设及人才培养、爱国卫生运动、医疗卫生和其他等 12 类，涉及 36 个项目。建议以后年度进行项目申报预算及绩效目标时，按照项目名称进行对应填报。

（4）绩效目标编制方面

为进一步配合 Eee 地区项目库优化需求，提升项目绩效目标管理水平，基于区卫健委 2017 年、2018 年项目绩效目标填报情况，结合绩效目标梳理发现的问题，评估组按照指向明确、具体细化、合理可行等原则，对梳理后的项目按单位分别编制了绩效目标，具体包括投入和管理目标、产出目标、效果目标、影响力目标，为预算部门（单位）后期的绩效目标申报及管理提供参考。

**三、案例总结**

（一）案例经验及优点

与单个项目事前绩效评估相比，预算部门（单位）项目支出整体性事前绩效评估的优势主要体现在以下三个方面：

1. 多维度评价，提升评估结果科学性

一是项目全面评估与重点评估相结合。"全覆盖"：本次事前绩效评估涉及 600 多个项目，每一个项目均经过了资料研究及现场核查，在充分了解各项目具体内容的基础上，评估组对项目从项目立项、项目申报、项目预算、项目目标等方面进行了评价。"分重点"：针对项目的实施内容、项目立项和预算编制特点，确定了13类项目重点考察分析的内容，将类型与评价要点匹配，使评价更有针对性和可操作性。

二是采取了横向和纵向对比评价。本次评价涉及多个预算单位，对同类或者类似项目进行了横向对比；对经常性项目进行了纵向对比。通过横向和纵向对比，反映了较为突出的情况，并明确了差异原因，以提出有针对性的建议。

2. 项目有效整合，提升了项目库管理效率

过去的预算项目多、散、细，与卫健委工作要求的统一规划、统筹管理不相适应，对部门职能的支撑性有待加强，项目单位申报的目标与预算匹配性也较低。通过梳理卫健委本部及下属各单位职能职责，重新对卫健委总体职能进行分解、整合。结合项目实施内容，在项目整合的基础上，匹配各项职能、项目名称和对应的项目构成。然后，将具体项目构成与各科室及单位进行对应，明确项目实施主体与支出主体。一方面有助于提高项目管理的科学性，加强资金统筹整合；另一方面也能将项目管理与绩效管理有机结合，提升项目库应用实效。

3. 细化预算标准，提高了预算编制的效率和准确性

深化和规范部门预算改革，是当前及今后一个时期预算制度改革的一项重要内容，预算管理不能搞"概略瞄准"，清晰明确的预算是实施预算管理的重要前提。根据部门预算逐步细化的管理要求，按照"职能—活动—项目—（成本）—预算"逻辑路径完善部门预算编制，细化支出预算标准。标准的特点同样突出一个"细"字，给出了测算工作构成及具体支出预算标准。用精细化"标准"支撑精细化项目管理。

（二）案例的局限性

一方面，项目预算标准的细化主要还是以历史标准或计划标准进行测算，存在一定的主观性；另一方面，评估组后续未对预算单位项目库的使用情况进行追踪反馈，不确定项目名称是否有遗漏，还需要进行动态调整更新。此外，由于此次评估涉及众多预算部门，由不同的第三方机构开展具体评估工作，对于部门间的共性项目未能进行充分的横向比较，建议评估组织方牵头，在此轮评估工作的基础上，就不同部门间的同类项目，如基建、信息化等进一步开展对比，为支出标准的确定奠定坚实的基础。

（三）进一步探讨的方向

一是加强绩效指标和标准体系建设。目前卫生领域很多项目的目标难以准确预计，绩效目标值的测算需要标准库的支撑。标准建设需从绩效指标出发，将国家、地区或行业标准和货物、服务、工程等采购单价的标准及经验数据进行汇集，建立以绩效信息为基础的部门数据库，并通过项目库开展持续性项目的数据积累，从而制定具有部门特色的绩效标准及支出标准，为绩效目标的测算及预算编制提供依据。此外，

项目库能支持不同类型项目指标和标准的动态更新，使项目绩效目标和指标在科学性、完整性、准确度等方面不断提升。

二是借助信息化手段助推全过程绩效管理。按照"大项目制"的改革思路，目前财政部门管理的主要是一级、二级项目，向财政部门报送的也只有一级项目和二级项目的预算信息。各单位在二级项目中细化的三级项目就成为预算绩效管理的一个盲点。仅仅靠人工对每一个二级项目下三级项目的绩效目标指标、绩效执行监控和绩效评价等情况进行汇总，工作量太大，也容易出现遗漏缺失。为此，要提高预算绩效管理的工作效率和准确性，特别需要借助信息化手段，进一步完善项目库管理信息系统，事前研究制定规范的项目分类、管理格式、绩效指标体系、标准嵌入系统，并组织各内设机构规范填报，系统对三级项目的相关信息进行自动汇总，在此基础上财务部门再进行数据信息加工与利用，可以大大降低推进全过程绩效管理的工作难度。

预算绩效运行监控

绩效运行监控是预算绩效管理的重要组成部分。《中共中央 国务院关于全面实施预算绩效管理的意见》明确提出"双监控"的要求。但当前对于事中绩效运行监控的深度研究还较少，实践层面的绩效运行监控也尚未充分发挥其作用，未切实实现绩效运行监控的目的。

本章将通过3个案例来阐述财政预算绩效运行监控的主要内容。分别对跨年度分期实施项目，对工程类项目和保运转类经费项目预算绩效运行监控的设计思路、方法及路径，对绩效分析及核心结论等进行介绍，从而为各类型项目开展预算绩效运行监控提供实践参考。

## |案例一| Fff地区电子警察设备项目二期绩效运行监控

"电子警察"又称"电子眼"，即智能交通违章监摄管理系统，是指公安机关用于采集道路交通违法行为图像、视频或轨迹等证据而使用的交通技术监控设备、公安视频（卡口）监控设备、警用行车记录仪、卫星定位装置等各类违法信息采集设备。因其可实现全天候监视、有效缓解交通部门违章管理压力、提高交通监控效率而得到广泛应用。Fff地区电子警察设备项目是经上级主管部门和本级财政部门审核确定而设立的跨度长达六年的项目，该项目自2016年开始实施。为及时掌握项目二期推进情况，并为年度预算调整及后续预算安排提供参考，特将该项目作为重点开展绩效运行监控工作。本案例拟通过回顾该项目监控过程，梳理监控设计思路，总结监控实施的亮点和不足，分析监控时点和频率对监控效果的影响，重点突出监控过程中如何将绩效目标实现情况与预算安排进行统一，提出明确的预算安排建议。

### 一、项目简介

（一）项目实施背景

违章停车自动抓拍系统属于"电子警察"的其中一类，是集车辆违法停车行为自动检测抓拍、车辆高清视频记录、中心数据管理等功能为一体的综合系统，目前在国内外多个城市均有广泛应用。

为了缓解日益繁忙的道路交通管理任务与警力严重不足之间的矛盾，同时在一定程度上消除道路交通管理在时间和空间上的"盲点"，扩大交通管理的监控时段和范围，Fff 地区公安分局根据上级关于电子警察设备建设工作任务安排，分期进行辖区内电子警察设备的安装建设，实现全区主次干路、支路电子警察设备全覆盖，项目时间跨度为六年。

Fff 地区公安分局于 2016 年度启动电子警察设备的试点建设（项目一期），建设目标是在 Fff 地区部分重点路段的 278 个点位上安装 250 套设备，主要用于抓拍违停和机动车违反禁止标线指示的违法行为。项目一期预算资金 600 万元（后续整体项目预算资金不包含试点建设资金），用于支付设备租赁费、工程监理费、投资监理费、测试费及服务器费。截至监控期，项目一期已基本完工，但尚未进行测试，预计 2017 年 9 月底验收并投入使用。

结合上级公安部门 2017 年度交通违法行为大整治及相关工作，按照上级公安部门要求，Fff 地区公安分局在 2017 年开始增设电子抓拍设备，开展电子警察二期建设，并与一期建设的中心数据管理平台实现无缝对接，以完善本地区电子警察监控体系。本案例中进行绩效运行监控的对象为 Fff 地区电子警察设备经费项目二期，对应 2017 年度预算。

（二）项目内容、范围及期限

Fff 地区电子警察设备经费项目二期主要内容为辖区内违法停车抓拍设备及相关辅助设施的租赁。在项目一期试点建设基础上，继续建设和安装覆盖 Fff 地区东、南、西、北四个区域重点路段的 1 000 余套抓拍设备，并由第三方供应商提供系统操作的培训服务及维护、升级、技术支持、现场支持，将二期系统与一期建设的数据平台无缝对接。项目二期调整后实施计划表见表 3-1。

表 3-1　项目二期调整后实施计划表[①]

| 序号 | 阶段性内容 | 计划期限 |
|---|---|---|
| 1 | 前期准备工作（相关政府采购工作、工程设计等） | 2017.04—2017.05 |
| 2 | 基础建设实施（挖地、立杆等）和设备采购 | 2017.06—2017.07 |
| 3 | 设备安装 | 2017.08—2017.09 |
| 4 | 设备测试 | 2017.10 |
| 5 | 竣工验收 | 2017.11 |

（三）项目资金来源、规模及使用情况

Fff 地区电子警察设备经费项目为跨年度项目，项目核定总预算为 7 985.62 万元（不含项目一期建设资金），预算资金来源于本级一般公共预算。其中，2017 年项目二期预算安排 3 000 万元。根据监控结果，由于项目进度较计划有所延迟，截至 2017 年 9 月 30 日，项目资金支出共 115.62 万元，预算执行率仅为 3.85%，较预算执行进

---

① 该表为总体进度，各区域在计划时间上略有不同。

度有所滞后。

**（四）项目组织、管理及流程**

该项目通过政府采购流程确定专业建设单位，委托 4 家具备资质的第三方供应商进行安装和建设，通过测试单位验收后以整体租赁的方式供 Fff 地区公安分局使用，并提供后续运维服务。评价组结合访谈和项目实施的过程记录，梳理项目管理流程。

**（五）项目绩效目标**

2017 年，完成了二期工程东、南、西、北四个区域 1 000 余套设备采购和安装，达到了建设要求，通过了验收并实现了与数据平台对接，改善了交通秩序，提高了道路的通行能力，减少了违法停车引起的交通事故。同时在一定程度上缓解了警力不足与交通事故频发之间的矛盾，减轻一线交警的劳动强度，给交通管理提供了科学准确的决策依据，实现了科技强警的目标。在实施绩效运行监控前，首先对预算阶段申报的项目绩效目标进行完善和确认，此部分将在本案例第二部分重点介绍。电子警察设备经费项目管理流程见图 3-1。

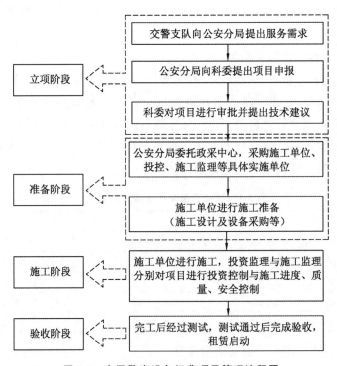

**图 3-1　电子警察设备经费项目管理流程图**

**二、绩效运行监控设计与实施**

**（一）监控思路**

1. 拟解决的问题

此次对 Fff 地区电子警察设备经费项目二期开展绩效运行监控，旨在通过梳理和确认项目绩效目标及其目标值，搜集项目资金使用、项目执行、项目绩效等方面的数据资料，实现以下监控目标：第一，对比项目实际执行情况和绩效目标的差异情况，为相关部门单位提供系统、客观的项目执行信息；第二，分析偏差产生的原因，提出纠偏建议，推进项目绩效目标实现；第三，基于监控结果，并结合项目后续安排，对项目年度绩效目标和预算执行进度完成的可能性进行预测，并给出 2017 年度预算调整与下一年度预算安排建议。

### 2. 总体思路的设计

结合监控项目的推进计划和目标，监控工作按照"确认监控目标及目标值—收集绩效监控信息—分析绩效监控信息—撰写绩效监控报告"的基本工作程序开展。但考虑到监控项目跨年实施等特点，在前述基础上，重点突出以下几点：

首先，梳理项目整体情况。Fff 地区电子警察经费项目跨度长达六年，项目二期与一期及接下来的工作都有紧密的联系。因此，在对项目二期开展监控前，监控组先对 Fff 地区电子警察经费项目的整体安排及 2016 年项目一期的推进情况进行梳理，以明确项目二期在整个项目中的定位及其对项目后续推进的影响，从而确认监控重点，并为项目预算分析打下基础。

其次，确定项目监控时点和监控频率。原定的监控时点为 6 月底，对项目二期上半年的推进情况实施一次性监控。但基于项目二期实际推进进度较计划有所延迟，将监控时点定为 6 月底的意义不大。按照调整后的项目实施计划，原监控时点推迟至 7 月底。再结合基础设施建设项目的特点，建议调整监控时点和监控频率，分别对 7 月底和 9 月底的基础建设实施（挖地、立杆等）和设备采购、设备安装两个实质性推进环节的项目推进情况开展监控。

最后，关注项目预算支出进度及后续预算安排。作为预算绩效管理的重要内容，绩效运行监控的重点之一是预算执行进度，并据此明确后续预算安排建议。因此，在开展监控时，在分析项目绩效目标的基础上还重点对项目预算进行了分析，包括项目整体和当年度的预算安排、支出结构、支出进度、预计结转结余情况等，以进一步确认下一年度预算建议。

### 3. 目标指标的确认

监控中发现预算申报阶段的绩效目标存在无法完整、有效地反映项目绩效等问题，如产出目标表述为"扩大了交通管理的监控时段和监控范围"。主要有以下几方面：一是对产出指标的概念理解不到位，该产出指标考察的实际是项目效果；二是指标的表述不规范，不符合简短明了的要求；三是指标无法反映项目产出的全貌，未覆盖数量、质量、时效和成本四个维度；四是指标细化量化不足，缺少目标值。

通过前期调研、收集和查阅相关政策、文献及前期论证资料，从投入与管理、产出、效果、影响力四个维度对年度绩效目标及目标值进行重新修订。如，针对前述产出目标存在的问题，结合工程类项目的管理要求、交通设施行业规范及合同约定，细化项目数量、质量、时效和成本指标，并确认目标值（见表3-2），一方面为监控工作开展做好前期准备，另一方面也为项目后续年度预算绩效目标申报提供参考。

表 3-2　项目绩效目标及目标值

| 一级目标 | 二级目标 | 三级目标 | 目标值 |
|---|---|---|---|
| 投入与管理 | 投入管理 | 组织保障充分性 | 充分 |
| | | 预算执行率 | 100.00％ |
| | 财务管理 | 财务制度健全性 | 健全 |
| | | 资金使用规范性 | 规范 |
| | 项目管理 | 政府采购流程合规性 | 合规 |
| | | 监理工作流程规范性 | 规范 |
| | | 验收流程规范性 | 规范 |
| | | 巡检制度健全性 | 健全 |
| 产出 | 数量 | 工程建设完成率 | 100.00％ |
| | | 路段覆盖率 | 100.00％ |
| | | 点位数量变更率 | ≤10.00％ |
| | 质量 | 技术标准达标率 | 100.00％ |
| | | 试运行设备在线率 | ≥98.00％ |
| | | 号牌识别准确率 | 白天不低于90.00％，夜间不低于80.00％ |
| | | 数据平台对接有效性 | 有效 |
| | | 一次性验收合格率 | 100.00％ |
| | 时效 | 工程完工及时性 | 及时 |
| | 成本 | "三算"一致性 | 一致 |
| 效果 | 社会效益 | 设备投入使用率 | 100.00％ |
| | | 警力不足改善情况 | 改善 |
| | | 违停罚款次数增加率 | ≥10.00％ |
| | | 交通事故减少率 | ＞0.00％ |
| | | 交通监控时段增长率 | ＞0.00％ |
| | | 年均交通事故伤亡人数降低率 | ＞0.00％ |
| | 满意度 | 交警满意度 | ≥85.00％ |
| | | 公众满意度 | ≥85.00％ |

| 一级目标 | 二级目标 | 三级目标 | 目标值 |
|---|---|---|---|
| 影响力 | 可持续 | 长期维护机制健全性 | 健全 |
| | | 配套设施完整性 | 完整 |
| | | 信息化管理健全性 | 健全 |

结合项目推进计划和实际情况，对两次监控的重点进行了确认。第一次监控关注项目投入保障和管理机制、基础设施建设及设备购置的情况；第二次监控则更加关注项目完成进度与第一次监控后的纠偏情况。

（二）监控实施

结合项目推进进度，确定拟监控的目标指标及监控期的目标值。根据两个时点的推进要求，监控期内建设和安装工作还未完成，故在这两个时点上，监控均聚焦在项目的投入和管理及产出数量的完成情况上。

针对每个需要监控的目标指标确定考察要点，如"监理工作流程规范性"，主要考察以下内容：第一，投资监理是否依据国家和本地区有关法律法规及合同规定对项目单位、资金进行监理工作；第二，是否完成成本管理工作、及时提交投资监理报告和完成工程款申请审核；第三，工程监理按照工程管理及合同规定对工程安全、质量、进度进行管理核查，及时提交工程监理报告。

由于监控目标的考察要点较为清晰，对应需要采集的信息也就更加明确。例如，获取了 Fff 地区不同区域的违停自动抓拍系统点位表、相关合同、施工进度表、监理月报等基础资料，采用分层随机抽样，通过现场核查的方式，对各个区域的建设、安装推进进度进行考察，关注建设位置的准确性、建设数量调整范围是否可控等。

（三）监控情况分析

对照监控重点，在进行绩效监控分析时，主要从项目投入保障和管理机制、项目产出目标完成情况和项目预算三个维度进行分析。

1. 项目投入保障和管理机制分析

此部分主要考察项目是否具备充分的组织和资金保障；财务和业务管理及执行是否规范。从监控获取的数据分析，本项目组织保障充分，有健全的财务制度和采购管理制度，采购过程和监理工作流程规范。在投入管理方面，由于投资监理费和工程监理费未按照合同约定的付款进度进行支付，导致预算执行率未达到目标值；在财务管理方面，项目二期流量费支出金额中包含一期设备所产生的流量费用，与预算申报的资金用途有出入，预算编制的完备性与资金支出规范性有待进一步提升。

2. 项目产出目标完成情况分析

因为项目产出数量是本次监控的重点，基于项目二期分四个区域由不同单位开展的实际，监控组分别对四个区域 7 月底和 9 月底的建设进度进行了详细的统计、分析，以确定偏差情况，施工单位实际进度与计划进度对比见表 3-3。

**表 3-3　施工单位实际进度与计划进度对比表（节选）**

| 区域 | 施工单位名称 | 监理单位 | 7月底计划完成进度 | 第一次监控（7月底前完成进度） | 偏差情况 | 9月底计划完成进度 | 第二次监控（9月底前完成进度） | 偏差情况 |
|---|---|---|---|---|---|---|---|---|
| 东部 | X 有限公司 | Y 有限公司 | 1. 勘察点位并与交警大队确认；<br>2. 勘察点位并与施工队确认；<br>3. 外场基础开挖及浇筑、立杆、光缆铺设安装完成总工作量的 25% 左右。 | 1. 已完成点位勘察并与交警大队及施工队确认完毕；<br>2. 外场基础开挖及浇筑、立杆、光缆铺设安装完成总工作量的 17% 左右。 | 外场基础开挖及浇筑、立杆、光缆铺设安装完成总工作量落后 8%。 | 外场基础开挖及浇筑、立杆、光缆铺设安装总工作量 100%，摄像机等主要设备安装完成 90%。 | 外场基础开挖及浇筑、立杆、光缆铺设安装总工作量 95%，摄像机等主要设备安装完成 80%。 | 外场基础开挖及浇筑、立杆、光缆铺设安装总工程量完成落后进度 5%，摄像机等主要设备安装完成落后进度 10%。 |

依据监控结果，工程进度较调整后的计划仍有所延迟。所以，监控组对偏差产生的原因做了进一步分析，结论如下：工程施工期间，由于掘路证未及时办理及本地区创办全国卫生城市禁止施工等原因停工过 2 次；本地区 2017 年 7 月份天气异常，高温天集中，施工单位只能利用早晚两段时间进行施工，导致施工进度较计划有一定延迟。

在监控时间点上，该项目尚未完工，项目效果和影响力目标未予监控考察。受监控开展的实施时间限制，为保证监控结果能够为当年度 10 月份的预算审核提供参考，未对工程后续情况实施进一步监控。此外，因为针对该项目开展了两次监控，因此在第二次监控时，除了关注项目推进和预算执行进度，还对第一次监控结果的纠偏情况进行了考察。

3. 项目预算分析

结合项目实施内容、项目二期实施进度及项目预算安排和支出的情况，对项目当年度预算执行进度及之后年度预算安排进行分析，并给出了明确的预算建议。

（1）项目总体预算安排

Fff 地区电子警察设备经费项目核定预算为 7 985.62 万元，按照合同及项目二期预算申请情况，目前已确定设备租赁费用、工程监理费用、投资监理费、流量费、测试费和服务器购买费用，五年预计支出 6 391.57 万元（见表 3-4）。

此外，服务器运行三年后需进行维护，即在 2020 年和 2021 年需预留服务器维护费用，因受服务器存储容量和运行情况影响，目前无法预估，需要在数据流量基本稳定后，通过分析 2017—2019 年的数据后进行预测。截至 2017 年 9 月 30 日，项目单位已经采购 8 台服务器用于设备测试，但后续项目完工后仍需采购服务器，无法确定具体金额，因此预计采购服务器支出仍然按照 500 万元预估。建议在 2017 年服务器采购全部完成后，将项目总预算进行调整。

（2）后续预算安排

2018 年预计支出费用主要为设备租赁费用、工程监理费用、投资监理费用与宽带流量费，结合 2017 年所签订合同，预估总费用为 1 166.32 万元。根据对 2017 年项目预算支出情况预估，建议 2017 年预算剩余资金结转至 2018 年度使用，2018 年不再另行安排预算。

表 3-4　2017—2021 年预计支出金额明细表

万元

| 序号 | 费用名称 | 2017 年预计支出 | 2018 年预算安排 | 2019 年预算安排 | 2020 年预算安排 | 2021 年预算安排 | 预计项目总支出额 |
|---|---|---|---|---|---|---|---|
| 1 | 设备租赁费 | 1 002.99 | 1 002.99 | 1 002.99 | 1 002.99 | 1 002.99 | 5 014.92 |
| 2 | 工程监理费 | 30.11 | 30.11 | 30.11 | 30.11 | 30.11 | 150.55 |
| 3 | 投资监理费 | 13.22 | 13.22 | 13.22 | 13.22 | 13.22 | 66.10 |
| 4 | 流量费 | 120.00 | 120.00 | 120.00 | 120.00 | 120.00 | 600.00 |
| 5 | 测试费 | 60.00 | | | | | 60.00 |
| 6 | 服务器采购费 | 500.00 | | | | | 500.00 |
| | 合计 | 1 726.32 | 1 166.32 | 1 166.32 | 1 166.32 | 1 166.32 | 6 391.57 |

（四）监控结论

通过选取监控期内可进行监控的绩效目标，经过数据采集与分析，得出监控结论如下：各部门分工明确，组织保障充分，财务制度建立健全，政府采购流程和监理工作流程规范。截至 7 月 31 日，项目预算执行率为 0.49%，未达到 1.22% 的目标值；但截至 9 月 30 日，预算执行率达到 3.85%。第一次监控时发现流量费支出中包含一期项目费用，资金支出规范性略有不足。截至 7 月 31 日，完成部分基础施工，工程建设完成率目标较计划值有一定偏差；截至 9 月 30 日，项目已完成大部分工程，进入测试阶段。

结合第一次监控的结果，单位对已经发生的偏差进行了整改：第一，按照预算调整建议，2017 年剩余资金已结转使用，不再申请 2018 年安排预算，在今后年度预算编制参考调整建议；第二，对于第一次监控过程中发现的投资监理、工程监理费用未按时支付的问题，已经在 8 月份拨付首期 50% 的监理费用至相关单位；第三，关于第一次监控过程中发现的项目进度延迟问题，工程监理单位已督促施工单位加紧施工，四个部分的施工已基本进入尾声和调试阶段，预计 10 月份项目将全面完工。此外，8 月份时 Fff 地区公安分局已完成 8 台服务器采购并支出相关采购费用，已进入设备调试阶段。

### 三、案例总结

**（一）案例经验及优点**

通过对 Fff 地区电子警察经费项目基本情况和本次绩效运行监控工作的总结，本案例主要有以下三点经验可供借鉴：

**1. 充分结合监控目的和项目实际情况，合理确定监控时点和频率**

在开展本次绩效运行监控任务之前，首先基于对项目推进进度有所延迟的实际情况延迟了监控时点、增加了监控频率，从而保证监控结果能够被有效利用。按照调整后的推进计划，选择关键产出时点实施两次监控，一方面能够更准确地掌握项目绩效目标特别是产出目标实现的可能性，对预算执行进度也能做出更准确的预测，从而为后续预算安排打下基础；另一方面可以在第二次监控时对前期监控过程中发现偏差的纠偏情况进行跟进，从而避免只有"监"没有"控"的问题，推进绩效目标实现的可能性。

**2. 强化预算绩效分析，落实绩效结果应用**

本次监控的对象虽然是项目二期，对应的预算年度为 2017 年，但 Fff 地区电子警察经费项目却是一个跨度长达五年的项目。要针对该项目给出明确的后续预算安排，需要对整个项目实施内容、项目二期及后续推进计划进行全面关注，并结合项目二期的实际推进情况，与预算执行进度进行关联。在本次监控中，通过对项目总体预算安排进行分析，提出明确的年度预算安排建议。结合监控完成时点，监控结果可直接应用至下一年度预算审核中。

**3. 有效利用项目特点和现场核查方式，核对确认项目推进进度**

由于本项目实施内容相对清晰，能够通过量化数据衡量，且在大类上属于工程类项目，所以在监控实施过程中，以及在进度目标确认的基础上，不仅可以通过项目过程管理记录进行判断，也可以通过现场核查的方式对项目推进进度进行复核，进一步夯实监控结论。

**（二）案例的局限性**

虽然本次监控结合项目特点采取了一些经验做法，但仍然存在一定的不足之处。基于绩效运行监控的基本定位，加之项目专业性较强，在监控过程中主要还是考察既定目标的实现情况及预算执行进度，对于项目实施采用的租赁方式经济性、监控点位布置科学性和预算安排合理性等未做进一步考察。从实施背景来看，项目是在上级主管部门的统一组织下开展本项工作，在数据可以获取的情况下，可以考虑将 Fff 地区的单套监控设备建设成本与其他同级地区进行对比，从而对预算安排合理性做进一步分析。至于监控点位布置科学性，则需要行业专家出具指导意见。

**（三）进一步探讨的方向**

作为全过程预算绩效管理的重要环节，绩效运行监控已经在各地开展多年，但在全面实施预算绩效管理的新要求下，如何有效落实绩效运行"双监控"、提高绩效运行监控本身的绩效，还有待进一步探讨。首先，提高绩效运行监控在全面实施预算绩效管理中的定位，作为绩效管理的事中环节，绩效运行监控是对项目及政策的过程管理，相较绩效评价更能在过程中及时纠偏，从而推进绩效目标得以实现，建议通过常态监控机制建设进一步强化绩效运行监控的范围和力度。其次，落实监控结果应用，建立结果应用监控机制，避免只"监"不"控"的现实问题，切实将监控结果与预算安排挂钩，落实预算绩效责任主体，实现监控结果应用的"硬约束"。最后，创新绩效运行监控手段，采用信息化工具支撑绩效运行监控的大规模实施，通过系统设定，可结合项目管理需要，明确监控时点和监控频率设定要求；以既往监控结果为基础，在系统中设置警戒线，采取分类、分层监控的措施，以切实提高监控效率和效果。

## |案例二| Ggg 地区桥梁防撞护工程绩效运行监控

工程项目通常具有投资规模大、工期相对较长等特点，因此，对其开展绩效运行监控，对推进项目实施、反映和预测项目绩效目标的实现程度及准确掌握项目预算执行情况均具有重要意义。通过对项目建设内容、项目总投资及组织管理等信息的分析，确定项目监控目标及目标值，采用各种数据收集方式，对项目管理和实施情况进行确认，基于偏差情况分析偏差产生的原因，提出相应的纠偏措施及改进建议。本次绩效运行监控结合工程项目管理、工程进度和工程预算之间的相互关系，对项目全周期过程进行了梳理，在监控思路和方法上进行了探索。本案例拟通过对 Ggg 地区内河跨航道市管桥梁防撞护工程项目绩效运行监控的实施背景、监控思路和监控过程进行介绍，探讨工程项目绩效运行监控的重点、思路和方法。

### 一、项目简介

#### （一）项目实施背景

Ggg 地区现有内河航道约 N 条，总里程约 X 公里。近年来，随着造船业的发展，航道上通行的船舶吨位呈现逐年增加的趋势。据统计，2012—2018 年，Ggg 地区内河辖区进出港船舶平均载重吨位提高了约 45%，每年约以 6% 的速度增长。与此同时，航道上的跨河桥梁的墩台自身设防能力普遍较低，尤其是一些老旧桥梁几乎没有防撞能力，且多数桥梁水中墩外形布置简单，容易在桥区形成较大的紊流区，使船舶操控更加困难。内河运输和跨河桥梁的安全风险逐渐增大，令人担忧。

面对航道、桥梁等设施自身条件落后的现状和船舶大型化趋势，Ggg 地区交通运输委员会组织召开专题研讨会，指出要尽快开展切实有效的应对措施和手段。2018年 2 月，Ggg 地区路政局根据交通运输委员会交通设施处的相关要求，组织编写了工程可行性方案报告，经交通运输委员会评审批复后，项目正式立项。

（二）项目内容、范围及期限

本项目建设内容为 Ggg 地区内河跨航道近 30 座市管桥梁的防撞护设施建设工程，分布在 Ggg 地区内 20 余条内河航道上，防撞护设施建设具体包括防撞墩（桩）、组合钢管桩和柔性防护设施的建设等。本项目的起止时间为 2017 年 9 月至 2020 年 6 月，本次绩效运行监控的时间段为 2019 年 1 月至 2019 年 9 月。该项目整体进度计划安排表见表 3-5。

表 3-5　Ggg 地区内河跨航道市管桥梁防撞护工程项目进度计划安排表

| 序号 | 阶段性内容 | 计划进度 |
|---|---|---|
| 1 | 工程可行性研究报告的编制、评审和批复阶段 | 2017 年 9 月—2018 年 12 月 |
| 2 | 工程招标阶段 | 2019 年 1—9 月 |
| 3 | 工程设计阶段 | 2019 年 5—6 月 |
| 4 | 工程报建阶段 | 2019 年 9—10 月 |
| 5 | 工程施工阶段 | 2019 年 10—2020 年 1 月 |
| 6 | 工程验收阶段 | 2020 年 2—6 月 |

（三）项目资金来源、规模及使用情况

本项目总投资 7 184 万元，其中工程费用 3 693 万元，其他费用 1 120 万元，预备费 241 万元，前期工程费 2 130 万元。相关费用列入 2019 年及以后年度燃油税返还资金预算。本项目 2019 年安排预算 2 815 万元，截至 2019 年 9 月 30 日，预算支出 723.13 万元，具体预算支出明细表见表 3-6。

表 3-6　Ggg 地区内河跨航道市管桥梁防撞护工程项目绩效监控期预算支出明细表

万元

| 序号 | 子项目名称 | 2019 年度预算金额 | 监控期支出金额 | 预算执行率/% |
|---|---|---|---|---|
| 1 | 工程可行性研究费 | 20.00 | 19.40 | 97.00 |
| 2 | 工程招标代理费 | 26.00 | 0.00 | 0.00 |
| 3 | 工程航道影响评价费 | 274.00 | 273.90 | 99.96 |
| 4 | 工程设计勘察费 | 420.00 | 419.05 | 99.77 |
| 5 | 工程财务监理费 | 20.00 | 10.78 | 53.90 |
| 6 | 工程监理费 | 20.00 | 0.00 | 0.00 |
| 7 | 工程施工费 | 2 015.00 | 0.00 | 0.00 |
| 8 | 工程代建费 | 20.00 | 0.00 | 0.00 |
| | 合计 | 2 815.00 | 723.13 | 25.69 |

（四）项目组织、管理及流程

本项目主管部门为 Ggg 地区交通运输委员会，预算单位和实施单位为 Ggg 地区路政局。Ggg 地区交通运输委员会负责项目建设总体管理、工程质量安全监督和运行维护管理、工程可行性研究报告的评审和批复、施工图评审、施工许可证申请的审核、工程质量安全监督、工程验收和运行维护。Ggg 地区路政局负责项目的具体实施，包括工程可行性研究报告的编制、采购招标、施工图设计、工程施工和竣工验收组织工作等，主要由计划财务处和道路建设处负责。

（五）项目绩效目标

本项目在立项时未设置完整的绩效目标，综合考虑 Ggg 地区内河跨航道市管桥梁防撞护工程项目立项目的和可行性报告批复等文件，梳理出本项目总目标为：通过实施 Ggg 地区内河跨航道市管桥梁防撞护工程项目，进一步提升内河桥梁防撞能力，保障内河航道船舶通航安全和桥梁运行安全。根据项目实施计划，分解 2019 年度绩效目标为：完成采购招标工作和工程勘察设计工作等全部前期工作，并完成 80％的工程施工，各项施工流程规范，工程质量达标且无安全事故发生。

**二、绩效监控设计与实施**

（一）监控思路

1. 拟解决的问题

按照《中共中央 国务院关于全面实施预算绩效管理的意见》提出的"双监控"的要求，绩效运行监控需要关注项目绩效目标完成情况和项目预算资金执行情况。

基建工程类项目的实施流程相对复杂，包括了工程可行性研究、设计、招标、报建、施工和验收等环节，管理模块包括了进度、质量、安全、成本、采购、风险和相关方等。通过实施绩效运行监控，对项目实施全流程和管理全模块进行考察，综合反映了项目绩效目标完成情况和预算资金执行情况，能够健全工程项目管理制度，规范工程项目实施。结合绩效运行监控重点内容和项目特点，本次绩效运行监控对路政局的项目管理、预算资金执行和绩效目标完成情况进行深入考察和剖析，结合偏差原因分析情况，给出纠偏措施和建议，从而保障项目的顺利实施。

2. 总体思路的设计

开展基建工程项目的绩效运行监控，要基于对基建工程项目流程、工程推进各个环节的管理重点和常见风险的深度了解，从而确定绩效运行监控的关注重点，并结合项目推进计划，确定绩效运行监控目标及目标值，收集监控信息，进行偏差分析，给出改进措施和建议。本案例主要就工程项目流程梳理及对应的监控重点确认进行介绍。

（1）梳理工程项目流程

工程项目一般包括项目立项与批复、招标、设计、报建、施工和验收等流程。立项与批复是指工程可行性研究报告的编制与批复，报告涵盖的内容包括工程建设内容、工程技术标准、工程建设方案和工程总投资等；招标是通过招标代理公司对工程各类专业工作进行招标采购工作；设计主要是施工图的设计；报建是指施工单位在各项施工条件满足要求的情况下，向主管部门申请施工许可证；施工是施工单位依据批复的施工图纸进行施工，并接受相关监理的监督；验收是主管部门依据工程质量标准对工程完工情况及工程质量进行验收并出具质量评定报告。

（2）确定绩效运行监控重点

根据工程项目实施流程，工程项目的全周期大致可以分为工程立项阶段、工程准备阶段、工程施工阶段和工程竣工验收阶段。工程立项阶段主要关注立项程序规范性、预算编制合理性；工程准备阶段需要考察工程实施各项保障到位情况，如项目管理制度、财务管理制度、项目进度安排、采购完成情况等；工程施工阶段主要关注项目管理制度执行情况、工程投资控制情况、施工进度、质量和安全情况等；工程竣工验收阶段重点考察建设完成情况和验收结果等。

3. 目标指标的确认

绩效运行监控以监控目标为导向，全面对照项目的各个环节，对项目的投入和管理、产出、效果及影响力进行全方位的监控。监控指标的确认以项目总目标和年度绩效目标为基础，结合项目进度计划和预算安排，综合监控所处阶段和项目实际实施的进度确认。本项目监控指标及其目标值见表 3-7。

表 3-7　Ggg 地区内河跨航道市管桥梁防撞护工程项目绩效目标监控表

| 一级目标 | 二级目标 | 三级指标 | 指标目标值 | 是否监控 | 监控期目标值 |
|---|---|---|---|---|---|
| 投入和管理 | 投入管理 | 预算执行率 | 100％ | 是 | 75％ |
| | | 预算编制合理性 | 合理 | 是 | 合理 |
| | 财务管理 | 财务管理制度健全性 | 健全 | 是 | 健全 |
| | | 资金使用规范性 | 规范 | 是 | 规范 |
| | | 财务监控有效性 | 有效 | 是 | 有效 |
| | 项目管理 | 项目管理制度健全性 | 健全 | 是 | 健全 |
| | | 采购招标流程规范性 | 规范 | 是 | 规范 |
| | | 监理工作规范性 | 规范 | 否 | |
| | | 验收流程规范性 | 规范 | 否 | |

| 一级目标 | 二级目标 | 三级指标 | 指标目标值 | 是否监控 | 监控期目标值 |
|---|---|---|---|---|---|
| 产出 | 数量 | 采购招标完成率 | 100% | 是 | 100% |
| | | 防撞（护）设施建设完成率 | 80% | 否 | |
| | 质量 | 工程一次性验收合格率 | 100% | 否 | |
| | | 工程施工安全达标率 | 100% | 否 | |
| | 时效 | 采购招标完成及时性 | 及时 | 是 | 及时 |
| | | 过程进度达标情况 | 达标 | 是 | 达标 |
| | | 工程完工及时性 | 及时 | 否 | |
| | 成本 | 工程投资控制率 | 100% | 否 | |
| 效果 | 社会效益 | 桥梁防撞能力提升情况 | 提升 | 否 | |
| | | 碰撞安全事故年度发生数 | 减少 | 否 | |
| | 满意度 | 通航船舶满意度 | 90% | 否 | |
| 影响力 | 可持续 | 部门沟通机制健全性 | 健全 | 否 | |
| | | 防撞（护）设施维护机制健全性 | 健全 | 否 | |
| | | 人员配置合理性 | 合理 | 否 | |

（二）监控实施

依据各类监控目标确定相应数据来源，通过现场访谈、资料核查、现场勘查等方式分别进行项目管理、项目进度和实施效果、预算执行数据的采集。

1. 管理数据

项目管理方面，主要通过进一步厘清相关方职责，结合工程监理、财务监理对施工单位的监控成果，对相关方在工程设计管理、采购招标管理、施工管理、后期管理（验收、审价、归档等）等环节的情况进行信息采集。一是明确工程项目管理涉及的各方主体，包括项目主管部门、项目单位、施工单位、监理单位等；二是核查相关项目管理制度，对制度健全性进行分析，并根据实际实施过程中各环节相应的台账及监理记录等，考察主管部门、项目单位及相关监理方对项目管理的有效性。

2. 进度数据

项目进度和效果方面，由于至监控截止日期该项目尚未完工，所以监控小组重点关注工程施工进度，对工程阶段性工作完成情况进行了考察。项目进度数据主要通过工程监理的监理日志、监理月报及现场勘查等方式获取。

3. 预算数据

由于预算单位的预算申请、批复及拨付等均是通过信息平台进行操作的，所以监控小组主要通过核查平台数据、查阅项目所有合同及付款的原始凭证等，对合同金额、支付节点和支付比例等进行确认。需要明确的是，项目预算与工程进度密切相关，合同款项支付与工程进度也应当是挂钩的，所以在监控实施过程中，应当将预算执行进度和项目实施进度关联起来分析，割裂开去看就失去了"双监控"的目的和意义。

（三）监控情况分析

基于数据采集的情况，监控对比了业绩值与计划值，判断二者之间是否存在偏差。一是预算单位项目管理和财务管理制度健全，在实际管理过程中依据相应的管理制度组织项目实施，未发现制度执行不到位的情况。二是在项目进度方面，虽然在监控节点预算单位已完成全部采购招标，但由于项目前期准备工作耗时过长，且主管部门又对项目竣工验收的时间有硬性要求，所以项目后续施工时间相对紧张，需进一步加强进度控制，进行赶工才能按时完工。三是预算执行情况，工程施工费部分所安排预算在支付完各施工标段30％预付款后，2019年已无足够资金支付施工合同规定的工程进度款，预算安排不够合理，需要进行预算调整。同时，由于项目推进进度滞后，整体预算执行率仅为25.70％，已偏离目标值。

经过对上述管理数据、项目进度数据和预算执行数据的分析，预算执行率、预算编制合理性及过程进度达标情况出现偏差，具体绩效目标监控结果见表3-8。

表 3-8　项目绩效目标监控结果表

| 一级目标 | 二级目标 | 三级指标 | 指标目标值 | 监控期目标值 | 实际值 | 是否出现偏差 |
|---|---|---|---|---|---|---|
| 投入和管理 | 投入管理 | 预算执行率 | 100％ | 75.00％ | 25.70％ | 是 |
| | | 预算编制合理性 | 合理 | 合理 | 基本合理 | 是 |
| | 财务管理 | 财务管理制度健全性 | 健全 | 健全 | 健全 | 否 |
| | | 资金使用规范性 | 规范 | 规范 | 规范 | 否 |
| | | 财务监控有效性 | 有效 | 有效 | 有效 | 否 |
| | 项目实施 | 项目管理制度健全性 | 健全 | 健全 | 健全 | 否 |
| | | 采购招标流程规范性 | 规范 | 规范 | 规范 | 否 |
| 产出 | 数量 | 采购招标完成率 | 100％ | 100％ | 100％ | 否 |
| | 时效 | 采购招标完成及时性 | 及时 | 及时 | 及时 | 否 |
| | | 过程进度达标情况 | 达标 | 达标 | 基本达标 | 是 |
| 效果 | 经济效益 | 采购招标成本控制情况 | 减少 | 减少 | 减少 | 否 |

（四）监控结论

根据对 Ggg 地区内河跨航道市管桥梁防撞护工程项目的绩效监控，本次绩效监控的结论如下：截至 2019 年 9 月 30 日，项目已完成所有招标工作，工程勘察设计工作也已完成，当前正处于报建阶段，2019 年年底将完成 80％的施工工作，项目管理制度健全，部门间沟通机制完善，项目各项工作流程规范，工作有序推进。但也存在一定的不足，如项目整体进度稍显滞后，本年度预算金额额度不足以支付后续工程进度款。综上，本项目1月至9月项目运行基本正常，年底可完成预算执行，但工程进度稍有延迟，建议预算单位在后续工作中加强项目进度管理，并根据项目实际情况对2019年预算进行调整。

通过此次绩效运行监控，本项目在推进过程中主要存在以下问题：一是年度预算安排与工程进度不匹配。依据合同支付条件，2019年需支付工程各标段的合同预付款和进度款约为2 740万元，而工程施工部分预算安排仅为2 015万元，2019年度剩余预算金额不足以向施工方支付后续工程进度款。二是项目整体进度稍显滞后。项目从2017年下半年即开始进行工程可行性研究，2018年完成工程可行性研究报告的评审、论证、优化和正式批复，并申请了来年财政预算，2019年开展各项招标工作，但至监控截止期，才进入工程报建阶段，项目前期工作耗时过长，项目推进力度稍显不足，很大程度上压缩了后续工期，影响了项目整体进度。

针对上述问题，评价组提出了以下相关改进措施和建议：一是根据项目后续进度安排及时调整预算。一方面，预算单位应结合主管部门的工程竣工时间要求，重新确定工程进度；另一方面，综合考虑其他交通设施管理经费类子项目情况，确定该项目预算可调整的金额，以支持项目后续施工工作的开展，满足施工合同款支付需求。二是加快项目整体进度。预算单位应制订后续工作的详细计划，包括项目验收和工程审计等各个环节的完成时间，并充分考虑支持各个环节顺利实施的各项条件及其相互制约关系，提前准备，做好各个环节的衔接工作，避免再次因前置工作的延迟而影响后续工作的开展，加快项目整体进度，确保项目尽快完工。

### 三、案例总结

**（一）案例经验及优点**

本案例是对工程类项目的绩效运行监控，在开展监控时需结合工程项目特点，根据项目实际将工程各阶段内容和管理模块环节进行拆分后分解监控重点，同时要注意各部分的内在关联性。按工程实施流程，可分为立项、采购、设计、施工和验收等；按工程管理模块，可分为进度、成本和质量等内容。结合工程各阶段特点对监控侧重点进行了区分。此外，在监控数据分析上，监控小组关注项目实施进度与预算执行进度之间的关联性，对于预算调整的建议也是建立在项目实施进度确定的基础上，注重"双监控"的内涵一致性。

**（二）案例的局限性**

该项目执行相对进度计划有所滞后，因此以9月30日为监控截止日期，监控组实际能够监控的信息相对有限。在项目尚未进入正式施工阶段时，对于前期规划、设计和招标等工作，更多反映的是其工作规范性和完成度，与预算之间的关联度相对有限。由于监控周期的限制，本次未能对工程施工情况进行监控，无法反映该工程项目推进的核心环节。

### （三）进一步探讨的方向

对工程项目进行绩效监控，需重点注意工程项目管理、工程进度和工程预算三者的相互影响制约关系，工程项目管理的质量是决定工程能否顺利推进的关键，工程预算支出则要与工程进度挂钩，反过来，工程预算是否及时到位也会影响工程质量和工程进度，在监控过程中应该特别关注。此外，工程项目前期往往已经进行了项目可行性研究，以及可行性研究报告的评审和批复，确定了投资概算，监控主要关注的是执行层面的问题。对于项目立项的必要性、投资概算的合理性等是否需要在监控中予以关注，以及是否可通过监控结果予以反馈，可以根据实际情况做进一步探讨。

## |案例三| Hhh 园区物业管理费绩效运行监控

Hhh 检测中心园区是 Hhh 地区为统一规划、建设、管理资源及实施专业检测而建设的综合性检验检测试验园区。为保障园区的正常运转，Hhh 检测中心设立了园区基础物业管理费及运行管理费项目（以下简称"检测中心物业管理费项目"）。本案例首先介绍了检测中心物业管理费项目的基本情况、监控思路的形成及执行全过程；然后根据项目中存在的机制问题，进一步分析了不同物业管理模式的优劣势，并结合检测中心中长期发展特点提出针对性建议；最后总结案例的经验与不足，并从物业管理标准化方向提出进一步探讨方向。

### 一、项目简介

#### （一）项目实施背景

为进一步推动 Hhh 地区公共公益性计量检测和检验事业的协调发展，完善城市综合服务功能，提高城市综合竞争力，保障行政执法的有效实施，Hhh 地区设立了 Hhh 检测中心，并投资建设了综合性检测检验试验园区。园区工程分为两期：一期于 21 世纪初验收并投入运行，建成近 200 个专业功能实验区，500 余个现代化实验室，总面积近 70000 平方米；二期将在本次监控实施后的第二年建设完成并投入使用，届时园区面积、楼宇实验室等设施设备将会倍增。

为维持园区正常运转，Hhh 检测中心作为园区管理单位，设立检测中心物业管理费项目，通过政府购买服务的方式，向社会采购专业的物业管理服务，并作为经常性项目推进。

#### （二）项目内容、范围及期限

2019 年，检测中心物业管理工作包括两部分：一是基础物业管理；二是园区运行管理。基础物业管理服务范围包括基础管理、客户服务、秩序维护及安全管理、清洁卫生、建筑物及附属设施设备的管理与维护、室内外绿化保障养护。经过园区采购管理规定程序，园区基础物业管理由 H 物业管理有限公司提供总包服务，并将其中 16 项服务内容对外分包。园区运行管理服务范围包括园区接驳、污染设施运营管理、消防设施管理、中央集控系统运行专业管理、污水站排污及运行服务、实验室工控环境安全技术服务。园区运行管理服务实行分散采购的模式确定服务供应商，2019 年共 5 家，与上一年服务商一致。

综合该项目实施周期及管理要求，本案例监控时段为 2019 年 1 月 1 日至 2019 年 7 月 31 日。

（三）项目资金来源、规模及使用情况

2019 年度检测中心物业管理费项目年度预算金额为 878.14 万元，资金全部来源于财政资金。截至 2019 年 7 月 31 日，园区基础物业管理费及运行管理费项目均按照合同约定支付，同计划进度及合同要求支付进度均匹配。合同支付比例 68.79％，预算执行率 68.63％。其中，基础物业管理费合同支付比例 75％，预算执行率 74.8％。运行管理费中，接驳服务费合同支付率 75％，预算执行率 75％；污染设施运营管理费、消防设施运营管理费、污水站排污及运行三项费用的合同支付率和预算执行率均为 50％；中央集控系统运行专业管理费合同支付比率 50％，预算执行率 49.93％。

（四）项目组织、管理及流程

1. 项目组织情况

该项目的组织管理与实施主要涉及 Hhh 检测中心、H 物业管理有限公司、基础物业管理分包机构及运行管理服务机构等（见图 3-2），其职责分工如下。

Hhh 检测中心：负责园区日常管理，支持园区各功能区正常运转，组织园区基础物业管理及运行管理服务项目实施，按照园区规定进行采购，确定服务供应商，对其服务进行过程监管并按照监管结果支付服务费用。

H 物业管理有限公司：负责园区内基础物业管理服务，按照合同约定，对相关服务进行分包并对分包的各项基础物业管理服务开展监管与指导。

基础物业管理分包机构：在 H 物业管理有限公司的指导和监督下，按照合同约定开展相关基础物业管理服务。

运行管理服务机构：负责园区内运行管理服务。

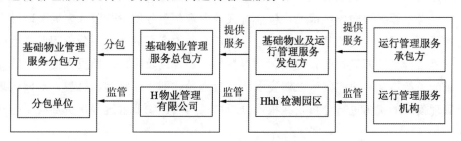

**图 3-2　基础物业管理费及运行管理费组织管理架构图**

2．项目实施流程

（1）项目采购流程

基础物业及运行管理服务主要通过政府购买服务的方式开展，按照园区规定进行政府采购。

（2）日常工作管理

Hhh检测中心物业管理费项目日常工作管理内容包括三方面：一是中心运营管理部预审服务供应方工作计划及总结。二是中心运营管理部定期听取服务供应方的工作汇报；代表中心统一对服务供应方的工作提出建议与要求；代表中心向服务供应方发布指令或任务；代表中心对服务供应方的工作提供指导和帮助。三是中心与服务供应商采用定期工作会议、书面文件、口头及任何双方认可的其他方式进行联系沟通。

（3）监督与考核管理

中心制定年度监管计划、明确各项管理服务要求，通过定期检查，对照合同约定服务事项，对服务提供方的工作进度与工作质量进行全程跟踪和考核。对考核中发现的问题，视问题严重程度分别采取口头警告或者开具运维检查处置单的方式督促整改，并实时跟踪整改结果，将最终整改结果记录于检查记录表或运维检查处置单中，与合同支付进度、支付金额进行挂钩。

（五）项目绩效目标

中心基础物业管理费及运行管理费的绩效目标为严格遵守政府采购管理要求，做好基础物业管理工作及运行管理工作，规范合同签订，保证服务提供的及时性、效率性及服务质量，保障园区日常工作正常运转。

## 二、绩效运行监控设计与实施

（一）监控思路

1．拟解决的问题

拟通过2019年检测中心基础物业管理费及运行管理费绩效运行监控工作，了解项目预算执行及实施情况。具体解决以下问题：一是通过对照项目实际完成情况与监控期目标值考察项目绩效，关注合同支付进度、预算执行率与项目实施进度的匹配性；二是考察服务合同履约情况，包括对服务内容、服务质量与服务完成及时性等方面的考量，发掘园区现行基础物业及运行管理服务中存在的问题，分析问题产生的原因；三是结合当前园区物业管理机制上存在的不足，以及园区二期投入使用对物业管理需求的大幅增加，研究园区二期投入物业管理模式即将面临的新挑战，对园区现行物业管理模式的优劣进行分析，并根据分析结果为园区物业管理提供更加科学合理的建议。

2. 总体思路的设计

首先，全面掌握物业管理费及运行管理费涵盖的内容情况、项目实施进度、项目组织及管理架构、绩效目标等关键信息，结合项目实施计划及监控期范围，筛选指标对项目执行情况进行监控，重点关注预算执行率、项目产出及项目管理机制建立健全情况，以全面了解项目预算执行及实施具体情况，对项目实际情况与目标存在偏差的指标进行原因分析，向 Hhh 检测中心提出改进建议，帮助其完善园区运营管理。

其次，随着园区二期即将落成，检测园区的基础物业管理模式面临新的挑战。目前园区基础物业管理所采用的"总包＋分包"的模式是否能够适应园区后期管理需求等，此次项目绩效运行监控旨在结合园区现有基础物业服务管理问题，针对检测园区的物业管理模式，从成本效益、管理投入等多维度进行深入分析，为检测园区推荐更优的物业管理模式，同时从短期、长期两个重要维度提出具体可行性建议。

3. 目标指标的确认

结合 2019 年度检测园区物业管理费项目截至 7 月 31 日的实际进展情况，本案例从项目绩效目标中选取项目投入、项目产出及项目影响力三个方面指标进行监控，受监控时段影响，入驻单位满意度暂不监控。监控期目标值除预算执行率外，均与目标值一致，预算执行率监控期目标值根据合同支付进度确认。最终确认的目标指标可见表 3-9。

表 3-9  2019 年度检测园区物业管理费项目绩效目标监控表

| 监控维度 | 监控内容 | 目标值 | 监控期目标值 |
|---|---|---|---|
| 项目管理 | 预算执行率 | ≥99％ | ≥60％ |
| | 资金拨付及时性 | 及时 | 及时 |
| | 财务管理制度健全性 | 健全 | 健全 |
| | 政府采购合规性 | 合规 | 合规 |
| | 项目管理制度健全性及执行有效性 | 健全及执行有效 | 健全及执行有效 |
| | 考核监督机制有效性 | 有效 | 有效 |
| | 工作沟通机制有效性 | 有效 | 有效 |
| | 内部管理制度健全性及执行有效性 | 健全及执行有效 | 健全及执行有效 |
| | 与分包单位合同签订及时性 | 及时 | 及时 |
| | …… | …… | …… |
| 项目绩效 | 建筑物及附属设施设备完好率 | 98％ | 98％ |
| | 园区内外保洁率 | 97％ | 97％ |
| | 室外绿化完好率 | 98％ | 98％ |
| | 建筑物及附属设施设备维修质量合格率 | 98％ | 98％ |
| | 建筑物及附属设施设备维修及时率 | 98％ | 98％ |

| 监控维度 | 监控内容 | 目标值 | 监控期目标值 |
|---|---|---|---|
| 项目绩效 | 物业管理投诉处理及时率 | 100％ | 100％ |
| | 基础运行保障度 | 良好 | 良好 |
| | 运行保障实现度 | 良好 | 良好 |
| | 培训工作完成情况 | 按计划开展 | 按计划开展 |
| | 信息化平台使用情况 | 良好 | 良好 |
| | …… | …… | …… |

（二）监控实施

根据财政部门、Hhh检测中心、服务提供方等相关单位提供的财务、业务等资料，进行监控指标的筛选。通过实地调研，数据采集，分析偏差情况及偏差产生的原因，形成监控结论。在数据采集过程中重点核查物业服务约定和提供情况，包括前期招投标材料、物业服务合同、物业服务管理考核制度、各项物业服务工作开展情况等方面。

（三）监控情况分析

结合前述监控思路获取监控资料后，首先对绩效目标、预算执行的偏差情况和项目管理机制建立健全情况进行分析。然后以此为基础进行物业管理模式分析。

1. 监控结果分析

对筛选出来的绩效目标的监控结果表明，园区在服务完成方面存在部分服务工作完成质量不达标或完成时效性不足等情况。如，园区实验室打卡设备自报修后近9个月未得到修理，设备长期损坏，处于不可使用状态。分析原因，是服务方工作人员离职时工作交接不到位致使该问题遗留未决。

对绩效目标存在偏差的原因进行深入分析后，监控组发现，主要是该项目管理机制不健全造成的，主要存在以下方面的不足：

一是当前Hhh检测中心对服务方的监督考核仅根据每项服务的现场服务、服务流程及台账记录进行考核，多为流程记录等的考核，评判标准较为粗放和主观，尚未规定可量化的考核标准，使得监督和考核工作更多流于形式。

二是H物业管理有限公司在对基础物业管理服务进行分包时，未建立对分包单位的约束机制及风险应对机制，如，无法在分包单位或相关服务人员更替时保证相关服务事项正常开展。此外，监控组还发现存在总包方与分包方多项服务未签订合同的情况。综合分析，园区与服务总包方的沟通协调机制尚不健全，现有的监督和考核机制无法保证服务工作正常开展，对服务总包及其分包等均未形成有效约束。

2. 物业管理模式分析

综合项目实地核查中发现的问题及其原因分析，园区目前存在多项管理机制不健全的问题。同时，考虑园区二期的物业管理需求，园区物业管理现状亟待改善。基于此，本次监控工作还对常见的两种物业管理模式进行了深入研究，剖析其各自优劣势，对园区后续的物业管理提出建议。园区物业管理模式主要分为整体外包和分散外包两种，监控组分别进行了优势和劣势的分析，分析结果见图3-3。

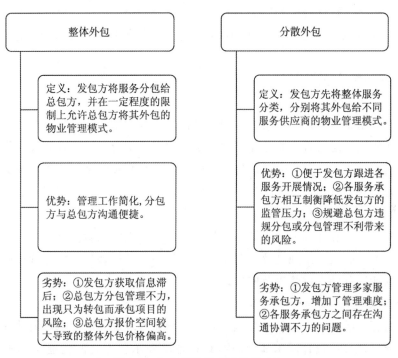

**图3-3　物业管理模式优劣势对比**

鉴于园区目前采用分散外包模式，而当前物业管理服务仍处在合同期内且短期内无法转换服务管理模式的情况，结合以上优劣势的分析结果，针对分散外包存在的风险，分别给出短期和长期建议：

在短期内，建议园区进一步建立健全管理协调机制，明确各服务提供方的职责，完善过程监督和服务考核，保证各方工作有序开展。同时，切实做好服务方更替预案，防范更替风险，保障服务衔接顺畅、园区正常运行。

从长期来看，随着园区服务范围的扩大，基础物业管理及运行管理规模将显著增加。基于以上两种模式优劣势的分析，整体外包模式较分散外包更有利于发包方管理。在整体外包的模式下，发包方只需要与总包方进行沟通，以服务目标为导向，总包方对服务结果负责，发包方的管理效率更高，建议园区采用整体外包模式。一方面整体外包可以减少分散外包模式下因二期建成而显著增多的服务承包方数量，降低工作管理难度；另一方面，整体外包可以降低多方沟通成本，尤其对于服务内容关联性较强的模块，整体外包更有利于工作的协调配合。

整体外包模式虽然有利于降低委托方的项目管理压力和难度，但同时也非常考验委托方对服务供应方的选择、管理，以及对采购价格的控制，若有不慎可能会导致更大的风险和损失。因此委托方应注意如下问题：一是要特别重视采购环节，充分利用市场竞争，确保投标方价格处于合理区间，加强采购环节对供应商的筛选和考察，确保其资质和能力能够满足园区的物业管理及运行管理的实际需求；二是要特别注意对总包商的分包行为进行约束和监控，委托方应在合同条款中与总包商约定分包范围和相关规范，同时应将总包方分包行为的合规性和分包管理的有效性纳入重点监控范围。

（四）监控结论

1. 监控总体结论

从监控结果来看，该项目的产出和效果目标达成度相对较好，各服务承包方提供的基础物业管理及运行管理服务能够保障园区的正常运行。但园区需关注物业管理服务的相关机制建设，进一步完善诸如监督机制、人员交接制度、沟通协调机制等；同时，加强合同签约管理，保证服务内容、服务要求明确，合同双方责任清晰。

对于园区物业管理模式的选择，短期基于分散外包模式不可变的情况，建议园区关注分散外包模式存在的风险，做好风险应对预案，加强风险控制，从而降低可能带来的损失。针对园区未来规划及长期发展，建议采用整体外包的物业管理模式，有利于园区对物业服务的有效管理及监控。

2. 问题与建议

该项目存在的主要问题有：总包方未制定物业管理服务的分包计划并进行相应进度控制，导致部分分包合同未能及时签订；各服务承包方之间沟通协调机制不够完善，出现工作交接缺位的现象；服务承包方内部管理制度不健全，如服务质量内部控制制度缺失等；园区对服务承包方的考核多为定性考核，考核结果较主观，考核结果效力不足，无法对服务承包方形成有效的约束。

针对以上问题，提出以下可行的改进措施：一是总包方 H 物业管理有限公司应尽快完成剩余分包合同签订，对合同未及时签订的原因进行总结，完善后续合同管理、进度管控等管理机制，并报园区确认；二是由总包方牵头，完善各服务分包方之间的工作协调沟通机制；三是各服务分包方及时完善内部管理制度，特别是人员流动性较大的，应及时建立有效的人员更替机制；四是园区和总包方需分别完善对总包方及分包方的考核细则，提高服务监管的有效性，从而推进各项服务质量的提升。

**三、案例总结**

（一）案例经验及优点

本案例中，监控思路清晰且监控重点突出，针对项目执行中存在的问题进行了分析并提出了对应的改进措施及建议。在监控分析的过程中，本案例的一大亮点是穿透园区项目管理的表象问题，将问题表面研究深化到物业管理模式深度研究。一方面，区分两种物业管理模式，剖析不同管理模式下的优势及风险；另一方面，根据园区的现状及未来建设规划，分别为园区物业管理提出了短期和中长期两个阶段的管理建议，以更好地支撑整个园区的运营管理。从监控过程来看，本案例的数据采集工作扎实，对各类服务内容进行了全覆盖，对园区提供的基础数据表进行了复核，对相关负责人进行了深入访谈，确保了工作的全面性及数据的真实性。

（二）案例的局限性

在项目管理机制方面，本案例仅关注了发包方、总包方、分包方各方的管理制度健全性，但未对管理制度的细节给出具体操作建议。在服务产出方面，由于园区资产多、覆盖面积大，而缺少日常动态监管等原因，使得项目产出的部分指标在监控中可能存在遗漏，需在后期运行监控和绩效评价中重点关注。在服务效果方面，未对入驻单位及园区工作人员进行问卷调查，无法反映服务对象对园区提供服务的评价。

（三）进一步探讨的方向

针对本案例在实施过程中存在的不足，基于基础物业管理与运行管理服务的根本目的在于支持园区及园区内功能实验区和实验室的正常运行，所以在今后的监控过程中，应特别关注园区入驻单位及其工作人员对服务成效的评价，通过访谈和满意度问卷调查等方式了解相关人员对园区日常运行的反馈，以充分反映园区基础物业管理及运行管理的效果。

此外，预算绩效管理一个非常重要的内容是项目成本控制。当前行业从综合管理、清洁卫生、公共秩序维护、绿化养护、共用部位养护五个方面出台了物业管理基本服务费定额标准，但对于有个性化需求的物业管理服务其参考意义有限。下一步可以探讨针对实验室精密设备、大型设备厂房等不同于基本物业服务的内容，如何进行费用标准化，以更好地规范园区物业管理，控制物业成本。

项目支出绩效评价

当前，针对一定资金规模、具有明显社会影响的重点项目开展的项目支出绩效评价是我国开展最广泛、实践经验最丰富的预算绩效管理工作之一，并逐步被引入有绩效管理需求的其他领域。

本章将通过 3 个案例来阐述项目支出绩效评价应用的新视角、新思维、新方法，覆盖不同领域，包括单个项目支出、专项资金支出、考核评价等类型，综合不同的评价需求和评价重点，分别阐述不同项目支出预算绩效评价的实施思路、方法、路径及绩效分析等内容，从而指导各类型项目支出绩效评价工作的实施。

## |案例一| Iii 地区新校开办及扩班经费绩效评价

教育领域财政资金立足于促进特定教育事业的发展。开展财政支出绩效评价有助于规范财政资金的使用和管理，客观评价财政资金投入效益，以及优化教育资源投入及配置。为有效缓解 Iii 地区义务教育阶段学位供需矛盾，Iii 地区教育局设立新校开办及扩班经费。本案例以该项目为例，介绍教育领域财政资金评价思路及具体评价实施过程，以期为同类财政资金绩效评价提供一定参考。由于本项目为经常性项目，在评价中，评价组充分结合项目管理存在的问题，深入分析了项目经费运行机制，在案例中也将进行重点介绍。最后，通过案例总结，探讨本次绩效评价工作的优点和不足，并尝试从预算绩效管理视角对学位供给、教育资源配置等相关问题提出意见和建议。

**一、项目简介**

**（一）项目实施背景**

近年来，随着 Iii 地区所在×市经济快速发展及户籍政策逐步宽松，人口规模日渐上升，义务教育阶段学校入学需求不断增长，义务教育学位供给趋于紧张，学位供需矛盾成为政府迫切需要解决的问题。为切实增加义务教育阶段学位供给，保障义务教育适龄群体入学权利，×市政府有序推进了新校开办及扩班工作。2012 年，×市财政局印发《×市公办中小学校开办费标准》，对学校开办设施设备配置和开办费标准等进行了规定。Iii 地区教育局依照市级规定，设立并执行新校开办及扩班项目经费，用于 Iii 地区新校开办及未纳入上年扩班计划的当年新增扩班投入。

（二）项目内容、范围及期限

1. 项目内容

新校开办及扩班经费支持内容为 Iii 地区 2018 年度新校开办及扩班所需投入，支持对象为义务教育阶段公办中小学校。新校开办支出主要包括普通教室修缮、教学相关设施设备购置等教学基本保障支出，以及物业管理服务等其他业务支出；扩班支出主要集中于教室改扩建工程及相关教学设备购置，如教室改造的工程费用、课桌椅及电子白板购置费用等。2018 年，Iii 地区新校开办及扩班经费支持了 5 所学校新开办投入和 9 所扩班学校的扩班投入，拟增加至少 600 个义务教育学位。

2. 项目范围及期限

本次绩效评价对象为 2018 年 Iii 地区新校开办及扩班经费，总预算 1 800 万元。项目实施及评价期限均为 2018 年 1 月 1 日至 2018 年 12 月 31 日。

（三）项目资金来源、规模及使用情况

2018 年，经费预算确定未按照《×市公办中小学校开办费标准》规定的开办费标准执行，而是采用"学校申报＋教育局/财政局审核"的方式，更多从各学校实际需求情况出发进行编制。2018 年，项目总预算 1 800 万元，其中新校开办经费预算 1 617 万元，扩班经费预算 183 万元，经费全部来自 Iii 地区本级财政。当年度共计支出 1 512.65 万元，预算执行率 86.25％，其中新校开办项目预算执行率为 70.90％，各新校预算执行率有较大差别，预算金额较大的两所新校预算执行率均在 75％左右，其他新校则均超过 95％；扩班项目预算执行率为 98.28％，明显高于新校开办项目，各学校间的差异也相对较小。

（四）评价组织、管理及流程

本项目涉及的相关单位主要为财政局、教育局及申请经费的各中小学校。根据《Iii 地区教育系统全区性项目经费管理暂行办法》（Iii 教〔201×〕×号），本项目的实施流程可概括为：学校申报—区教育局审核—区财政局审核—学校执行，具体见图 4-1。

（五）项目绩效目标

从该项目设立的目的出发，其总体目标是加强 Iii 地区教育资源供给，优化办学条件，推动教育区域均衡发展，率先实现教育现代化。评价组结合各学校项目实施内容，对项目资金的年度绩效目标进行梳理，产出方面集中于学校各项软硬件设施是否达标和满足实际需要，效果方面则关注学校整体运行情况、学位供给增加情况及学生家长满意度等。

结合 Iii 地区教育局编制的绩效目标申报表，本项目年度绩效目标如下：① 产出方面：新增教学课室、功能室、教师办公室个数≥30 间，新校各项基础性条件满足实际需求，教学相关设施设备配备达标，教师数量及资质达标等。② 效果方面：新开办及扩班学校教学活动正常开展，新开办学校校园配套服务运行正常，新增义务教育学位数≥600个，义务教育千人学位数达到省级标准，义务教育适龄群体毛入学率100%，家长满意度≥85%等。

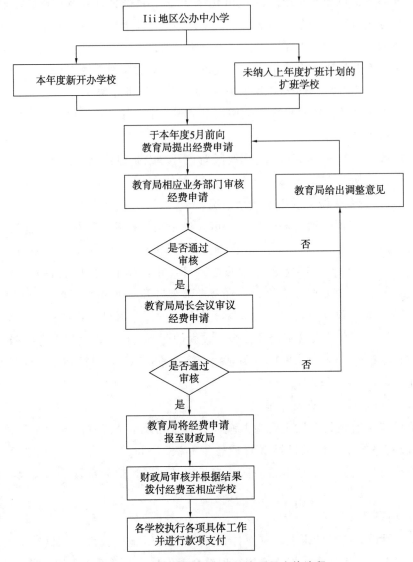

**图4-1 Iii地区新校开办及扩班项目实施流程**

## 二、绩效评价设计与实施

### (一) 评价思路

1. 拟解决的问题

遵循目标导向，拟通过本次绩效评价反映2018年度Iii地区新校开办及扩班经费设立的根本目的和年度绩效目标是否实现。其中，重点反映Iii地区的新开办学校及扩班班级整体运行是否正常，是否完成学位供给增加的预期目标，是否切实有效缓解了学位供需矛盾。同时，围绕委托方对学校经费使用合规性的关注，本次评价过程中对学校经费使用情况进行了重点考察。此外，基于经费分配采取"申报＋审核"的方式，本次评价还就 2018 年度经费申报、审核工作能否满足资金管理要求进行了研究。

### 2. 总体思路设计

在评价思路设计上，紧扣本次绩效评价目标，评价组以项目产出和效果是否达到预期为基础，追溯项目管理过程规范性。在项目绩效方面，根据评价关注的问题设置对应评价指标，综合运用基础数据表填报并辅以实地核查的方式进行指标评分。在项目管理方面，区别于新校开办费用，结合相关主体的管理责任，同时考察资金条线和业务条线管理情况。一是对于财政局，考察经费分配合理性、下拨及时性，设置对应指标后通过访谈和抽查学校财务收支明细进行评价；二是对于教育局，考察其经费审核工作、经费使用监督及项目推进监督工作是否有序开展，设置对应指标后通过访谈和实地核查进行评价；三是对于目标学校，考察经费使用是否规范、项目执行成果是否符合预期等，设置对应指标后通过对学校的实地核查进行评价。

### 3. 评价内容与指标体系设计

本次指标体系设计在共性指标体系框架下，适当参考绩效目标申报情况，主要用于落实评价思路和重点、支撑评价目标的实现。以相关主体的管理重点为基础，评价组在项目整体评价指标体系的基础上，结合考察要点同时设计了针对学校层面的评价指标体系，并根据实地核查情况对学校进行评分和排名，构建了整个项目和各学校及具体实施内容之间的对应关系。

例如，针对项目管理中经费申报、审核工作规范性及学校经费使用合规性等考察重点，设置经费支出标准合理性、经费审核过程规范性及学校经费使用合规性指标等予以反映，主要考察对象为教育局；针对项目产出，设置教学活动开展保障情况、校园配套服务运行情况，并对使用经费的学校分别进行考核，最后按照预算金额占比进行加权，形成整个项目的产出得分；针对效果，设置新增义务教育学位个数、义务教育千人学位数等指标反映项目根本目的和核心效果实现程度。

指标权重方面，遵循重要性原则，对考察重点对应的评价指标权重予以倾斜。指标目标值制定标准包括计划标准、行业标准及通用标准等，在此基础上，评价组制定了完整的评价指标体系，具体见表 4-1。

**表 4-1　Iii 地区新校开办及扩班经费绩效评价指标体系（项目整体）**

| 一级指标 | 二级指标 | 三级指标 |
|---|---|---|
| A 项目决策 | A1 项目立项 | A11 立项依据充分性 |
| | | A12 经费支出范围合理性 |
| | A2 项目目标 | A21 绩效目标合理性 |

| 一级指标 | 二级指标 | 三级指标 |
|---|---|---|
| B 项目管理 | B1 投入管理 | B11 预算编制合理性 |
| | | B12 预算分配合理性 |
| | | B13 资金拨付及时性 |
| | | B14 预算执行率 |
| | B2 财务管理 | B21 财务管理制度健全性 |
| | | B22 教育局预算资金使用合规性 |
| | | B23 财务监控有效性 |
| | | B24 学校经费使用合规性 |
| | B3 实施管理 | B31 项目管理制度健全性 |
| | | B32 经费支出标准合理性 |
| | | B33 经费审核过程规范性 |
| | | …… |
| C 项目绩效 | C1 项目产出 | C11 新增教学课室、功能室、教师办公室、实验室个数 |
| | | C12 新校基础性条件满足度 |
| | | C13 教学相关设施设备配备达标情况 |
| | | …… |
| | C2 项目效果 | C21 教学活动开展保障情况 |
| | | C22 校园配套服务运行情况 |
| | | …… |
| | | C26 新增义务教育学位个数 |
| | | C27 义务教育千人学位数 |
| | | C28 义务教育适龄群体毛入学率 |
| | | C29 家长满意度 |

（二）评价实施

本次评价采用的主要调查方法包括基础数据表填报、实地核查及问卷调查等。同时，前期也通过对 Iii 地区财政局及教育局的访谈详细了解项目基本情况，支撑对部分项目立项和项目管理指标进行评分，例如经费支出范围合理性、资金拨付及时性、财务管理制度健全性、经费支出标准健全性及经费审核过程规范性等。

1. 基础数据表填报

为客观评价项目实施直接产出和效果，分别向 Iii 地区教育局和项目实施学校发放基础数据采集表，对采集数据进行数据复核，以保证数据完整性和准确性，并据此计算业绩值，按照绩效评价指标体系进行评分。基础数据表填报和复核的结果是评价的重要依据，应当围绕评价重点，以评价指标体系评分需求为基础进行设计。向各学校发放的基础表样见表4-2。

表 4-2　向各学校发送的基础数据表（节选）

| 序号 | 需求数据 | 单位 | 截至 2018 年年末数据 |
|---|---|---|---|
| 1 | 新增教学课室间数 | 间 | |
| 2 | 新增功能室间数 | 间 | |
| 3 | 新增实验室间数 | 间 | |
| 4 | 新增教师办公室间数 | 间 | |
| 5 | 教师人数（小学） | 人 | |
| 6 | 教师人数（中学） | 人 | |
| 7 | 本科及以上学历教师数（小学） | 人 | |
| 8 | 本科及以上学历教师数（中学） | 人 | |
| 9 | 在校学生总数（小学） | 人 | |
| 10 | 在校学生总数（中学） | 人 | |
| 11 | …… | …… | |

**2. 实地核查**

为客观评价学校经费使用和项目执行情况，必须对相关学校进行细致的现场核查。综合考虑各学校经费规模、类别（新校开办/扩班）及实施内容，采取抽样方式，在与委托方沟通确认后，对样本学校进行实地核查。

实地核查内容主要包括两个维度：一是资金使用合规性，核查学校资金使用是否与预算申报一致，是否账账相符、账实相符等；二是项目实施成果，例如改扩建课室及功能室建设完成和运行情况、功能用房配备情况等。

针对以上核查内容，评价组细化具体考察点，设计出实地核查表单，在实地核查时进行相关记录，从而支撑对核查学校的评分，以及相关项目管理指标和部分定性产出指标的评分，例如学校经费使用合规性、学校项目管理制度健全性、新校基础性条件满足度、教学相关设施设备配备达标情况等。具体见表4-3。

**表 4-3　实地核查记录表（节选）**

| 被核查单位： | |
|---|---|
| 现场核查人： | |
| 核查时间： | |

| 项目现场核查记录 | | | |
|---|---|---|---|
| 要点 | 经费投入情况 | 具体实施内容/考察要点 | |
| 基础性设施设备投入情况 | 物业服务 | …… | 安保服务情况 | ☐ 校园出入口全覆盖<br>☐ 校园主要出入口覆盖<br>☐ 出入口覆盖情况欠佳<br><br>☐ 24 小时巡更<br>☐ 白天巡更<br>☐ 无巡更 |
| | …… | …… | …… |
| 教学实施设备投入情况 | 课桌配置 | …… | 配置数：_____套<br>课桌学生比：_____ |
| | …… | …… | …… |
| 学校特色化建设情况 | 软硬件类（校园标识等） | | |
| | …… | …… | …… |
| 文体类教育资源配置情况 | 文化课程活动场所 | …… | 活动课室数量：<br>活动课室最大容纳人数：<br>活动课室是否满足开课需求：<br>☐ 空闲频率较高　　☐ 可以满足<br>☐ 需要协调　　　　☐ 不能满足 |
| | …… | …… | …… |

**3. 问卷调查**

为更加深入了解项目实施效果，评价组设计了受益对象满意度调查方案。通过对新开办及扩班学校学生及其家长的满意度调查，反映受益对象对项目实施的主观感受和评价。由于项目涉及多所学校，为使调查结果更具代表性，本次调查采用分层抽样方式，覆盖所有新开办及扩班学校，每所学校抽取 50 名学生及家长进行调查。为提高满意度问卷调查的效率，本次问卷通过线上发放和回收的方式，调查对象可以使用手机扫描二维码进入问卷作答页面。通过满意度问卷调查，除了可以反映已完成项目的实施效果，还可以结合学生和家长的反馈信息，查漏补缺，对后续实施内容提供一定的参考。

**（三）评价结论与绩效分析**

**1. 总体结论**

通过本次绩效评价，评价组认为，2018 年度 Iii 地区新校开办及扩班经费项目实现了项目设立的主要绩效目标。具体而言，其主要绩效包括：2018 年 Iii 地区新校开办及扩班工作开展有序，项目实施过程中未发生任何安全责任事故，教学活动均正常开展；学位供给稳步增加，缓解了学位供需矛盾。2018 年，在经费有力保障下，Iii 地区新增义务教育学位 1 035 个，超额完成年初绩效目标。依据实地核查情况，评价组还对每个学校进行了打分和排名，并将扣分原因反馈至 Iii 地区教育局，便于教育局督促学校进行整改。针对预算执行率不高，但学位超额增加的情况，评价组进行了分析，该项目在经费标准、预算合理性等方面还需要进一步完善。

2. 问题与建议

深挖扣分点背后的本质，评价组将项目存在问题分为预算管理和项目管理两类，并针对具体问题提出相应的改进建议。

存在的问题主要包括：一是预算管理方面，部分学校预算编制不够准确，导致经费执行内容与计划存在偏差、预算执行率偏低等，同时，部分学校经费使用不规范，混用扩班经费与生均教育经费等情况较为普遍；二是项目管理方面，经费申报、审核机制不完善，降低了项目管理效率和资源配置效益。

针对上述问题，在预算管理方面，建议教育局尽快将经费申报材料制式化，建立系统性的经费审核标准体系，学校也应按照要求提高自身预算编制水平；学校应严格按照经费下达用途使用经费，教育局则需进一步加强对学校经费使用的监督。在项目管理方面，建议教育局对新开办及扩班学校的相关内容进行梳理、分类，并加强建设过程中的业务指导与监控。

3. 经费运行管理机制分析

基于项目特点，评价组重点对经费运行管理机制进行了分析，针对目前存在的不足之处，提出可行的优化建议。

（1）经费运行管理机制现状分析

从"资金定位—经费申报—经费审核—经费使用"四个维度，对现有经费运行管理机制现状分析如下：在资金定位上，对新校开办及扩班经费使用范围界定不够明确，对其与生均教育经费的区分不够明显；在经费申报与审核上，缺乏对学校经费申报的指导文件，经费审核机制不够系统和完善；在经费使用上，缺乏有效的经费使用监督管理机制。

（2）经费运行管理机制建立建议

为充分发挥运行管理机制对项目运行的保障作用，切实提高资金使用效率和效益，应建立健全"资金定位—经费申报—经费审核—经费使用—经费使用考核及结果应用"的闭环式运行保障机制。

一是资金定位方面，建议由教育局出台相应的经费管理办法，明确界定新校开办、扩班经费与生均教育经费使用范围，确定新校开办、扩班经费使用的原则与注意事项。

二是经费申报机制方面，建议由教育局牵头出台新校开办与扩班预算申报指引，尤其是对于新校，明确新校开办涉及的预算科目及相应的预算测算方法，尽可能制式化申报材料，提高申报工作效率和申报规范性。

三是经费审核机制方面，建议由教育局牵头编制经费审核操作规范，标准化经费审核流程及相应文件记录；建立系统的经费审核标准体系，明确审核内容、审核标准及具体操作方式，从而确保经费审核过程规范、审核结果客观公正。

四是经费使用监督方面，依据经费管理办法，建立经费使用监督机制，明确监督主体、对应职责和相应奖惩措施；将经费使用汇报与监督开展常态化，确保及时发现问题、解决问题。

五是经费使用考核及结果应用方面，建立经费使用考核办法，提高经费使用规范性、效率性，建立经费使用考核结果与后续经费申请挂钩等结果应用措施。

### 三、案例总结

（一）案例经验及优点

从评价成果而言，一是本案例评价思路清晰，紧紧围绕项目设立目的梳理评价思路，解决了委托方关切的问题，设置了能够反映评价思路和重点的评价指标体系。例如，对于委托方特别关注的学校经费情况，设置了学校经费使用合规性指标，并赋予较大权重，通过现场资料核查支撑评价结果；二是从当前问题出发，针对预算主管部门的实际需求，进行了全面和深入的经费运行管理机制分析，挖掘经费运行管理存在的问题，探索管理优化的方向，提出了具体的改进建议，并得到了委托方的认可和应用。

从评价工作来看，本次评价实施细致到位。虽然项目实施内容繁多，但评价组通过分级分类，综合采用实地核查、基础表填报及问卷调查等多种方式，从多个渠道采集了多维度数据，并进行了严谨的数据处理工作，使得评价支撑材料可追溯、评价结果依据充分、评价结论可靠。

（二）案例的局限性

就案例本身而言，由于学校管理基础的限制和数据来源的制约，未能引入以前年度预算执行情况，也未对本年度项目执行情况进行纵向对比，以反映预算执行和项目管理工作情况的变化，从而进行更深入的分析，对优化预算结构等提出进一步意见和建议。

（三）进一步探讨的方向

对本次评价工作进行复盘，评价组认为，在教育领域财政支出绩效评价中，还可就以下方面做进一步探讨：第一，面临学位供给短缺的现状，怎样科学有效地增加学位供给，包括如何测算学位缺口、分解年度供给目标及具体增加学位供给的方式等；第二，新校开办的支持方式和标准，对于新开办学校，新校开办经费如何发放（逐年发放或者总额控制）及发放时限（新开办第一年或者更长）如何设置，才能更好保障新校开办工作有序进行且兼顾投入经济性和效益性，可以从预算绩效管理的角度对各种经费发放方式和标准进行分析；第三，如何平衡新校、老校的资源分配，保证新校、老校在教学软硬件资源方面达到一个均衡状态，例如，可在教育局履职目标中增设学校间资源平衡情况指标等，对教育资源配置情况进行约束和考核。

## |案例二| Jjj 地区扶贫资金绩效评价第三方实地核查

"十三五"时期，为打赢脱贫攻坚战、全面建成小康社会，《中共中央 国务院关于打赢脱贫攻坚战的决定》对扶贫开发工作做了具体部署。扶贫工作需要资金资源的大量投入，而财政资金在其中发挥着主体和主导作用，近年来财政投入扶贫的资金总量不断增加。为提高资金使用的效率和效益，开展绩效评价成为规范和加强财政扶贫资金管理的重要抓手。扶贫资金分布在区域范围较广的农村地区，具有投入资金规模大、涉及项目种类多的特点。基于扶贫资金的特点，为深入了解扶贫工作开展情况，掌握资金投入产生的效益，实地核查成为财政扶贫资金绩效评价工作的重要一环。本案例主要是对 Jjj 地区 2018 年度全地区扶贫资金绩效评价工作开展情况进行梳理，重点介绍第三方核查工作环节，包括调研手册制定、调研培训开展、调研过程中的沟通机制建立及执行等内容，力求规避扶贫项目调研工作量大、周期长带来的一些问题，为同类项目大规模调研实施提供参考。

### 一、项目简介

（一）项目背景

为全面建成小康社会、实现中华民族伟大复兴的中国梦，2011 年，中共中央、国务院印发《中国农村扶贫开发纲要（2011—2020 年）》，提出了我国农村扶贫开发的总体目标，即到 2020 年，稳定实现扶贫对象不愁吃、不愁穿，保障其义务教育、基本医疗和住房。Jjj 地区是我国传统农业地区，扶贫工作形势严峻。根据《Jjj 地区"十三五"脱贫攻坚规划》，到 2020 年，要确保本地区国家和省级贫困县全部脱帽，本地区农村人口全部脱贫。按照中央和本级党委、政府的要求，Jjj 地区年度财政扶贫资金投入规模不断加大，为本地区脱贫攻坚提供基础保障。

（二）资金来源、规模及范围

Jjj 地区财政扶贫资金来源为各级财政预算安排的扶贫资金，包括一般公共预算安排的专项扶贫资金，政府性基金预算和地方政府债券安排的专项扶贫资金，以及纳入涉农资金统筹整合试点的相关资金等。评价区域涉及多个省辖市和县区，考虑评价内容的差异，评价区域区分有贫困县的省辖市、没有贫困县的省辖市、贫困县和非贫困县四类。

（三）项目组织、管理及流程

Jjj 地区扶贫办是全省扶贫工作的扎口管理部门，负责扶贫项目的批复、统筹协调、监督检查等工作；Jjj 地区财政厅负责扶贫资金的预算管理、中央和省级扶贫资金的分配与下达；各地市扶贫部门负责本地区扶贫工作统筹安排部署，项目进度汇总与上报等；各地市财政部门负责本市扶贫资金的管理；各地市审计单位会同财政部门、扶贫部门、发展和改革委员会等，负责资金分配使用的监督工作。

（四）项目绩效目标

通过财政扶贫资金投入，保障"转、扶、搬、保、救"精准扶贫工程的实施，强化脱贫保障工程。开展各核查县项目完工率达到 90%，落实到项目的资金比例达到 90%，群众满意度达到较高水平。实现本年度地区脱贫人口增加 68.7 万人，贫困村摘帽 1 169 个，贫困县减少 14 个。

## 二、绩效评价设计与实施

（一）评价思路

Jjj 地区扶贫资金绩效评价始终坚持目标导向和问题导向。紧紧围绕财政部、国务院扶贫办对扶贫资金的绩效评价要求，评价内容及分值基本沿用财政部、国务院扶贫办印发的《财政专项扶贫资金绩效评价办法》（财农〔2017〕115 号）。同时，结合 Jjj 地区扶贫资金管理中存在的突出问题和薄弱环节，有针对性地增加或调整了相关评价指标，区分了有贫困县和没有贫困县的地区辖市、贫困县和非贫困县，在指标上加强了项目管理的相关内容。

按照《Jjj 地区财政扶贫资金绩效评价办法》的要求，本次扶贫资金绩效评价指标体系主要包括资金投入、资金拨付、资金监管、项目管理、资金使用成效、工作评价、加减分指标七个方面的评价内容，重点关注扶贫项目实施管理、完成情况和整体扶贫效果，了解扶贫项目库建设和项目实施规范性，扶贫工作机制健全性及贫困户受益情况等。

在设计评价指标体系时，为了保证不同类别的评价对象，在大的框架上基本保持一致，从而使评价结果具有可比性。在指标权重的设置方面，评价组将有贫困县的省辖市六类指标（不包括加减分指标）总分设置为 100 分；没有贫困县的省辖市由于不涉及贫困县财政资金统筹整合使用要求，绩效评价不涉及此部分考核内容，所以六类指标总分不足 100 分，得分按比例换算为百分制得分后，再与加减分项进行合计，计算出最终得分。

（二）评价实施

考虑到个别评价指标政策性较强，第三方人员难以准确把握，以及部分数据情况省级层面已经掌握，无须再进行实地核查评价，这些指标由地区财政厅、地区扶贫办组织相关人员进行集中评价，评价后将得分并入总分中。主要包括贫困县涉农资金统筹整合方案及管理办法质量，涉农资金统筹整合信息情况、贫困人口减少情况、工作评价和加减分指标。

为有效支撑其他评价指标的评分，全面反映 Jjj 地区扶贫工作开展情况，本次绩效评价以第三方实地核查为基础。为了解决评价要求专业性强、调研范围广、时间紧、任务重的现实情况，评价组共组织 20 名成员，分 10 个小组同时开展实地调研工作，每组平均核查 5 个区县。为保证调研质量和提高评价组工作效率，特编制了详细的实地核查工作操作手册，开展调研培训。

1. 编制调研手册，制定文件清单和核查工作底稿

由于评价内容较多，专业性较强，为便于操作、统一核查要求、避免核查过程中有遗漏项，评价组编制了调研手册，明确了调研工作步骤、调研内容和调研成果要求。针对每块核查内容的具体评分指标，明确了指标评分标准和具体核查方法。以项目建设进度为例，指标评分标准为："项目完工率≥90％得 5 分；＜60％得 0 分；在上述比例之间的，按比例计分。"核查方法为："以扶贫项目实施情况和扶贫资金支出进度旬报表反映的数据为基础，结合项目报账单据、验收报告等综合评价。满分 5 分，核查发现县（市、区）2018 年财政扶贫资金项目实施中违反招投标或政府采购规定的，发现一起违规扣减 0.5 分。"

综合调研手册和评价指标体系，评价组还制定了明确的文件清单和核查工作底稿。文件清单用于明确核查所需文件，由被核查单位按照清单要求准备资料；核查时，对比被核查单位文件提供情况，材料的缺失情况一目了然，便于调研组查阅或被核查单位有针对性地补充。核查工作底稿用于明确核查的指标、核查需参考的资料、核查注意事项，需记录被核查对象提供的文件名称、文件形式、主要核查情况的描述及发现的问题等，该核查工作底稿结构上与打分表一一对应，提高后期评价指标体系评分工作的效率。

2. 开展调研培训，统一调研工作要求

实地核查工作由 10 个小组同时开展，为保证核查工作公平公正，核查工作遵循保密性原则，各组调研对象均在调研开始前 3 天确定。由于并不是所有的调研小组成员均参与了前期评价工作方案的设计及调研手册的编制，为加快调研小组成员对扶贫政策、此次评价工作及具体调研实施的认识，评价组组织了现场培训，开展核查演练，并结合培训、演练的情况进行了现场答疑。

培训内容主要包括评价内容讲解与现场核查演练两部分。前者主要是对 Jjj 地区扶贫政策及本次扶贫资金绩效评价内容、评价重点、评价目的和评价方法等进行培训，提高调研小组成员对评价工作的整体性认识，以便于在后期实地核查过程中更加有的放矢。后者则是对实地核查工作具体如何开展、每一个考核点如何考察、现场核查的注意事项、核查底稿填写要求等进行说明，明确核查底稿填写的详细程度，提高

后期评价工作成果和档案整理工作规范。

此外，实地核查还特别强调保密要求、廉洁纪律等，评价组自始至终坚持求真、求实，尽最大努力获取真实、全面的扶贫资金和扶贫项目管理信息，让核查结论经得起推敲和检验。在核查工作期间，调研小组成员严于律己、吃苦耐劳、认真细致、公正严明、团结互助，为完成各项核查工作任务而努力。

3. 建立沟通汇报、研判机制，保障信息共享

在明确实地核查工作要求的基础上，为保证调研小组严格执行调研手册要求，评价组建立了远程会议沟通、重要情况汇报和突出个性问题分析研判三项沟通协调机制。

建立远程会议沟通机制：在实地核查工作实施前，评价组组长明确了远程沟通会议的内容、形式、频率和时间。具体来说，每小组两名成员中指定其中一人为组长，负责现场资料核查及本小组工作资料的复核工作。综合核查工作量，核查进度为每个县耗时约 3 至 4 天，实地核查工作采取"日汇报＋周总结"会议制度。自到达第一个核查县起，于每日的核查工作结束后召开远程会议，各小组汇报核查工作进度及核查发现问题，由专人记录汇总，并在会后共享。

建立重要情况汇报机制：虽然在方案设计阶段评价组尽可能考虑方方面面，但扶贫工作涉及的区域和内容都比较广，涉及层级和部门较多，实地核查工作还需要深入农村地区，难免出现前期考虑不周全的情况。在核查过程中，各组需要及时反映核查发现的突出问题或产生的疑问，由评价组组长定夺，无法定夺的反馈至项目负责人。

突出个性问题分析研判机制：在实地核查过程中，对于远程会议或重要情况汇报中发现的突出个性问题，由项目负责人向财政厅或扶贫办专家提出，由专家认真研判后反馈。对于在实地核查过程中未能及时反馈或解决的问题，在核查结束后，由评价组进行梳理，汇总各个调研小组发现的问题，当面向评价组织方进行汇报，请专家研判。

由于本次实地核查周期相对较长，如果等到全部核查工作完成后再进行核查记录的整理，一方面影响整个评价工作进度，另一方面记录的准确性可能受到影响。因此评价组对核查及各县（市、区）评分成果的提交方式和时间做出了明确要求，内容参考评价组提供的样例，包括规范命名和统一格式；进度上则要求在每个县核查结束后 3 天内提交。此外，本次绩效评价最终以县（市、区）为单位进行评分。为了保证评分的客观性、准确性，评价组组织了交叉复核，对得分较为异常的县（市、区）进行二次复核，确定核查口径的一致性等。

（三）评价结论

根据《Jjj 地区财政扶贫资金绩效评价办法》，按照调研手册工作要求，第三方核查小组紧紧围绕资金投入、资金拨付、资金监管、项目管理和资金使用成效等维度进行了认真细致的核查，并综合省级主管部门对各市县的工作评价情况，完成最终的绩

效评价。

在资金投入方面，各市县重点保障，安排本级财政专项扶贫资金与中央和省级财政专项扶贫资金的比重均超过目标值40%，结合本级财力情况，部分市县的投入大幅超过上级财政专项转移支付规模。

在资金拨付方面，各市收到上级财政专项扶贫资金后，均按照《预算法》和专项资金管理办法的规定在1个月内及时下达，资金下达的效率较之前年度进一步提升，严格执行支持贫困县统筹整合使用财政涉农资金的要求。

在资金监管方面，绝大部分市县通过政府官网等渠道对资金分配结果进行公示，公示内容较为完整。大部分县乡建立了扶贫监督举报渠道，但未建立资金使用公示制度，对扶贫资金及项目安排等信息缺少必要的公示。监督检查制度建立健全，市级层面组织开展了财政监督检查或审计工作，但存在发现问题整改不到位的情况。

在项目管理方面，一是小数市县未建立项目库或项目库建设滞后，当地扶贫工作缺乏高质量的项目支撑；二是个别市县未建立健全项目管理制度或管理制度执行不到位，导致项目建管的权限、职责及程序不明确，影响项目推进，项目管理要素不全面、管理台账内容不完善；三是项目整体完成情况较好，年度完工率达到85%以上，但也存在前期论证不充分、项目实施内容大幅调整或无法按期推进等情况。基层政府积极推进国定贫困县财政资金统筹整合使用，资金统筹整合使用比例达到90%以上。但在资金的精准使用方面，也存在少部分改变资金使用用途、超出项目库范围等情况。

在资金使用成效方面，随着财政资金投入不断增长及资金下达效率的提升，项目建设持续发力，拉动投资的同时，创造就业岗位，带动贫困人口脱贫。评价年度，全地区年度贫困人口减少数量超预期，但个别市县与计划目标略有差距，且发现个别返贫的现象。在建立扶贫帮扶机制的基础上，还谋划了消费扶贫行动，解决扶贫产品销售难、增收难的问题，从而进一步巩固扶贫成果。

综合上述五个方面的核查结果，评价组梳理了各市县扶贫资金管理和使用中存在的一些共性问题。主要包括以下四个方面：一是项目库建设缺乏系统性，建设进度滞后，项目建管程序不健全，导致无法实现对项目的全要素监管，项目施工缓慢、质量不达标等情况；二是资金监管机制虽已建立，但由于扶贫资金规模大、支出范围广，实际监管效率和效果有限，仍然存在少量随意扩大使用范围等不规范的情况，无法实现精准扶贫；三是项目立项不科学，前期论证充分性不足，项目与实地需求不符，资金效益难以发挥。从效果来看，存在一定返贫现象，虽有外因影响，但也说明在扶贫工作上需要进一步干预，不断提高贫困户自我发展意识，进一步加强返贫预警机制。

### 三、案例总结

#### （一）案例经验及优点

本次 Jjj 地区扶贫资金绩效评价重点清晰，评价工作的难点在于如何在相对较短的时间完成实地核查工作、获取有效的信息支撑评价指标评分和绩效评价报告撰写，从而全面反映各地扶贫资金使用绩效，为后续的扶贫工作开展和完善扶贫资金管理提供参考。评价组在理清评价思路的基础上，有针对性地编制了调研手册，具体包括前期准备、核查方法与评价标准、相关注意事项三大部分，为提高绩效评价工作效率奠定基础。

首先，在前期准备阶段，要做好思想准备，理解实地核查工作的重要性、了解中央及 Jjj 地区扶贫战略和政策体系；通过阅读各县（市、区）上报的自评报告了解基本情况；熟悉评价指标体系，理解每个指标的考核要点和考核数据来源；熟悉问卷，通过核查演练等进一步理解问卷调查内容，把握调查重点；还要在前往核查地点前准备好相关物料。

其次，掌握核查方法与评价标准。评价组针对资金投入、资金拨付、资金监管、项目管理、资金使用成效、工作评价和加减分指标七个方面的每个考核指标，均明确了考核标准、核查方法。部分评分标准较为复杂的指标，还通过样例进行展示，为调研小组的实地核查工作和评价指标体系评分打下了良好基础。通过制定简洁明了、逻辑清晰、要点明确的核查底稿，将方案中的评价内容条理化、格式化，方便现场核查逐条记录，推动实地核查工作有条不紊地进行，避免遗漏。通过开展集中培训和核查演练，加深各组成员对每一个考核点的理解，对如何规范填写核查底稿的认识更立体，有效保障了调研工作效率和提交成果质量。

最后，明确核查注意事项，建立沟通协调机制。通过核查注意事项，强化核查工作纪律，建立"评价组组长—调研小组组长—调研小组组员"的三层管理机制，明确分工，评价组组长负责全部调研小组工作进度和人员统筹协调，各小组组长负责本组工作进度和本组人员管理，组内按照分工，各司其职。建立远程会议、重要情况汇报、突出个性问题分析研判三项沟通协调机制，打通沟通渠道，积极解决问题，保证实地核查工作有序推进。

#### （二）案例的局限性

扶贫工作内容繁杂，影响因素众多，而本次评价工作周期较短，调研时间紧迫，实地核查主要是通过项目资料核查、项目实地查看及贫困户走访等方式开展，了解核查相关县（市、区）的资金和项目管理、扶贫项目完成情况及群众满意度。对县扶贫部门、财政部门及脱贫攻坚一线工作人员未能进行系统和全面的访谈，无法从多个角度反映当前扶贫工作开展过程中遇到的问题、瓶颈。此外，本次扶贫资金绩效评价还是以反映前期扶贫资金使用情况及扶贫绩效为重点，对于扶贫资金投入与扶贫绩效之间的关系未做深入分析，无法为后续扶贫资金分配提供更多参考。

（三）进一步探讨的方向

2020年11月23日，随着贵州省宣布剩余的9个贫困县退出贫困县序列，我国832个国定贫困县全部脱贫。但脱贫摘帽不是终点，习近平总书记在决战决胜脱贫攻坚座谈会上强调"接续推进全面脱贫与乡村振兴有效衔接"。一方面，在全面脱贫后，对于如何做好动态监测预防返贫、建立预警机制应当加以关注；另一方面，应当推进与乡村振兴的有效衔接，探索乡村振兴绩效评价的思路。乡村振兴战略提出了"产业兴旺、生态宜居、乡风文明、治理有效、生活富裕"二十字总要求，在《乡村振兴战略规划（2018—2022年）》中也明确提出了乡村振兴战略规划主要指标。但与脱贫攻坚目标不同，乡村振兴约束性指标少、预期性指标多，部分指标的考察难度相对较大，还需要进一步探讨。

## |案例三| Kkk地区优势特色学科建设项目绩效评价

高校学科建设是一个复杂的过程，需要多方共同努力。按照国务院《统筹推进世界一流大学和一流学科建设总体方案》中"创新财政支持方式，更加突出绩效导向，形成激励约束机制"的要求，此次评价通过梳理Kkk地区30余个优势特色学科的规划制订、学科管理及目标完成情况，从师资队伍建设、人才培养、科学研究、社会服务及国际化交流等方面，对学科建设绩效进行评价，反映优势特色学科建设进展和实效，服务后续财政资金分配和使用管理。本案例拟通过回顾Kkk地区优势特色学科建设项目绩效评价过程，提炼评价经验，重点对不同类型学科建设绩效评价指标体系的设计思路进行了总结，以期为同类资金绩效评价开展提供参考。

**一、项目简介**

（一）项目实施背景

教育是民族振兴、社会进步的基石，是提高国民素质、促进人的全面发展的根本途径。2015年，国务院出台《统筹推进世界一流大学和一流学科建设总体方案》，明确"推动一批高水平大学和学科进入世界一流行列或前列"的目标，分阶段、分层次推进高等教育发展。为对接国家"双一流"建设战略规划，同年，Kkk地区教育、财政部门设立了"优势特色学科建设工程专项资金"，计划用10年时间，建成一批具备世界一流水平的优势学科和综合实力位居国内前列的特色学科，为经济社会持续健康发展做出积极贡献。

（二）项目内容、范围及期限

Kkk地区优势特色学科建设工程分为两个阶段进行，一期建设时间为2015年至

2019 年，二期建设时间为 2020 年至 2024 年，工程一期验收合格的学科将纳入二期继续支持。一期支持学科 30 余个，涉及 10 余所高校。根据建设目标和建设重点，Kkk 地区优势特色学科建设工程分为优势学科和特色学科两大类。优势学科以进入国家"世界一流学科"行列为目标，着力提升综合实力；特色学科以在关键应用领域取得突破、学科综合实力进入国内前列为目标，着力服务经济社会发展重大需求。优势学科和特色学科各设 A、B 两类学科（群），其中 A 类为重点建设学科，B 类为重点培育学科。本次绩效评价对象为工程一期投入的财政资金，是对 Kkk 地区优势特色学科建设工程的阶段性评价。Kkk 地区优势特色学科建设工程项目管理流程见图 4-2。

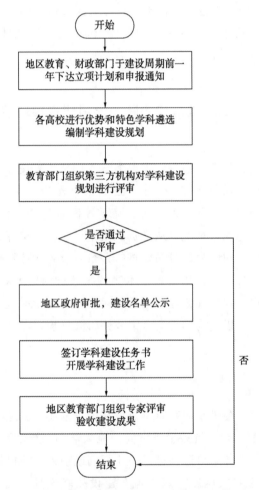

**图 4-2　Kkk 地区优势特色学科建设工程项目管理流程图**

（三）项目资金来源、规模及使用情况

为保障优势特色学科建设工程的顺利进行，2015—2019 年，地区财政部门累计安排优势特色学科建设工程专项资金近 8 亿元。其中，A 类学科（群）共支持 7 亿元，B 类学科（群）共支持近 1 亿元。截至 2019 年年底，财政专项资金全部到位，实际支出 5 亿余元；各高校自筹资金到位 8 000 余万元，实际支出资金 6 000 余万元。

（四）项目组织、管理及流程

该项目管理部门主要涉及地区教育和财政部门，实施单位为优势和特色学科建设申报高校，项目包括遴选申报、组织评审、建设实施、评估验收四个环节。

各个环节的核心工作如下：第一，遴选申报，由地区教育、财政部门下发申报通知，各高校择优选取和确定申报学科，并编制学科建设规划；第二，组织评审，由教育部门聘请第三方评价机构对各高校学科建设规划开展评审，评审结果经教育部门确认，报地区政府审批后进行公示，确定最终学科建设名单；第三，建设实施，学科建设规划报教育、财政部门备案后，签订建设任务书启动实施；第四，评估验收，按照学科建设周期，由教育部门组织第三方专家组对学科建设情况进行中期评估和周期验收。

（五）项目绩效目标

根据 Kkk 地区学科建设实施方案，项目建设主要在学科水平、科研创新能力和改革示范成效三个方面做出了要求。一期建设目标为：第一，学科水平显著提升。2024 年，若干学科进入国家"世界一流学科"行列；若干学科在全球 ESI 排名进入前 1％，或在权威第三方评价中进入前十名或前 5％。第二，科研创新能力显著增强。建成一批国家重点实验室、国家工程（技术）中心等科研平台，培养一批高层次创新创业团队和高级专门人才，取得一批重大科研创新成果、发明技术专利和哲学社会科学重大研究成果，经济效益和社会效益突出显现。第三，改革示范成效明显。试行学科特区，推进体制机制创新，开展协同攻关、人事制度、资源分配、绩效奖励等改革，取得具有示范、引领和辐射作用的改革试验成果，推进高等教育综合改革深入开展。

## 二、绩效评价设计与实施

（一）评价思路

1. 拟解决的问题

本次评价主要从财政资金投入的角度出发，通过分析 30 余个学科在师资队伍、人才培养、科学研究、社会服务、学科建设等方面的完成情况，与学科建设任务规划进行比较，客观评价项目绩效目标实现情况；并通过对各学科建设情况进行排名、分析，为二期学科建设和资金支持的动态调整提出合理、有针对性的建议。通过阶段性评价，总结项目成绩及经验做法，发现资金使用及项目管理过程中存在的问题和不足，为二期学科建设提供参考。

2. 总体思路的设计

学科建设本身的复杂程度就比较高，而该项目还存在扶持学科数量多、学科门类不一、特色学科多以"学科群"作为扶持对象等项目特点，如何科学评价学科建设成效，使其既能够突出反映各学科建设特点，体现文理农工医类不同性质学科的差异化等，同时又要将各学科建设情况纳入同一考核评价体系使其具有一定的可比性，成为此次评价工作的难点。综合该项目特点及此次绩效评价目的，评价组从反映学科建设项目绩效和学科建设分析两个维度，梳理了此次评价工作开展思路。

（1）学科建设评价思路

通过分析评价对象的特点，充分考虑学科建设类型、学科建设重点和学科性质等因素，主要从建设目标合理性、学科建设管理规范性和学科建设完成度等方面进行考察。其中，建设目标合理性主要考核一期学科建设目标是否符合国家、Kkk地区对优势特色学科的建设要求和标准；学科建设管理关注资金管理及学科建设管理过程；学科建设目标完成情况主要对照申报要求，从师资队伍建设、人才培养、科学研究、仪器设备等基础设施及学术资源购置、社会服务方面考察。

（2）学科建设分析思路

此次绩效评价除了反映出学科建设情况之外，更重要的是要以此为基础，分析影响学科建设推进的因素，反推项目管理和预算编制及执行情况，对各个学科建设的必要性、建设方向和建设重点等提出调整意见。同时，将各学科预算资金投入结构、学科补助标准等与学科建设成效挂钩，分析项目预算资金分配机制的合理性，以提高财政资金使用效率和效益。最终，结合评价结论、项目管理办法要求及一期各学科的实际发展与成果应用情况等，从高校及省市地区发展规划出发，分析学科建设对地方科技、文化、社会发展等方面的带动作用，对Kkk地区优势特色学科整体发展规划、学科结构布局及发展方向等提出合理化的调整建议。

3.评价内容及指标体系设计

本次绩效评价指标体系按照逻辑分析法设计，包括项目决策、项目管理、项目产出和项目效果四部分，产出和效果部分围绕具体实施内容确定。从学科建设内容出发，对财政资金扶持的30余个学科在师资队伍建设、人才培养、科学研究、社会服务与贡献等方面的情况进行考察。评价框架及主要评价内容见图4-3。

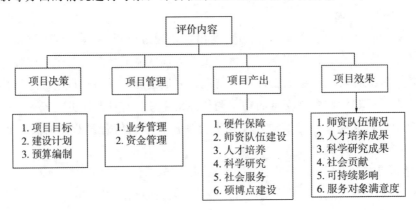

**图4-3 评价框架及主要评价内容**

在进行具体学科评价时，采用分类的思路进行具体评价指标设计。

（1）从学科建设类型来看，应区分优势类和特色类。因为从学科建设重点来看，优势学科侧重科学研究及学科排名；而特色学科侧重社会服务和人才培养。为充分反映不同学科建设目标和重点的不同，体现评价侧重点，评价组在前述评价指标体系框架下，对应设置了优势学科和特色学科建设两大类评价指标体系。

（2）在学科性质方面，需要考虑文理农工医的学科建设差异。对于文科类学科的考核应区别于理科类学科，评价组弱化了硬件保障方面的考核，科学研究方面取消了对专利申请授权情况及调整 EI/SI 收录期刊数量为领域核心期刊收录数量，社会服务方面联系各考核学科实际，设置个性化指标。

优势学科和特色学科绩效评价部分核心指标见表 4-4 和表 4-5。

**表 4-4　优势学科绩效评价核心指标（节选）**

| 一级指标 | 二级指标 | 三级指标 |
| --- | --- | --- |
| C 项目产出（35） | C1 硬件保障（6） | C11 科研平台完成率 |
| | | …… |
| | C2 师资队伍建设（7） | C21 人才引进完成率 |
| | | …… |
| | C2 人才培养（6） | C21 人才培养规模完成率 |
| | | …… |
| | C3 科学研究（12） | C31 ESI 学科排名完成率 |
| | | …… |
| | …… | …… |
| D 项目效果（32） | D1 师资队伍建设（6） | D11 专任教师结构优化提升度 |
| | | …… |
| | D2 人才培养（6） | D21 学生就业增长率 |
| | | …… |
| | D3 科学研究（10） | D31 省级以上科研项目立项数量增长率 |
| | | D32 奖励数量增长率 |
| | | …… |
| | D4 国际交流（1） | D41 国际交流次数增长率 |
| | …… | …… |

表 4-5　特色学科绩效评价核心指标（部分）

| 一级指标 | 二级指标 | 三级指标 |
|---|---|---|
| C 项目产出（35） | C1 师资队伍建设（5） | C21 人才引进完成率 |
| | | …… |
| | C2 人才培养（7） | C31 人才培养规模完成率 |
| | | C32 精品课程完成率 |
| | C3 科学研究（8） | C41 科研项目完成率 |
| | | …… |
| | C4 社会服务（9） | C51 技术转让项目完成率 |
| | | …… |
| | C5 硕博点建设（2） | C61 新增硕博士点授权数完成率 |
| | …… | …… |
| D 项目效果（32） | D1 师资队伍建设（4） | D11 专任教师结构优化提升度 |
| | | …… |
| | D2 人才培养（7） | D21 学生就业增长率 |
| | | D22 教学成果获奖情况 |
| | D3 科学研究（5） | D31 科研成果增长率 |
| | | …… |
| | D4 社会贡献（7） | D41 社会项目承担情况 |
| | | D42 科研成果转化应用能力 |
| | …… | …… |

在权重分配上，主要根据各建设模块的资金分配情况，结合学科建设具体实施项目数量、规模、投入的人力物力等确定各建设内容的权重占比。如，优势学科侧重科学研究、师资队伍建设、人才培养等，权重占比分别为 22%、13%、12%，特色学科侧重于社会服务、人才培养、科学研究等，权重占比分别为 16%、14%、13%。此外，为突出学科建设成效，两套指标体系各设置了个性化指标，如，优势学科设置了科研平台完成率指标，反映对科研教学的保障作用；特色学科设置了新增硕博点授权数量指标，综合衡量学科（群）发展情况。

（二）评价实施

按照完整的预算绩效评价工作程序，此次评价工作经过前期准备、项目调研、数据分析、报告撰写四个阶段。首先，在前期准备阶段，主要是研读项目资料、了解项目基本情况并制订绩效评价工作方案。其次，项目调研主要采用实地核查、访谈和问卷调研等调研方式，分为试调研和正式调研两个环节。其中，试调研是本次实地调研工作的关键，对进一步完善调研方案、提高数据获取的可行性具有重要意义。再其次，以收集到的数据和资料为基础，对学科建设情况和高校发展情况进行综合分析。最后，依据评分指标体系，对所有学科绩效情况进行评分，并总结一期学科建设的经验，分析建设过程中存在的不足，形成评价报告。

（三）绩效分析

对照评价拟解决的问题，评价组依据项目基础信息，结合现场核查结果，按照前期研制的评价指标体系，计算得出 Kkk 地区优势特色学科建设工程各学科绩效评价得分，并在此基础上从学科扶持方向、投入结构和投入效果三个维度进行综合绩效分析。

1. 从财政资金扶持学科方向

梳理学科数量分布情况、不同类型学科支持资金总额、单个学科支持力度等，分析财政投入重点、学科建设方向与本地区经济社会发展实际是否契合，进而对决策层面的项目规划及建设目标是否明确、合理、可行进行判断。如，支持资金总额最多的理工类学科建设致力于服务支撑"中国制造 2025"，适应 Kkk 地区产业结构优化升级、战略性新兴产业领域建设。单科支持力度最大的医学类学科助推健康建设、服务民生发展的重大需求。通过分析，判断 Kkk 地区优势特色建设工程重点支持方向为经济结构战略性调整、产业转型升级、产业技术创新能力提升、民生改善、智库建设等方面，与 Kkk 地区当前经济社会发展的实际相符。

2. 从财政资金投入引导效益的角度

梳理各类学科财政资金和自筹资金投入占比，考察财政资金投入引导效益，分析资金分配机制与学科建设需求的匹配度。为考察学科建设发展过程中财政资金带动社会资金投入的情况，评价组引入财政资金引导乘数[①]，对不同学科门类、支持类型及学科所属高校等维度进行分析。如：按学科门类划分，理工类学科财政资金引导乘数与整体财政资金引导乘数持平；而医学类学科和文科类学科共计 11 个学科均高于平均值，带动效益更加显著；等等。

3. 从财政资金投入效果的角度

通过梳理主要产出指标，并与本地区及全国往年平均水平进行对比，横向分析学科建设主要成果的水平，总结成绩，分析不足，为二期建设提供建议和参考。根据各学科的实施内容和成果形式，归集为师资队伍建设、人才培养、科学研究及社会服务等维度。从投入—产出效率的角度，分别选取核心指标，对不同类别的成效进行对比分析。在师资队伍建设方面，以万元经费培养高级职称教师人数等为核心；在人才培养方面，选用硕士以上学历人才培养数量指标；在科学研究方面，以科研项目立项数量、SCI/EI 收录论文数量、专利授权数量为主。通过将以上指标实现情况与本地区

---

① 财政资金引导乘数＝各学科建设学校自筹资金及其他项目经费投入金额/财政资金投入金额。

平均水平及全国平均水平比较，得出师资队伍建设、科学研究和人才培养等方面取得的成果与不足。如：万元经费带动的师资队伍建设中高级职称教师人数为 0.011 85，仅为 2016 年度全地区平均值的 29.34％，说明在师资队伍建设过程中教师队伍结构优化程度与全省历史平均水平差距还较大。

（四）评价结论

从评分结果来看，Kkk 地区优势特色学科建设工程各学科绩效评价得分共 10 余个学科（群）为"良"，20 余个学科（群）为"中"，无评级为"优"或"差"的学科（群）。通过对各学科得分情况分析发现，在此次优势特色学科一期建设过程中，各学科在建设计划编制方面有待完善，其中计划明确性有待提升，预算编制应细化落实到各实施项目，合理安排预算，提高预算资金使用率。

一是整体建设目标不够明确。项目总体建设目标中关于"学科排名明显上升""学科建设取得标志性进展""世界一流"等目标表述不够清晰、难以量化。在制度设计方面，未明确要求学科必须制定或上报分年度建设实施方案；在学校、学科发展方面，缺乏对学科建设的中长期发展规划，对于学科自身的目标定位、发展路径不够明确，导致期初建设任务规划无法进行分年度的分解、细化，整体规划无法充分落地，难以与学科阶段性建设目标进行匹配，以及对分年度建设项目和工作开展、落实情况进行合理把控、跟踪检查。建议教育部门进一步完善实施方案，明确建设目标和验收标准，同时考虑学科性质，对文科类和理工类专业进行区分，以便充分调动各学科建设的积极性。

二是特色学科群交叉融合发展不足。特色学科群建设是当前时代背景下各高校培养复合型、创新型和国际型人才的新需求、新举措，但目前学科群建设处于尝试、探索阶段，高校建设目标尚不清晰，管理体制尚未理顺，因此并未形成不同学科有效融合、协调发展的良好局面，而是衍生出学科分散、交叉特色不突出、核心学科融合主次不突出等问题。建议特色学科群充分考虑自身优势，确立学科群的主攻方向和组织形式，加强学术团队建设；加强科学管理，打破现有的院系管理模式，形成以学科群带头人为核心的管理机制，并加强学科群建设的监督管理。

三是前期准备工作不足，部分项目预算年度内未有效实施。由于前期准备不足，人才引进困难，平台建设和设备购置受施工条件、供货周期等综合因素影响，部分项目未按期初建设任务规划顺利完成。建议各高校进一步强化前期调研和论证工作，充分考虑科研工作的规律性、成果产出的周期性等其他影响因素，明确各项建设任务完成时间节点，及时或提前下达预算，科学编制设备购置计划，合理规划财政资金支出进度。

四是财政资金未落实专款专用。由于部分学科未实行专账核算，16 000 余万元资金没有或不能确定用于优势特色学科建设。通过核查学科资金支出明细可以发现，部分学科财政专项资金支出方向偏离了《管理办法》的规定。建议各高校对财政专项资金进行独立核算，避免与其他项目资金混用，以便真实反映财政专项资金的使用情况。同时建议财政、教育部门及各高校加强财政专项资金的监督管理力度，对各学科资金支出情况开展定期或不定期监督检查，及时发现问题并落实整改，提高财政资金使用效益。

### 三、案例总结

（一）案例经验及优点

1. 开展试调研，进一步优化评价工作方案

通过试调研，可以进一步确定调研过程中数据获取的难易程度，降低数据获取风险，同时估算单个对象的调研时间，优化调研流程，综合试调研结果调整评价指标体系和具体实施方案。

首先，由于此次评价涉及调研对象多且存在种类差异，所以试调研对象的选取在前期信息梳理的基础上综合了地理位置等因素进行试调研学科及高校的选取。其次，与相关部门沟通后再下发调研通知，发放调研方案及所需填报的基础数据表等，请试调研高校做好准备工作。最后，在试调研过程中，对遇到的困难或需要调整的地方及时进行记录和归纳。

总体而言，试调研适用于项目子项多、范围广、调研周期长、操作复杂、前期对项目内容了解较少及委托方有特殊要求的项目，通过总结试调研期间遇到的问题并结合试调研结果反馈，对评价方案进行修正和完善。

2. 深入分析评价对象特点，根据扶持类型、建设重点、学科门类、扶持标准等内容分类制订评价指标体系

首先，考虑不同建设类型的建设重点，在评价指标体系的设计中，重点倾斜其考察方向和权重分配，根据优势学科和特色学科建设重点不同分别设计评价指标体系。其中，决策类和管理类为共性指标，产出和效果类指标则要更加寻求与学科建设重点的匹配性。如，优势学科侧重科学研究及学科排名，而特色学科侧重社会服务和人才培养。根据学科性质不同，灵活调整产出类和效果类指标。结合目前评价体系的现状，对个别大类的学科设置灵活的产出指标，主要是文科类学科、特色学科群。

此外，在评价指标体系设计时，应遵循重要性原则，而不是单纯追求指标的数量，主要选取与建设内容相关的关键性指标，数量控制在 35～40 个，既要保证指标考察维度的全面性，又要突出考察重点。

（二）案例的局限性

虽然此次评价工作得到了委托方的高度认可，但复盘此次评价工作，其中仍然存在一定的不足之处。一方面，数据获取难度大，统计分析的深度仍然有限。由于项目一期建设是在 2015—2019 年，建设初期部分数据未按年度进行统计，无法获取。在分析项目实施前后学科建设水平变化时，由于追溯期限较长，无法获取前一期

（2010—2014 年）建设情况，使得建设前后的数据分析受到较大影响。此外，由于学科建设涉及面广、分管部门多，统计口径不一致，造成数据的可比性不强。另一方面，由于完善学科对师资队伍建设、人才培养、科学研究、社会服务等方面的贡献和影响是多维度的，学科建设对各方面的贡献度无法区分；同时，由于学科建设对于地方经济、社会、文化等方面的贡献是综合性的，部分效果难以通过评价指标进行量化。

（三）进一步探讨的方向

1. 优化预算分配模式，建立竞争性分配机制

目前，对各学科财政支持的预算分配模式主要是按照学科类别及扶持类型确定，此种资金分配模式虽考虑了不同学科发展的差异性，但总体仍较为简单和粗放，与不同类型、不同基础的学科建设需求难以准确匹配，以致出现部分学科建设经费分布失衡、预算动态调整不畅等问题。下一步可结合 Kkk 地区高等教育发展情况，探索建立以学科建设绩效目标为导向、与学科建设目标实现程度相挂钩的资金分配机制，细化扶持分配规则，并实行动态调整。

2. 探索研究学科建设、高校发展和地区高等教育发展之间的关系

学科建设是高校发展及地区高等教育发展的基础，本次扶持的学科涉及了该地区 10 余所高校，基本代表了该地区高等教育的学科实力。但是学科建设情况与该地区高校发展及地区高等教育发展水平之间是何关系，还有待进一步研究。随着绩效数据的不断积累，以及研究方法的完善，可以对高校学科建设的协同发展、高等教育资源的整合机制，以及其对区域经济发展的综合贡献等进行研究。

# 财政支出政策绩效评价

## 第五章

相较于项目支出绩效评价主要关注支出绩效，财政支出政策绩效评价不仅涉及政策所覆盖的项目，同时还要关注政策本身的设计、实施、调整和退出，其对财政资源配置关注的层次、结果应用的场景更为丰富，因而得到了越来越多的关注和实践应用。广泛开展财政支出政策绩效评价，特别是政策群绩效评价，不仅有助于提升财政资金从分配到支出的绩效，还能够优化公共资源配置，提高政府政策制定的科学性。

本章将通过 5 个案例来解读财政支出政策绩效评价的一般思路和方法，阐述农业、制造业、卫生、社会保障等不同领域政策评价实施过程中对政策必要性和可行性、资源配置有效性、政策执行和政策效果等内容评价的思路、方法及路径等内容，从而为财政支出政策绩效评价工作的实施提供借鉴。

## |案例一| Lll 地区美丽乡村精品示范村建设政策绩效评价

美丽乡村建设政策是国家乡村振兴战略的一部分，也是一项长期实施的政策。对美丽乡村建设政策开展绩效评价，可以判断该政策在地方落实、执行是否到位、政策目标是否实现；也是进一步规范项目实施，促进资金合理分配，加强政策可持续发展的重要举措。本案例旨在通过回顾 Lll 地区美丽乡村精品示范村建设政策评价，解读基于政策特点所设计的"由点及面""由各村至整体"的评价路径，总结政策实施成效及后续运营情况，发现政策计划、政策实施过程中存在的问题与不足，对照美丽乡村规划、旅游规划探究美丽乡村建成后的可持续发展对策与建议，以期为后续同类型美丽乡村及乡村振兴政策绩效评价思路构建提供参考。

### 一、政策简介

#### （一）政策实施背景

在国家美丽乡村建设要求下，A 省发布了《省委办公厅、省政府办公厅印发〈关于推进美丽乡村标准化建设的意见〉的通知》，并制定了《A 省美丽乡村建设规范》（以下简称《建设规范》），以推进 A 省美丽乡村标准化建设。2017 年，Lll 地区政府出台了《Lll 地区美丽乡村标准化建设和示范创建行动实施方案》。方案提出了"加快推进美丽乡村标准化建设，并明确到 2020 年，创建省级美丽乡村连片示范区 15 个、示范村 100 个，市级美丽乡村连片示范区 30 个、示范村 200 个，带动 75％以上的村庄达到《建设规范》综合评价 B 级以上标准"的具体要求。

为落实相关文件要求，Lll 地区成立了美丽乡村建设推进领导小组，并发布了《Lll 地区美丽乡村建设推进领导小组关于进一步做好美丽乡村建设工作的通知》（Lll 美丽乡村〔2017〕×号），明确了全市重点打造 10 个连片示范区、20 个示范村的重点工作，并要求加大示范片区、精品亮点村资金扶持力度，各区市按上级投资总额不低于 1∶1 比例配套。

（二）政策内容、范围

本次政策绩效评价对象为美丽乡村精品示范村建设资金对应的政策。评价组结合项目实际梳理本政策的主要内容包括：2018 年完成 18 个美丽乡村精品示范村建设，实际建设内容主要包括基础设施配套、村容村貌整治、特色产业发展等方面；资金扶持方面，市级补助标准为不低于 1 000 万元/村，各区市按上级投资总额不低于 1∶1 比例配套。精品示范村建设内容见表 5-1。

表 5-1　精品示范村建设内容

| 序号 | 建设内容 | 具体内容 |
|---|---|---|
| 1 | 基础设施配套 | 道路硬化；路灯安装、提亮；供水、污水设施及管网建设；农村无害化卫生厕所建设；供电设施建设；供气设施建设；供暖设施建设；通信设施建设；安全设施建设；等等。 |
| 2 | 村容村貌整治 | 村容村貌整治；外立面粉刷；文物文化保护；城乡环卫一体化建设；畜禽粪污处理；农业废弃物处理；河池塘整治；村庄绿化；等等。 |
| 3 | 特色产业发展 | 鼓励发展休闲、现代精致农业、乡村旅游、农村电子商务等产业；鼓励新型经营主体建设；鼓励农产品发展；等等。 |

（三）政策资金来源、规模及使用情况

截至 2018 年年底，Lll 地区美丽乡村精品示范村建设资金已投入 7.5 亿元。其中，市级专项资金 3.2 亿元；整合资金，即上级涉农资金及 Lll 地区其他项目中的涉农资金进行合并规整后下拨的资金 1.8 亿元；区、镇财政资金投入 2.5 亿元。资金主要用于 18 个精品示范村的建设。

（四）政策组织、管理及流程

本政策涉及的领域广、管理部门多，主要涉及市财政局、市美丽乡村建设推进领导小组办公室、市委农工办、发展改革委、住房城乡建设、规划和自然资源等相关部门、各区市美丽乡村建设领导小组等。政策实施主要分为项目申报、项目审核、项目确定、项目建设、项目验收五个阶段。具体流程如图 5-1 所示：

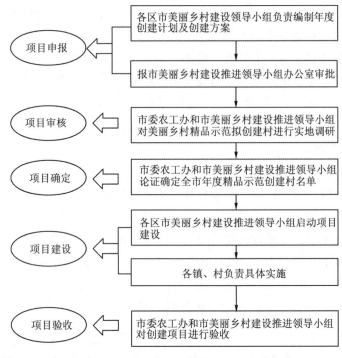

**图 5-1　项目实施流程图**

（五）政策绩效目标

根据全市城乡规划、土地利用总体规划和生态功能区规划，结合全域旅游发展规划实施，从全市筛选 50 个左右特别具有旅游开发价值的村庄，按照全域旅游标准完善设施、培植产业、挖掘特色、品牌经营的要求，将筛选出的村庄打造成国内一流的美丽乡村精品亮点村。其中 2017—2018 年计划打造 20 个精品示范村，使其成为全域旅游的重要板块，成为发展壮大"新六产"的试点和样板。加快推进 Lll 地区美丽乡村标准化建设，把 Lll 地区农村建设成为生产美、生态美、生活美、宜居宜业宜游的美丽乡村。

**二、绩效评价设计与实施**

（一）评价思路

1. 拟解决的问题

依据前期沟通，评价组明确委托方的需求主要为：美丽乡村精品示范村各村特色不同、发展定位存在差异，通过评价梳理各村的实施情况。此外，通过对各村评价的反思总体政策实施情况和实施效果，反推政策本身存在的问题。因此，评价需要解决项目和政策两个层面的问题。一是项目层面，需重点评价每个示范村的实施效益，针对实施效益不佳的村庄分析原因，并为其后续管理与运营提出调整建议。二是政策层面，需明确政策目标，通过评价回答政策目标是否实现、资金投入是否合理、政策实施是否必要等问题。

2. 总体思路的设计

基于上述拟解决问题，本次评价的总体思路也分为两个层面：一是针对各村设计项目评价指标体系，依据各村的发展目标，从"发展定位、建设内容、资金投入、实施效益、可持续发展"五个维度分析各示范村的实施情况，以分析项目实施可持续运营情况；二是设计政策评价指标体系，并与各村指标体系关联，通过评价项目实施效益，反映政策实施的效益及政策目标的实现程度。此外还重点关注资金的投入结构，以解决政策层面资金分配效率的问题。

（1）项目层面

一方面，重点考察资金使用情况及项目执行情况。首先，在实地调研过程中关注各村如何使用上级下拨的财政资金，考察各村资金使用是否合规。其次，通过实地测评等方式，关注各村的建设计划完成率、完成质量、完成及时性。最后，对政策实施相关部门进行访谈，了解资金投入情况，对资金投入结构合理性及财政整合资金投入情况进行分析。

另一方面，关注具体项目建成后带来的效果及可持续发展能力。依据政策目标，结合实施内容，重点从产业发展、居住环境改善两个方面评价政策实施效果。按照"财政资金投入—具体项目—美丽乡村建设"的路径对政策实施效益进行分解，通过访谈、基础数据采集和实地核查等方式验证其目标实现情况。

（2）政策层面

一方面，考察评价对象与其上级政策要求的对象标准匹配性、政策制定程序规范性，以及政策目标合理性。通过梳理各级政府相关政策文件及建设目标，明确美丽乡村建设的主要精神、总体目标、年度目标及主要工作任务，进而分析 Lll 地区实施美丽乡村精品示范村建设与上级政策、上级目标的适应性；通过对政策出台过程的调研，分析政策前期是否经过充分调研，评价政策制定过程的规范性。

另一方面，重点关注政策组织管理、实施方案及资金保障的有效性。通过梳理 Lll 地区及各区美丽乡村建设规划、组织架构、部门沟通协调等工作机制，研读产业发展、居住环境改善、乡风文明提升、基层治理改善及农民增收等方面的资金及项目管理配套制度，评价政策实施保障机制的建立健全情况。

3. 评价内容及指标体系设计

依据分层评价的思路，评价组分别从示范村建设项目层面和政策整体层面着手设计评价指标体系。示范村建设层面评价指标考察的是单个村庄建设的推进及效益实现情况；政策整体评价指标体系则考察的是 18 个村庄的总体情况，进而分析政策目标实现度，并从结果反推政策决策和实施管理中存在的问题。

在示范村建设层面，按项目评价思路，从项目立项、项目管理、项目产出、项目效果四个维度分别考察 18 个村各自的建设情况及效果，并与政策整体评价指标体系中的政策实施、政策效果相对应，通过评分标准进行关联。

在政策整体层面，按照政策评价思路，从政策制定、政策实施、政策效果三个方面考察。政策制定层面主要考察政策出台及政策内容两个方面；政策实施层面主要考察政策实施的保障情况及政策落实情况；政策效果层面主要从建设的直接效果、综合效果、政策满意度、影响力四个方面进行综合考察。其中，建设的直接效果主要考察18个精品示范村建设带来的产业、环境效益；综合效果主要考察全市的旅游经济效益、美丽乡村综合建设水平及示范村对全市美丽乡村的示范带动作用。具体的指标体系设计思路如图5-2所示。

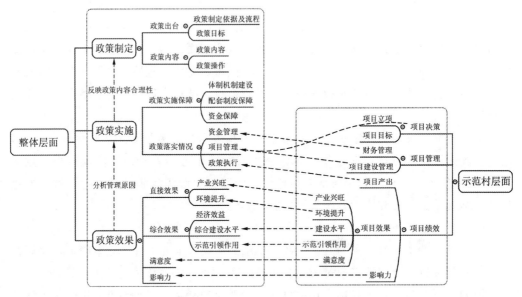

图5-2　指标体系设计思路图

（二）评价实施

在确认评价思路后，评价组制订了详细的评价工作方案。为了更好地了解项目实施流程及项目建设情况，评价组选取了1个典型村庄开展预调研工作，并结合预调研情况对评价工作方案进行了完善。通过预调研工作，可以有效发现评价实施过程中可能存在的问题，如数据获取的可行性、满意度问卷的合理性等。结合预调研的经验，可以提升全面调研的效率和效果。基于完善后的评价工作方案，评价组采用多种方式方法对18个示范村开展全覆盖的调研、取数，包括访谈、资料收集、数据复核、问卷调查、实地勘察等核查工作。

（三）绩效分析

对应前述评价重点及评价思路，在进行绩效分析时，也按照各村项目建设和政策整体两个层面展开。其中，在项目层面，对18个村庄的项目执行情况、项目实施效益情况进行了对比分析；并通过各村的综合情况，进行了政策层面的综合分析；

1. 项目建设层面

从实地调研结果来看，各村资源差异大，资金投入、发展模式各不相同。针对18个精品示范村的建设情况，评价组分别从发展定位、建设内容、资金投入、实施效益、可持续发展能力五个角度进行了对比分析。

（1）发展定位分析

各村围绕"两线一带"建设的总体目标，结合各地特色资源明确了各村的发展定位，但存在个别村庄定位不符合实际的情况。如f村定位为"以g村为龙头，连线f、g、h、i村等'整体打造，组团发展'的模式"，但f村与g、h、i村的地理位置优势不同，拥有的特色资源也不同，组团发展定位的可实现程度不高，定位不够合理。

（2）建设内容分析

分析各村实际建设重点与定位是否匹配。从分析结果来看，约50%的村庄未实施与产业发展相关的建设内容，个别村庄还建设了定位发展外的内容，建设内容与定位、政策目标匹配度不高。

（3）资金投入分析

评价组就各村在基础设施和产业发展两个方面的资金投入情况进行了分析。一方面，各村资金投入差异较大，投入金额最高的达到2 500万元，最少的仅为800万元。另一方面，特色产业发展投入偏低。虽然各村在发展定位中基本明确了其重点产业发展方向，但资金投向更着重用于基础设施建设及民宿建设等方面，对特色产业发展的投入偏低。特色产业发展在总投入中占比不足20%。

（4）实施效益分析

评价组按照"完善设施、培植产业、挖掘特色、品牌经营"的政策目标，将效益分解为生态环境效益和产业发展效益两个方面。再依据产业发展"带动乡村旅游、特色农产品发展"的主要目标，将产业发展效益分解为带动旅游效益、带动村民收入效益、带动特色产业发展效益三个方面。由于各示范村的数据基础较差，缺少对旅游人次、特色产业收入等方面的统计，为保障有效判断项目效益，评价组采用实地测评替代统计数据的方式进行产业发展效益分析。如带动旅游主要通过观测一段时间内的旅游人次及对周围村民的访谈分析获取数据；带动村民收入主要通过满意度问卷调查分析；带动特色产业发展主要通过现场调查特色产业的产品形成情况。

评价组通过访谈了解居民对特色产业的知晓情况、参与情况，以及对特色产业带动村民收入的情况进行五级判断。依据政策实施的重点，生态环境效益和产业发展效益占综合效益权重分别为30%和70%，并通过加权得出综合评分，按照综合评分结果确定各村的综合评级，分别对应A类效益较明显、B类有一定效益但效益一般、C类效益不够明显和D类效益不明显。具体见表5-2。

表 5-2　效益综合评级示例

| 区县 | 镇 | 村 | 环境提升（30%） | 产业兴旺（70%） | | | 综合评分 | 综合评级 |
|---|---|---|---|---|---|---|---|---|
| | | | | 带动旅游收入（20%） | 带动村民收入（20%） | 带动特色产业收入（30%） | | |
| A | AA | aaa 村 | 75% | 50% | 25% | 50% | 52.50% | D |
| | | aab 村 | 100% | 100% | 100% | 75% | 92.50% | A |

（5）可持续发展能力分析

一方面各村均主要依靠财政资金开展建设，社会资本投入有限，自我"造血"功能较弱，存在后续运营资金缺少保障等问题，不利于示范村的可持续发展。另一方面，18 个村庄中，有 16 个示范村的后续运营单位尚未确定，各村在与社会化运营单位对接过程中也缺乏专业辨别能力。后续运营保障不足，建成后的发展路径不明确，也为后续运营带来了一定风险。

2. 政策层面

政策层面分析从政策制定、政策执行、政策效果三个方面展开，其中政策执行、政策效果主要依据 18 个村的绩效情况进行分析，具体如下：

（1）政策制定

政策制定主要从政策依据充分性、政策制定程序规范性、政策目标合理性、政策内容合理性及政策可持续性五个维度进行分析。其中，分析的重点为政策内容合理性与政策可持续性。

政策内容合理性主要从政策内容明确性、标准合理性、可操作性三个角度进行考察。政策实施的责任分工明确，但政策内容仍存在不够合理的方面：一是精品示范村的建设内容不明确，未依据"精品示范村为美丽乡村建设提升工程"的定位明确精品示范村的具体建设内容，也未明确与省级、市级美丽乡村建设内容的差异，未突出"精品"二字的特色建设内涵。二是投入标准不够合理，政策明确了投入标准，但未明确资金投入的方向、结构，与重点发展内容无法匹配，资金投入标准的合理性不足。三是缺少实施细则，各个层级的精品示范村项目均未明确申报条件、申报资料要求、申报流程、验收要求等操作内容，政策在操作层面管理不足。

政策可持续性主要从后续保障机制、退出机制两个方面分析。一方面，政策未明确各精品示范村建设完成后的后续运营规划及相关保障措施，包括社会资本的引入机制、市场化运营机制等。另一方面，政策也未制定针对发展效益较差的相关精品示范村的退出机制，未能解决建成后如何持续发展的问题，政策可持续性不足。

（2）政策实施

政策实施主要从政策实施保障和政策执行情况两个方面进行考察。政策实施保障是政策实施的基础，主要分析政策的管理主体如何指导和监督各级政府、相关机构开展工作；政策执行情况则主要考察政策的执行主体在政策实施过程中是否坚持政策目标，并结合地区特点因地制宜地规范执行政策。本案例前面对政策执行情况的考察思路介绍较多，此处主要就如何开展政策实施保障分析进行阐述。

政策实施保障的分析包括四个方面：一是组织管理机制。主要分析领导小组建立情况，职责分工明确性情况，部门间沟通协调机制等建立健全情况。二是政策规划。首先，考察是否具有明确的建设规划；其次，考察规划是否按规定经过相关部门批复，是否符合当地建设需求。如个别村庄出现了规划与土地综合利用方案不匹配，导致部分项目无法实施等情况。三是配套制度。主要考察主管部门是否针对政策内容制定了对应的项目实施方案、资金管理办法、后续运营管理制度等。四是资金保障。通过财务数据核查，分析相关资金是否及时、足量拨付到位。

（3）政策效益

政策效益分析主要回答政策目标的实现程度、目标群体满意度等问题。本案例从政策目标出发，分别从环境提升效益、产业发展效益两个层面进行分析。针对实施效益较好的村庄，总结经验做法；针对实施效益较差的村庄，分析政策本身及其执行过程中存在的问题。评价组依据项目实施内容清单，逐一核查建设项目的效益情况。如在基础设施方面，通过核查道路通畅性、通行需求满足度，抽查偏远地区亮化、绿化情况，采用满意度调查和环境整治前后照片对比等方式考察建设成果，分析建设成果是否确实强化了农村基础设施，是否为村民提供了便利条件，是否改善了农村环境卫生"脏、乱、差"的现象。

（四）评价结论

总体来看，Lll 地区美丽乡村精品示范村建设政策设立具有必要性。一方面，该项政策与国家、A 省、Lll 地区美丽乡村建设乃至乡村振兴的宏观战略目标相匹配；另一方面通过精品示范村的建设，开展了道路硬化、路灯亮化、村庄绿化、环境整治等工作，强化了农村基础设施建设，改善了农村人居环境。尤其是 aab 村等五个村庄已基本形成特色产业或品牌，并实现了一定旅游经济效益。在总结、归纳政策及项目成绩的同时，评价组也对政策及政策执行中存在的问题进行了提炼，并提供有针对性的改进建议。

1. 政策及执行不足

在政策的充分性、内容合理性、执行合规性、实施效益、可持续发展方面均存在一定不足之处：

首先，从政策层面分析：一是政策目标不够明确，未针对精品示范村提出细化目标；另一方面政策内容不够健全，未明确精品的概念、建设内容、保障措施、验收要求等。二是各示范村美丽乡村规划未获得批复，全市美丽乡村建设规划有待完善，且规划统筹引领作用未能体现，精品示范村建设不够有序。三是资金投入标准未根据各村基础条件、精品示范村打造方向和具体实施项目进行差异化考量，资金投入重点不够突出，资金分配合理性不足。同时，市级层面缺少对资金使用管理的相关制度。

其次，从项目管理层面来看：一是项目执行有待进一步规范。部分项目存在未批先建情况，也有部分村庄存在先实施后走招投标程序的情况，建设流程不够规范；2017年开展预验收的项目发现大量新建建筑问题未整改落实，2018年建设项目未开展验收且未制定后续验收计划；此外，部分项目施工过程资料不齐全。二是部分村庄定位不够合理，特色产业发展效益不明显，一二三产业融合度不足，村民收入增长等经济效益不显著；政策未形成集群效益，各村各自发展，缺少联通，示范片区形成度不高。三是实施可持续性不足，后续运营机制有待健全。目前各示范村自行摸索运营方式，在不具备"自我造血"能力时，后续运营支出无明确保障途径，部分已建成项目处于闲置状态。

2. 政策改进建议

针对政策层面、项目执行层面存在的问题，评价组分别提出了相应建议：

（1）政策层面

一是建议明确建设目标，坚持规划先行。首先，加快推进市、县域美丽乡村建设规划建立，明确全市和各区美丽乡村建设目的、建设对象、建设内容、建设标准、扶持标准等。其次，对形成的示范片区（村）规划作进一步审核。重新梳理各村建设重点，加强规划执行有效性，依据规划内容开展建设。二是建议完善资金分配方式，健全资金管理制度。资金投入结构方面，综合考虑地域现状，差异化安排各村资金。资金监管机制方面，建议明确要求各区、村每年需制订资金投入计划，同时建立项目实施情况与资金投入挂钩的机制。资金长效保障机制方面，将长效管护资金纳入年度预算，健全各级财政经费分担机制。

（2）项目执行层面

一是持续打造优势明显村庄，加强引入社会资本及宣传。首先，重点发展优势明显村庄，继续着力打造特色产业，其他村庄仅需做好生态配套建设。其次，地区相关部门可探索美丽乡村建设PPP模式，同时建立美丽乡村建设产业引入负面清单，以指导村镇引入产业。最后，建议市级文旅局牵头包装宣传精品示范村，打造旅游线路，推介乡村旅游。二是建议建立项目库管理，优化项目遴选机制，强化项目全过程管理及档案管理工作。

**三、案例总结**

（一）案例经验及优点

1. 采用"由项目到政策"的分层评价路径，绩效分析较为全面

基于政策实施最终落实到18个精品示范村具体建设项目的情况，本次评价分两个层次展开。首先，针对18个精品示范村建设，对各村项目建设的实际情况进行考

察，并从发展定位、建设内容、资金投入、实施效益、可持续发展能力五个角度进行横向对比。其次，在项目绩效分析的基础上，针对政策整体绩效目标的实现进行分析，并通过产出和效益将项目和政策两个层面进行关联。此外，评价组还进一步从美丽乡村建设甚至乡村振兴战略的角度对精品示范村建设政策的可持续性进行了分析，给出资源整合的建议。

2. 采取多种调研方式方法，有效弥补基础数据不足的问题

绩效评价应始终坚持"用数据说话"的原则。在此次评价中，评价组通过梳理形成了较为清晰的评价重点和评价层次，但在项目和政策效益方面，缺少有效的基础数据支撑评价结果。在此种情况下，评价组对定性指标进行细化，并通过访谈、问卷调查、现场核查等多种方式获取项目实施带来的效果，提高了评分的客观性，在一定程度上解决了评价基础数据不足的问题。

（二）案例的局限性

一方面，Lll 地区美丽乡村精品示范村建设资金已投入 7.5 亿元，其中市级专项资金 3.2 亿元，整合资金投入 1.8 亿元，区、镇财政资金 2.5 亿元。但因各镇、村是资金是统筹使用的，无法明确各级财政资金的实际使用情况，也无法统计社会资本投入和支出金额，无法反映本级财政资金的带动作用。另一方面，本次评价更侧重对既往政策实施情况和实施效果的总结，通过评价发现了资金分配的不足之处，但未对资金分配机制及资金投入结构进行进一步研究，因此分析深度可做进一步挖掘。

（三）进一步探讨的方向

首先，美丽乡村精品示范村建设政策实际上仅仅是地区整个美丽乡村建设工作的一小部分，本次将其从整体中抽离，独立评价。但政策评价不仅要关注政策本身，还应关注与该政策相关的政策群。尽管本案例考察了精品示范村建设规划的合理性，并与整体规划进行了匹配，但针对后续美丽乡村建设、旅游规划等内容的调整，未给出深入建议。在后续同类型的政策评价过程中，一方面，可通过对政策群的分析，进一步评估该政策在全地区美丽乡村建设及乡村振兴战略规划中的定位，增加政策与效果的匹配性；另一方面，可以结合乡村振兴的战略目标，扩大评价范围，为相关资金整合提供建议。

其次，美丽乡村建设、乡村振兴战略均为自上而下推行的重大战略性政策，在全国范围内均有开展。在此情况下，一方面，可以探索建立"美丽乡村""乡村振兴"绩效评价体系，统一基础数据管理要求；另一方面，可利用大数据手段汇总全国各地乡村振兴的实施数据，逐步建立绩效标准、支出标准等，使评价标准更加明确、设置更加科学，通过对比开展更加深入的分析等，从而提高绩效评价结果的可应用性。

## |案例二| Mmm 地区农业政策绩效评价

我国历来重视"三农"工作。自 2004 年以来，中央一号文件连续 18 年聚焦"三农"。财政作为国家治理的基础和重要支柱，在"三农"发展中肩负重要职责，是促进"三农"发展的重要财力保障和物质基础。近年来，政府出台多项财政支农政策，持续加大财政投入，支持"三农"发展，取得了巨大成就。Mmm 地区积极创新，树立了现代农业发展的典型。为进一步推动 Mmm 地区农业政策改革，提升农业资金使用效率，按照 Mmm 地区年度预算绩效管理工作要求，Mmm 地区财政局结合本地区农业政策导向、当前政策落实情况及"十三五"期间阶段性目标完成度等，委托多家第三方机构对本地区的 39 项农业政策进行一揽子的绩效评价，并根据评价结果废除不符合区域发展的政策或政策内容、整合重复政策、调整优化已有政策、新增缺位政策，进一步提升区域财政支农政策效果，促进本地区农业发展。当前对于财政政策的绩效评价多是针对某一项政策作出的，而此次 Mmm 地区农业政策绩效评价对象为一揽子政策。本案例拟通过梳理本次绩效评价的思路，提炼评价的经验做法，为后续财政政策群的绩效评价提供参考。

### 一、政策简介

本次绩效评价的政策群覆盖 Mmm 地区农、林、渔业发展，农业产业升级，农业生态生产和恢复建设等 39 项政策，其中 4 项为一次性政策，35 项为连续性政策，涉及农委本部、良种推广中心、林业署、农机管理站、农技推广中心和水产推广站等预算单位[①]，具体见表 5-3。

表 5-3　农业政策部门分布情况

| 序号 | 部门 | 政策名称 |
|---|---|---|
| 1 | 农委本部 | SPF 种虾更新及选育研究 |
| 2 | | 虾业产业支撑体系建设 |
| 3 | | Mmm 地区基层农业服务体系建设 |
| 4 | | 南美白对虾海南良种基地环评设施 |
| 5 | | 农业保险 |
| 6 | | 农业标准化 |
| 7 | | 农业产业化贴息 |

---

① 由于本案例涉及的农业政策众多，而本案例的重点在于介绍此次政策绩效评价的思路，在此不再对各项政策进行具体介绍。

| 序号 | 部门 | 政策名称 |
|---|---|---|
| 8 | 农委本部 | 水产示范基地土地流转费 |
| 9 | | 区级粮食种子、种源研发基地流转费补贴 |
| 10 | | 外延水产补贴 |
| 11 | 良种推广中心 | 水稻、麦种新品种引进、筛选、推广 |
| 12 | | 稻、麦种子备保种、原种补贴 |
| 13 | | 种子基地设备维护与农机设备购置 |
| 14 | 林业署 | 果林示范基地建设及"双增双减" |
| 15 | | Mmm地区五违整治重点村修复项目 |
| 16 | 农机管理站 | 《Mmm地区农机志》编撰出版 |
| 17 | | 建立粮食烘干体系 |
| 18 | | 秸秆机械化还田作业费及综合利用补贴 |
| 19 | | 秸秆还田及综合利用补贴 |
| 20 | | 麦油机械播种作业费补贴 |
| 21 | | 农机具购置配套补贴 |
| 22 | | 农机购置补贴 |
| 23 | | 农机专项工作经费 |
| 24 | | 区级农机烘干库房建设经费 |
| 25 | | 水稻育插秧作业费补贴 |
| 26 | | 水稻机械穴直播作业费补贴 |
| 27 | | 水稻全程机械化作业费补贴 |
| 28 | | 冬季深耕作业费补贴 |
| 29 | 农技推广中心 | 科技示范基地设施改造维修及农机设备购买 |
| 30 | | 农技中心示范基地、种源研发基地新品种、新技术引进、筛选、示范 |
| 31 | | 粮食高产创建 |
| 32 | | 滩涂盐碱地改良 |
| 33 | | 种子监管、农科网推广、农技网络网页维护 |
| 34 | | 生态补偿：BB肥补贴 |
| 35 | | 生态补偿：缓释肥补贴 |
| 36 | | 生态补偿：粮食高产创建奖励费 |
| 37 | | 生态补偿：水稻统防统治奖励 |
| 38 | | 生态补偿：水稻重大病虫草（统防统治） |
| 39 | 水产推广站 | 南繁北养管理 |

## 二、绩效评价设计与实施

### (一) 评价思路

#### 1. 拟解决的问题

本次政策绩效评价以 Mmm 地区 39 项农业政策为对象，主要围绕政策制定、政策实施和政策效果三个维度，重点关注政策立项依据充分性、政策重叠情况、政策落实情况、财政资金使用规范性及政策组织机制建设情况，以评价结果为依据，进一步明确 Mmm 地区农业政策的"废、改、立"情况，从而达到优化区域农业政策及其内涵、持续发挥财政政策引导作用和提高财政资金使用效益的目的。

#### 2. 总体思路的设计

对照前述评价拟解决的问题，本次政策绩效评价以区域农业领域相关财政政策作为评价对象。在评价思路上，除了遵循绩效评价"投入—产出—效果"的基本逻辑路径对各项政策的全生命周期进行考察外，还重点结合 Mmm 地区在相关农业政策上的决策权，综合政策相关改革推进，梳理如下评价重点及对应评价思路：

一是以政策导向为评价原则，对属于本地区落实上级相关要求的政策，从优化管理的角度出发进行评价，不列入废除、整合范围，重点考察政策实施过程；对区域不鼓励的产业，包括水产和畜牧业等，将根据评价结果进行政策废除和整合，全面关注政策决策、实施和绩效情况。

二是基于基层农业服务体系建设的执行环境发生较大的变化，关注下属单位改制脱钩情况，考察政府公共服务和市场服务的边界是否清晰，镇级"五站"和村级"三支队伍"工作分工是否明确，政策执行流程及相关监督管理机制是否健全。

三是关注"小而散"的同质属性的政策，综合评价本地区农业政策，为农业政策整合提供基础。农业领域财政政策多，涉及的预算部门和单位也较多，资金投入分散、政策重复的问题较难避免，在对各部门和单位相关政策进行梳理的基础上，还需要对政策进行跨部门的综合分析。

### (二) 评价实施

由于此次绩效评价涉及的预算单位较多，财政支出内容也比较复杂，为了保障本次评价工作顺利完成，在评价过程中，Mmm 地区财政局积极组织，统筹协调多方力量，形成了"财政部门一把手主抓、绩效监督科负责、农业科协助、农委配合、第三方独立评价、行业专家及上级财政部门相关处室支持"的组织机制模式，充分发挥各方优势共同推进，在 2 个月的时间里，完成了 39 项政策的评价。在此期间，组织开展了多场项目讨论会、第三方机构沟通会、市局相关处室座谈会、专家评审会，对本地区财政农业资金的管理现状、改革思路与方向、政策绩效评价重点方向和关注点等进行充分沟通和讨论，为政策绩效评价工作的开展指明了方向，使得评价能够有的放矢。

（三）绩效分析

评价工作坚持目标导向，针对各项评价政策，围绕评价重点，展开政策绩效分析。

首先，针对各项具体政策，从政策制定、政策实施和政策效益三个维度展开分析。从政策补贴对象来看，以农机作业费补贴为例，发现水稻全程机械化作业费补贴对象在水稻播种期与水稻机械化育插秧和机械穴播作业费补贴对象重复；补贴政策实施流程来看，烘干设备补贴机具申请的审批程序相对繁杂，补贴发放耗时较长；在政策效益方面，以"十三五"规划目标为基础，围绕年度农业工作要点，对标计划完成情况展开分析。以农机补贴相关政策目标为例，粮食烘干机械化能力年度目标一次性烘干能力未达成，主要原因是粮食烘干设备需凭用地指标申请购机，而粮食烘干库房实施进度影响了粮食烘干机械化能力目标实现等。

其次，在各项具体政策绩效分析的基础上，按照从预算单位到 Mmm 整个区域，由微观到宏观的分析思路，从部门履职和促进区域农业发展的角度出发，对现有 39 项政策进行综合分析，暂缓政策相关方关系未理顺、权责不明晰、管理较为粗糙、补贴标准依据不充分、政策执行不到位的政策；废除不符合区域农业产业发展导向的区域性政策；合并性质相同、用途相近、重复补贴的政策。基于绩效目标完成情况，梳理现行政策执行过程中存在的问题，剖析问题产生的原因，提供有针对性的参考建议。

（四）评价结论

1. 总体评价结论

根据对年度政策实施情况的评价结论，以及对具体政策的绩效分析和对 39 项政策的综合分析，建议废除 12 项，占比 30.77%；合并 10 项，占比 25.64%；暂缓实施 5 项，占比 12.82%；保留整改及部分废除 8 项，占比 20.51%；维持一次性政策 4 项，占比 10.26%。

次年，39 项政策"一上"共申请预算资金 6 649.45 万元。根据评价结论，建议核减 3 015.76 万元，核减后金额为 3 633.69 万元。其中，评价结论为"废除"的政策建议不予安排预算，"部分废除"的政策是按照废除部分的比率相应核减预算，对于管理存在问题及相关方关系未理顺的政策建议暂缓安排预算，当政策整改后于年内再进行预算调整。

农委本部、良种推广中心、农技推广中心核减率在 50% 以上，农机管理站核减率最小为 20.26%，林业署和水产推广站没有调整，主要原因在于上述部门已按照政策评价的要求在申报下一年预算时进行了调整（见表 5-4），从另一侧面也反映了主管部门对绩效评价结果应用情况。

表 5-4　涉农政策下一年预算审核情况

万元

| 序号 | 部门 | "一上"金额 | 建议核减金额 | 核减后金额 | 核减率/% |
|---|---|---|---|---|---|
| 1 | 农委本部 | 3 180.90 | 1 834.30 | 1 346.60 | 57.67 |
| 2 | 良种推广中心 | 67.00 | 40.00 | 27.00 | 59.70 |
| 3 | 农机管理站 | 2 457.25 | 497.76 | 1 959.49 | 20.26 |
| 4 | 农技推广中心 | 944.30 | 643.70 | 300.60 | 68.17 |
| | 合计 | 6 649.45 | 3 015.76 | 3 633.69 | 45.35 |

2. 存在的问题

通过本次农业政策绩效评价，评价组完整地梳理出 Mmm 地区农业政策在政策制定和执行过程中存在的问题。这些问题具有一定的典型性，亦可作为后续同类政策绩效评价的重点，供大家参考。

（1）政策制定层面

一是各级各类农业政策与产业导向、环保要求不相符，由于国家、省市、区级等各级各类涉农政策众多，各级各类补贴项目"小而散"，重点项目不重，一般项目不强，有些政策内容复杂，补贴资金"小、散、乱"，绩效考核难度大。二是政策对产业导向变化的影响论证不充分，对不符合产业规划和导向要求的农业户和限制性产业未给予限制，对政策的适配性、针对性、政策的风险和退出条件的制度性的安排考虑未细化，政策重业务管理和资金管理，轻绩效监督，政策示范、引领作用不明显。三是相关政策内容重叠、政策区分度不高，政策的对象遴选范围有限，政策资金补贴的标准缺乏严格论证，补贴资金管理流程机制不统一。四是基层农业服务体系建设政策的执行环境发生较大变化，该政策与基层编外人员"三定二减一提升"的工作方案的归口管理、属地管理的原则相违背，难以明确划分镇级"五站"职责和村级"三支队伍"工作边界，难以厘清政府的公共服务和市场服务的边界。

（2）政策执行层面

一是工作经费类项目合同管理不够规范，合同内容缺失必要信息，合同内容未涉及工作任务完成时间、工作计划进度、工作完成标准要求、预算使用明细等内容，不利于管理部门对合同实施的监管与验收。二是部分奖励补贴类项目由于奖补结果核实工作完成较晚，难以在当年完成资金拨付。三是农机购置补贴政策执行不到位，烘干设备补贴申请未严格按照补贴政策要求审核；农机具补贴资金实际执行与补贴标准不符，整体低于补贴标准，其中植保和水产机具实际执行补贴额度高于补贴标准；当前政策尚未形成对补贴资金的追回机制。

3. 政策改进建议

针对上述问题，提出以下建议：

（1）政策制定层面

一是结合区域产业调整和环保要求，进一步聚焦创新试点和产业转型升级；二是整合各类"小、散、乱"的农业补贴，形成农业综合补贴，直接将补贴发放给农户，提高财政资金使用效益；三是由于执行环境变化和基层农业管理现状等因素，建议暂停实施基层农业服务体系建设政策；四是对不符合区域产业发展导向及重复补贴的政策，废止相关政策，停止财政补贴发放；五是按照"两个分开，四个确保"的总体思路进行统筹调整，理顺管理关系。

（2）政策执行层面

一是建议加强合同管理规范，降低合同执行风险。统一委托开展同类品种研究、试验工作，提高财政资金使用效率。二是综合考虑工作周期与区财政局资金管理要求，适当调整奖励资金发放时间。三是加大对政策执行情况的监督及检查，避免出现超标发放补贴，不按照程序执行等现象，确保政策执行落地，体现政策导向，真正发挥政策效果，从而促进区域农业高效发展。

## 三、案例总结

（一）案例经验及优点

随着预算绩效管理工作的推进，政策绩效评价越来越受到重视。为了提升农业资金使用效率，促进农业发展，根据上级预算绩效管理工作的要求，结合本地区实际情况，Mmm 地区财政局委托多家第三方机构分别对 39 个农业政策进行政策绩效评价，创新评价内涵，强化结果应用，优化政策结构，推动绩效评价结果与预算安排和政策调整的挂钩，取得显著成绩。

一是创新评价组织机制模式，充分发挥行业专家、第三方和市级主管部门作用。农业政策涉及范围广、机构多、资金量大、实施情况复杂，给政策绩效评价带来一定的挑战。评价组织方协调多方力量，发挥各方优势，通过明确评价重点、思路和流程，在短时间内完成本地区农业政策绩效评价。

二是创新评价结果应用，评价结果与政策"废、改、立"挂钩，与预算管理相衔接，推动政策立项改革。进一步将评价结果与政策的"废、改、立"挂钩、与财政体制改革完善专项转移支付挂钩、与预算管理和中期财政规划挂钩，推动整个地区农业资金的管理水平提升，推动政策立项改革工作发展。

三是本次农业政策绩效评价为提升农业政策管理水平奠定基础。本次评价共发现10 大类问题，20 多项具体问题，包括政策导向不清晰、政策管理机制不健全、政策落实走样、补贴标准及范围执行不到位、下属单位改制脱钩不彻底等，从政策制定层面和政策管理层面提出了相应的具体可行的操作建议，为提高农业政策管理水平，提高农业资金使用效率，充分发挥农业政策效用奠定了基础。

四是创新政策绩效评价思路，整合政策绩效评价对象。与往常针对某一具体政策开展绩效评价不同，本次政策绩效评价是对地区某一特定领域的一揽子政策开展整体性评价，在评价范围上覆盖所有农业发展领域预算部门和单位，有利于从全地区农业发展出发，解决部门间信息不对称的问题。特别是在农业发展领域，补贴类政策较多，需要着重解决资金交叉重复、使用分散等问题。

（二）案例的局限性

本次地区农业一揽子政策评价因实施周期较短，政策分析侧重于农业产业的政策导向、当前实际应用情况及阶段性目标完成度，以及对当前政策本身设计调整的合理性分析，而对地区农业发展的需求调研不够细化，抽样调查量相对较小，且尚未充分结合地区农业的发展目标和规划要求对农业政策未来发展的方向提出更高层面的规划建议。

（三）进一步探讨的方向

进一步深入探索针对某一特定领域的一揽子政策绩效评价具有重大意义。以农业生产发展领域为例，2017 年年底，《国务院关于探索建立涉农资金统筹整合长效机制的意见》（国发〔2017〕54 号）印发，旨在打破原来涉农资金"九龙治水"、多头管理的问题，改变涉农资金使用分散的现状，通过实行"大专项＋任务清单"管理模式，归并设置涉农资金专项、合理设置任务清单，从而赋予基层更多的资金使用自主权。要落实这一文件精神，首先需要对现有相关政策群进行综合绩效分析，从区域农业发展规划战略目标出发，层层分解，设置对应政策，明确政策目标，保证政策导向与目标的匹配性，以此为基础确定政策扶持对象、标准等内容，从而打破既有政策设置格局。

因此，在政策绩效评价的开展形式上，除了对某一特定政策开展有针对性的绩效评价外，建议各级政府和相关部门更多考虑借鉴 Mmm 地区农业政策绩效评价的思路，开展一揽子的政策绩效评价，通过纵向深入分析和横向综合分析相结合的方式，从政策决策、政策执行和政策效益等维度全盘考虑。强调分层次的目标指标体系建设，在项目、政策、部门整体绩效目标体系建设的基础上，探讨行业综合绩效目标指标体系，这样做有利于地区结合实际强短板、补弱项，而不是停留在既有的预算安排格局下，无法在更高层面进行财政资金及其他资源的统筹协调。

|案例三| **Nnn 地区机器人及智能制造产业发展政策绩效评价**

Nnn 地区 2016 年颁布并实施机器人及智能制造产业发展政策，政策有效期 3 年，2019 年政策已到期需重新修订。为客观反映该政策近两年执行效果及执行过程中存

在的问题，为后续政策修订提出相关建议，特对该政策展开绩效评价。本案例从政策制定、政策实施、政策效果、政策长效发展四个方面明确了政策评价重点。根据评价思路及重点，从"机器换人"等应用领域、机器人及智能装备领域、智能制造领域、机器人及智能制造服务领域四个维度构建了绩效评价指标体系；重点阐述了如何围绕产业扶持政策四大构成要素（扶持对象、条件、标准、方式）剖析政策内容合理性，以期为产业扶持政策绩效评价思路与方法研究提供一定参考。

**一、政策简介**

**（一）政策实施背景**

Nnn 地区是制造业大市，在推动实体经济发展方面，一直把制造业转型升级放在重要地位。机器人及智能装备是发展先进制造业的关键支撑，Nnn 地区电子信息、模具、光电等产业有一定的基础和优势，具备发展机器人产业的有利条件。据统计，2015 年 Nnn 地区机器人及智能制造企业有 200 家，其中机器人零部件企业、机器人整机企业、智能装备制造企业数占机器人及智能制造企业总数的比例分别为 15％、22％、63％。智能设备产业虽已形成一定发展基础，但其中智能装备制造企业数居多，而机器人整机及部件产业的企业数量不多，且没有对行业或产业有较大带动作用的龙头企业。

为大力推进机器人及智能制造产业发展，Nnn 地区人民政府制定了《关于加快推进机器人及智能制造产业发展的实施意见》（W 政发〔2015〕×号）（以下简称《实施意见》）。根据上述政策精神，2016 年 Nnn 地区颁布了《关于加快 Nnn 地区机器人及智能制造产业发展的若干政策意见和 Nnn 地区加快机器人及智能制造产业发展若干政策意见实施细则的通知》（W 政发〔2016〕×号）。该政策对机器人领域、智能装备领域、智能制造领域、"机器换人"等应用领域均制定了扶持政策，初步形成了 Nnn 地区机器人及智能制造产业政策体系。

**（二）政策实施内容及资金情况**

本政策扶持对象为"机器人及智能制造产业领域的各类所有制企业"，政策内容包括工业机器人及自动化设备应用技改项目、智能制造认定项目、系统集成示范项目、服务机器人推广应用项目、设备租赁项目等 17 个子项目，17 个子项目覆盖了"机器换人"等应用、机器人及智能装备、智能制造、机器人及智能制造服务四大领域，各类项目均为后补助项目。政策实施范围覆盖全地区，政策实施期限为3 年。

本政策资金全部由 Nnn 地区本级财政保障。2017—2018 年累计安排预算34 246.64 万元，累计支出 34 246.64 万元，预算执行率为 100％。各领域资金支出明细详见表 5-5。

**表 5-5　资金支出明细表**

万元

| 扶持领域 | 2017 年 | 2018 年 | 总计 | 资金支出占总支出比重/% |
|---|---|---|---|---|
| "机器换人"等应用领域 | 5 527.92 | 14 749.64 | 20 277.56 | 59.21 |
| 机器人及智能装备领域 | 3 558.30 | 8 320.00 | 11 878.30 | 34.68 |
| 智能制造领域 | 865.84 | 1 224.94 | 2 090.78 | 6.11 |
| 机器人及智能制造服务领域 | 0.00 | 0.00 | 0.00 | 0.00 |
| 合计 | 9 952.06 | 24 294.58 | 34 246.64 | 100.00 |

**(三) 政策组织、管理及流程**

本政策涉及单位包括 Nnn 地区财政局、Nnn 地区工信局、区镇工信部门。Nnn 地区财政局主要负责组织专项资金预算编制，审核政策扶持资金使用计划，定期拨付扶持资金，组织开展绩效评价工作等。Nnn 地区工信局主要负责制定相关政策文件，编制并下发申报通知，组织年度政策扶持项目申报与评审，跟踪项目实施情况等。区镇工信部门主要负责政策宣传与解读、组织项目申报与初审等。

从本政策的实施流程看，首先企业根据《机器人及智能制造产业入库管理办法》规定的流程申请入库认定，经认定入库后根据申报指南申报专项资金，申报材料经区镇工信部门、Nnn 地区工信局审核后，工信局组织专家评审并委托会计师事务所进行项目专项审计，专家评审及审计通过后确定专项资金扶持名单等。具体实施流程详见图 5-3。

**(四) 政策绩效目标**

本政策的绩效目标为大力推进机器人及智能制造产业发展，加快形成 Nnn 地区经济增长和产业竞争新优势，不断推动产业升级，提升工业经济发展水平。到 2020 年，全市形成集智能装备及关键部件制造、技术和软件支持、系统集成与服务等较为完善的机器人及智能制造产业体系，机器人及智能制造企业主营业务收入达 1 000 亿元，引进机器人零部件及相关智能装备企业 100 家（项），培育产值超亿元的智能制造及机器人企业 200 家，实施"机器换人"项目 1 000 项。

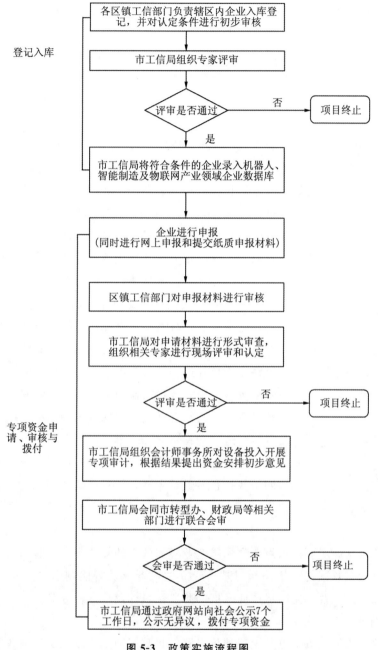

**图 5-3　政策实施流程图**

## 二、绩效评价设计与实施

（一）评价思路

1. 总体思路的设计

本次评价旨在通过对政策内容的合理性、政策执行保障措施的健全性、政策执行的规范性、政策执行效果等方面的综合评价，分析政策制定、政策执行过程中存在的问题，并在此基础上提出政策调整优化、执行过程管理与监督等方面的建议，以充分发挥政策对促进 Nnn 地区机器人及智能制造产业发展的引导效益。

根据上述政策评价目的，本次评价依据"政策制定—政策实施—政策效果—政策长效发展"的逻辑路径对 Nnn 地区机器人及智能制造产业政策进行全面的评价。具体评价思路如下：

政策制定层面：首先，通过查阅和梳理国家、Q 省、Nnn 地区的机器人及智能制造相关产业政策文件，将 Nnn 地区的机器人及智能制造产业发展政策与国家和地区的战略目标、发展规划等进行对比，分析本政策与 Nnn 地区及上级发展规划的匹配性；通过核查政策制定的过程性材料，对政策制定程序的规范性进行分析。其次，通过对政策相关部门的访谈调研、政策文件的梳理，对政策目标的科学性、合理性进行分析，并根据政策的实施效果、工信局相关科室及受益企业调研、与其他地区同类政策的对比分析，从扶持对象、扶持方式、扶持条件、扶持标准四个方面对政策的明确性、合理性进行分析。最后，通过对相关数据统计分析、材料梳理，从资金投入、财务及业务管理制度的制定及执行情况，对政策实施保障措施的健全性进行评价。

政策实施层面：通过核查资金到位及支出凭证，考察预算资金到位及时性、资金使用规范性；通过核查项目申报、审核等过程性材料考察相关管理制度的执行情况。

政策效果层面：政策绩效从政策产出、政策效益两个方面进行考察，政策产出重点考察政策应补尽补率、扶持对象的政策符合度及不同项目扶持标准的执行度。通过梳理扶持对象所处机器人及智能制造产业链的环节，将 17 个子项目归类为"机器换人"等应用领域、机器人及智能装备领域、智能制造领域、机器人及智能制造服务领域四大领域。本次评价也从四个扶持领域进行考察，针对各扶持领域通过基础数据收集及核查、实地调研、问卷调研等方法从受益企业层面或全地区层面对政策实施效果进行评价。

政策长效发展层面：重点考察保障企业对该政策的知晓率，主管部门是否对专项资金政策进行有效宣传；相关部门是否建立了机器人及智能制造产业中长期发展规划，以明确机器人及智能制造产业发展的阶段性目标及重点任务等。

2. 评价内容及指标体系设计

本次评价依据政策特点及上述评价思路，将政策制定、政策实施、政策效果、政策长效发展四个方面的评价重点予以指标化考察，其中政策效益根据政策受益对象所处机器人及智能制造产业链环节的不同，从"机器换人"等应用、机器人及智能装备、智能制造、机器人及智能制造服务四个维度构建了指标体系。具体评价指标体系如图 5-4 所示。

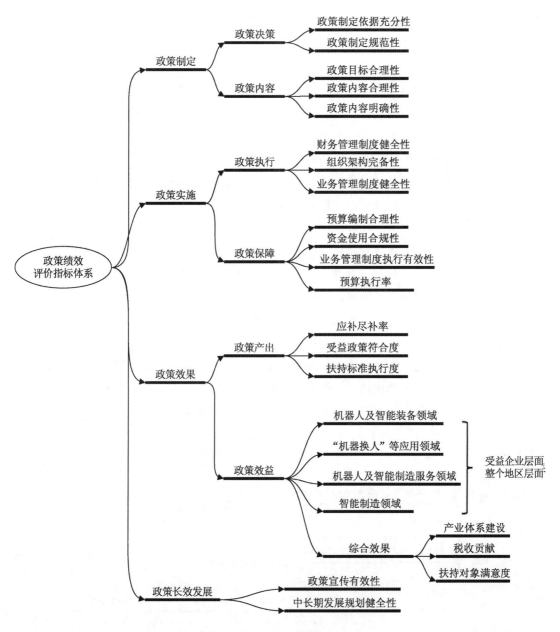

**图 5-4　政策评价指标体系框架图**

（二）评价实施

本政策共包括 17 个子项目，在收集并梳理了政策内容的基础上，为全面熟悉政策制定背景、出台目的、政策实施情况及对各个子项目未来的调整思路，评价组对工信局相关负责人、5 个科室负责人进行了集中座谈。在此基础上，制订了绩效评价工作方案。根据工作方案，评价组对政策受益企业及申报未成功企业进行了满意度问卷调查，并随机抽取了 15 家受益企业进行了面对面访谈，充分听取了企业对政策的意见与建议;同时,现场查看了受益项目的开展情况,对回收的数据和现场调研资料进行汇总分析后,作为绩效评价的依据。

(三)评价分析

1. 政策内容合理性分析

政策扶持对象、扶持条件、扶持标准及扶持方式是产业扶持政策主要构成四要素,评价组从四要素着手对本政策内容的合理性进行分析。具体分析如下:

(1)扶持对象明确性、合理性分析

扶持对象明确性主要通过政策梳理、主管部门及受益企业的访谈,了解扶持对象界定范围是否清晰,如本政策中"物联网企业"项目无明确的认定标准,企业无法判断自身是否属于"物联网企业",主管部门也无法认定哪些企业属于"物联网企业",导致政策最终未实施。扶持对象合理性主要通过受益企业调研、效果分析等判断扶持对象是否为促进政策总目标实现的核心对象。如本政策实施的总目标为"促进 Nnn地区机器人及智能制造产业发展,推动产业转型升级",政策扶持对象包括机器人及智能装备应用企业等。通过对受益企业调研发现,扶持工业机器人及自动化设备应用企业可提高工业企业实施技术改造的积极性,也可引导工业企业购置本地的机器人或智能装备,进而带动工业机器人及智能装备生产企业的销售额,从而促进机器人及智能制造产业的发展。因此扶持"机器人及智能装备应用企业"这一对象有助于实现政策总目标,该对象为实现政策目标核心对象。各类扶持对象的关系如图5-5所示。

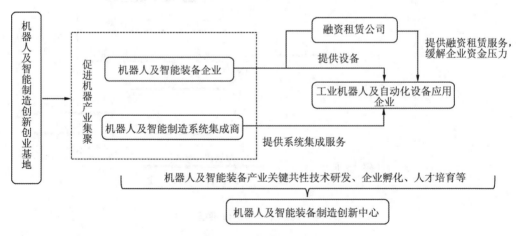

图 5-5  扶持对象关系图

(2)政策扶持标准及条件明确性、合理性分析

政策扶持标准及条件明确性主要通过梳理政策文件,分析政策扶持标准是否明确、量化,扶持条件是否清晰。如该政策中创新中心建设项目未明确企业满足何种条件予以扶持、具体补贴资金多少,具体扶持条件及标准缺失。

政策扶持标准合理性主要通过与其他同等发展水平或同级地区的同类项目扶持标

准进行对比分析判断，如若补贴标准较其他地区同类项目明显过高或过低，则扶持标准的合理性不足，资金投入的经济性有待考量。评价组通过将本政策与 Nnn 地区同等发展水平的城市的机器人产业扶持政策进行对比分析发现，本政策扶持标准较其他地区无较大差异，扶持标准较为合理。

政策扶持条件合理性主要分析政策实际扶持的项目数，同时结合对主管部门、受益企业的调研进行分析。如本政策评价中通过对 2017—2018 年政策扶持企业数进行统计与分析，发现本政策服务机器人推广应用两年受益企业总数分别为 0 家、1 家。通过与主管部门、受益企业访谈了解到主要原因为服务机器人推广应用项目扶持条件为"合同金额 100 万元（含 100 万元）以上的公共服务领域服务机器人推广应用项目，并且项目已经完成"，但服务机器人单价较低，一般仅几万元，单笔合同金额达到 100 万元以上比较难，可见政策扶持条件设置较高，企业难以达到扶持门槛。再如通过对项目主管部门访谈了解到，使用租赁项目中售后回租的设备可能在以前年度已享受过设备投入类政策补贴的情况（如技术改造项目），存在重复补贴的可能，扶持条件设置不够合理。

2. 政策绩效分析

通过政策梳理，本政策扶持领域包括"机器换人"等应用、机器人及智能装备、智能制造、机器人及智能制造服务四大领域。各个领域的核心绩效有所不同，"机器换人"等应用领域的政策的核心目标是了引导企业进行技术改造、节省企业用工人数、提升企业生产效率；机器人及智能装备领域的政策核心目标是为吸引工业机器人及智能制造企业落户，促进本地工业机器人及智能制造企业发展，进而带动整个产业的发展；智能制造领域政策的核心目标是促进智能制造系统集成商服务本地企业，提高本地企业的智能制造水平。因此政策绩效将在"机器换人"等应用领域、机器人及智能装备领域、智能制造领域三大领域分别进行分析（机器人及智能制造服务领域项目未实施，故未进行分析），各个领域的绩效分析则从前期构建的绩效评价效果指标中选取核心指标进行分析。

（1）"机器换人"等应用领域

"机器换人"等应用领域的项目包括工业机器人及自动化设备应用技改项目、智能制造认定项目、使用租赁项目，其中工业机器人及自动化设备应用技改项目投入占"机器换人"等应用领域总投入的 62%，故本部分主要针对工业机器人及自动化设备应用技改项目绩效进行分析。具体分析如下：

一是 2017—2018 年受益企业设备投资总额及购置本地设备金额均显著增长。通过对回收的基础数据进行统计分析，2018 年工业机器人及自动化设备应用技改项目受益项目数、设备投资总额较 2017 年有大幅度增长。通过对主管部门、受益企业进行访谈和调研，了解到大幅增长的原因主要有：一是为了满足客户需求、降低人力成本、提升产能等，企业实施"机器换人"及自动化技术改造的积极性明显提升；二是

2018 年是政策实施第二年，知晓率逐渐提升，申报及受益企业数量明显增多。

此外，数据显示，2017 年、2018 年购买经认定入库的本地机器人及自动化设备企业数及设备投资金额增长率分别为 100%、564.37%，表明该政策的引导作用较好，可以在一定程度上带动本地生产的机器人及自动化设备的销售。

二是少数企业技改项目实施效果一般。人员节省方面，通过对回收的基础数据进行统计分析，2017 年受益企业均节省了人员投入；2018 年有 96% 的企业通过实施技改节省了人力。从人均产值提升情况看，由于企业实施技改项目后效果发挥具有一定的滞后性，本部分主要分析 2017 年受益企业的人均产值的提升情况。2017 年受益企业实施技改后，2018 年人均产值较 2017 年有提升的企业占比达到 76.47%，另有 23.53% 的企业实施技改后人均产值未提升，技改效果未实现。

（2）机器人及智能装备领域

Nnn 地区机器人及智能制造产业已初具规模。通过对截至评价期 Nnn 地区机器人及智能制造入库企业的数据进行统计，Nnn 地区机器人及智能制造产业入库企业累计达 509 家。各领域企业数详见图 5-6。

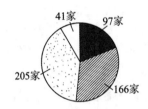

■机器人领域　▨智能装备领域　▤智能制造领域　□其他

**图 5-6　Nnn 地区机器人及智能制造产业入库企业数**

近两年 Nnn 地区工业机器人及智能制造产业整体发展态势良好。根据主管部门提供的基础数据，从新增企业情况看，2017 年、2018 年新引进工业机器人及智能制造企业数分别为 96 家、150 家。从 Nnn 地区工业机器人及智能制造企业的经济总量看，2017—2018 年全市工业机器人及智能制造企业主营业务收入总额分别为 365 亿元、470 亿元，2018 年较 2017 年增长达 28.77%，Nnn 地区工业机器人及智能制造产业整体发展态势良好。

（3）智能制造领域

系统集成项目合同金额有所提升，但受益企业数逐年下降。2017 年、2018 年系统集成项目受益企业分别为 18 个、14 个，服务本地企业合同金额分别为 6 489.5 万元、9 187.4 万元。通过对受益企业进行调研发现，服务本地企业合同金额有所提升但受益项目数却有所下降，主要原因为 Nnn 地区企业对本地的智能制造系统集成商信任度不够，企业仍比较信赖国外的供应商，与本地供应商签订的合同金额也较小，难以达到补贴门槛，导致政策实施两年受益项目数未增长。

3. 企业满意度分析

受益企业整体满意度水平较高。根据问卷调查结果，Nnn 地区机器人及智能装备生产企业、Nnn 地区机器人及自动化设备应用技改企业、机器人及智能制造系统集成商的整体满意程度分别为 97.14％、95.20％、97.96％，满意度水平较高。受益企业在调查问卷中反映的问题有：① 机器人及智能制造领域技术人员、企业管理人才紧缺，招人难；② 机器换人等应用技改项目开展过程中缺乏专业性指导；③ 客户账期比较久，公司资金压力较大；④ 本地的客户比较信赖国外的设备，导致 Nnn 本地业务量较少，且缺少规模大的项目。

（四）评价结论

评价组依据绩效评价指标评分和绩效分析得出：Nnn 地区机器人及智能制造产业发展政策从"机器人及智能装备供应—应用—配套服务"各环节均制定了扶持政策，政策体系健全，对引导企业实施智能化改造、提高企业的智能化水平，在推进机器人及智能制造产业发展等方面起到了一定的作用，但部分政策内容不够明确、合理，有待进一步优化，入库企业跟踪管理、预算绩效管理等方面也有待加强。

本次政策评价充分回应了评价目的，反映了政策制定、政策执行过程中存在的问题，并从政策内容优化、过程管理及预算管理方面提出相关建议，具体建议如下：

1. 进一步完善政策内容

针对个别政策扶持重点未体现、扶持对象无明确界定标准、扶持条件及标准设置不够明确、完善的问题提出的调整建议详见表 5-6。

表 5-6　政策调整建议

| 序号 | 项目名称 | 调整原因 | 调整建议 |
|---|---|---|---|
| 1 | 工业机器人及自动化设备应用技改项目 | Nnn 地区出台的《实施意见》中明确重点扶持的行业领域在本政策中未体现 | 明确扶持重点（根据《实施意见》中的扶持重点领域在本政策中明确工业机器人及自动化设备应用技改项目扶持重点） |
| 2 | 新设物联网企业项目 | 国家、省、Nnn 地区等均无明确的"物联网企业"的认定标准，无较为权威的认定办法 | 删除该政策 |
| 3 | 创新中心建设项目 | 未设置明确扶持条件及标准 | 明确扶持条件及标准 |
| 4 | 设备租赁项目 | 制定本政策一方面是为吸引融资租赁公司落户 Nnn 地区，但由于经营牌照获得较为困难，受客观因素影响，本政策无法起到吸引融资租赁公司落户 Nnn 的作用。另一方面，制定政策是为鼓励融资租赁公司为本地企业提供融资租赁服务，但融资租赁服务是一个市场行为，有无该政策融资租赁公司均会积极开展业务 | 删除该政策 |

| 序号 | 项目名称 | 调整原因 | 调整建议 |
|------|----------|----------|----------|
| 5 | 创新创业基地认定奖励项目 | 与 Nnn 地区科技局《关于加快创新转型推进经济高质量发展财政扶持若干意见》（×科字〔2018〕65 号）中的"加大平台载体建设"项目存在交叉 | 删除该政策 |
| 6 | 服务机器人推广应用项目 | 经调研，服务机器人单价较低，一般为几万元，单笔合同金额达到补贴门槛（100 万元以上）比较难。为了更好地扶持服务机器人企业发展，建议适当降低扶持门槛 | 降低扶持门槛 |
| 7 | 使用租赁项目 | 本政策补贴的设备可能存在售后回租的情况，售后回租设备可能存在以前年度已享受过设备投入类政策补贴的情况（如技术改造项目），存在重复补贴的风险 | 在政策中明确使用租赁项目不包括"售后回租业务" |

**2. 完善入库企业跟踪管理机制**

首先，建议在入库管理办法中明确入库企业的跟踪管理机制，可按季度以数据填报的方式跟踪企业的发展情况，统计数据可包括企业经营数据、服务 Nnn 本地企业的情况等。此外，建议根据《Nnn 地区四大高端产业指导目录》将入库企业的所属的细分行业领域予以明确，这样可准确掌握 Nnn 地区机器人及智能制造上下游产业链上的企业分布情况，便于分析和发现 Nnn 地区机器人及智能制造产业的薄弱环节，从而为政策调整、产业服务等提供有力的决策依据。

**3. 细化年度预算，强化目标管理**

首先，建议项目主管部门每年针对本政策单独编制年度目标和预算。其次，在对企业进行充分摸排的情况下，按照每个子项目编制年度目标及预算，目标编制要完整且符合 SMART 原则，如工业机器人及自动化设备应用技改项目可设置"受益企业人均产值的提升率"等量化的效果指标。此外，建议财政部门提高预算及绩效目标编制要求，加强预算及绩效目标的审核，提高绩效目标的完善性、科学性，为预算绩效管理奠定基础。

## 三、案例总结

### （一）案例经验及优点

**1. 围绕政策扶持领域，分层次构建绩效评价指标体系**

本案例政策共包括 17 个子项目，评价组根据扶持对象所处机器人及智能制造产业链的环节，将 17 个子项目归类为"机器换人"等应用、机器人及智能装备、智能制造、机器人及智能制造服务四大领域。结合各领域的扶持方向和目标，针对各领域分别从受益企业层面、全市受益情况宏观层面两个层次设置了效益指标，指标体系层次鲜明，逻辑清晰，更能科学、准确地衡量政策绩效。

2. 政策内容剖析全面，政策完善建议具有针对性

本案例从政策构成的四要素即扶持对象、扶持方式、扶持条件、扶持标准出发，通过到企业调研、与其他地区同类政策进行对比，并结合近两年政策实施情况，对17个子项目的扶持对象、扶持方式、扶持条件、扶持标准的明确性和合理性进行了详细分析，并提出了具体的政策优化建议。

（二）案例的局限性

产业发展数据不健全，对上下游产业链发展的分析受限。由于项目主管部门尚未建立健全全地区机器人及智能制造产业发展数据统计机制，无法掌握全地区机器人及智能制造领域各细分行业的企业数量及企业经营数据，导致评价组无法对全地区机器人及智能制造产业上下游产业链的发展现状、薄弱环节等进行系统分析，对后续政策应该向产业链的哪些环节倾斜，优先扶持哪些细分领域等难以做出科学、准确的判断。

政策引导作用未进行量化分析、验证。通过对受益企业、相关单位调研了解到，政策扶持资金相对企业总体投入来说金额较小，对企业发展难以产生直接作用，但政府补助有利于增强企业的信心，也能帮助 Nnn 地区打响"发展机器人及智能制造产业"的口号，起到风向标的作用，从而吸引机器人及智能制造企业落户 Nnn 地区，促进产业集聚。但由于缺少大数据支撑，本案例对上述企业反映的政策资金的引导作用主要通过主观定性判断，未进行量化分析、验证。

（三）进一步探讨的方向

本政策实施的目的是为了通过产业扶持政策推进机器人及智能制造产业发展，进而提升工业经济发展水平，而政策资金与机器人及智能制造产业发展之间的相关性及关联路径有待进一步探索与研究。另外，除财政扶持资金外，机器人及智能制造产业发展可能受到地区营商环境、土地资源、人才资源、宏观经济等因素的影响，产业发展是多种因素综合作用的结果，而不是由某个单一因素决定的，应该从宏观角度出发，运用大数据，通过数据建模，进一步研究各种因素对机器人及智能制造产业发展的影响。

产业扶持政策以"看得见的手"部分替代市场"看不见的手"在资源配置中的作用，可能会产生潜在的负面效应，但本政策绩效分析以政策目标的正面效果为主，还未尝试分析其负面效果，后续可通过对产业扶持政策实施情况的持续跟踪，探索政策负面效果的评价。

## |案例四| Ooo 地区药品加成率下降补贴政策绩效评价

为深化医疗卫生体制综合改革、城市公立医院综合改革和医疗服务价格改革，自

2006年，特别是2015年12月份以来，Ooo地区公立医院药品加成率逐步降低。为补偿Ooo地区内二级公立医院因取消药品加成而减少的收入，原Ooo地区卫计委[①]设立药品加成率下降补贴政策，对因药品加成率下降给医院造成的收入损失进行补助，以确保医院收支平衡，正常运营，同时做好药价监测和控制各项要求，缓解人民群众所反映的"药价高，看病贵"。本案例以前述政策绩效评价为背景，明确评价目的与评价重点的梳理逻辑，总结政策绩效评价方案设计、数据采集与分析，评价结论形成的过程，呈现评价思路、具体评价路径和评价成果间的一脉相承。此外，还将重点反映如何结合政策特点开展量化绩效分析，为评价结论提供有力支撑，以期为同类政策绩效评价工作提供一定的借鉴。

## 一、政策简介

### （一）政策实施背景

多年来，针对医疗机构药品价格问题，各级政府出台多项政策进行调整和控制。2006年国家发改委、财政部、卫生部等八部门联合发文，第一次明确规定："县及县以上医疗机构销售药品，要严格执行以实际购进价为基础，顺加不超过15％的加价率作价的规定，中药饮片加价率可适当放宽，但原则上应控制在25％以内。"2015年《关于控制公立医院医疗费用不合理增长的若干意见》（国卫体改发〔2015〕89号）提出"坚持总量控制、结构调整，控制医疗费用总量增长速度，合理调整医疗服务价格，降低药品和耗材费用占比，优化公立医院收支结构，实现良性运行"的总体要求，并明确了到2016年6月底公立医院医疗费用控制的基本目标。

为贯彻落实上级有关文件精神和政策要求，近年来，A地区把理顺医疗服务价格作为公立医院改革的突破口，积极推进医药分开，不断加大政府投入，在整个地区的公立医院采取渐进方式取消药品加成。自2015年以来，A地区已分三轮发布降低药品加成率的政策。2006年Ooo地区内二级公立医院的药品加成率普遍在30％以上，因为国家和A地区药品加成率下降政策，区内二级公立医院2014—2016年药品加成率分别降至15.93％、15.70％和10.55％；以2006年区内二级公立医院的药品加成率为基数，药品收入三年损失额分别为13 386.67万元、14 506.04万元和20 913.52万元。

长期以来，医疗服务维持较低收入的实际情况和经济社会发展的客观限制致使医院在不合理的补偿机制下出现"以药补医"的现象。从前述数据也可以看出，医院对药品加成的依存率比较高，降低药品加成率给医院的收支平衡带来了较大压力。总体而言，目前由药品加成率下降而给公立医疗机构带来的损失，主要通过医疗服务价格

---

① 按照国务院机构改革方案的要求，各级卫生计生委（局）全部改为卫生健康委（局）。2019年，Ooo地区卫生和计划生育委员会更名为Ooo地区卫生健康委员会。

调整、财政补贴和医院自行解决三个途径共同弥补。其中，财政补贴的效果立竿见影。

截至 2016 年 12 月 31 日，Ooo 地区及其所在辖区尚未就药品加成率下降政策给公立医疗机构带来的损失出台有关补偿方案，未通过政策文件明确有关补贴对象、补贴标准等内容。但短期内，医院在医疗服务价格等方面的调整不足以弥补药品加成下降带来的损失。考虑到医院运营的实际情况，Ooo 地区财政拟通过补贴方式在一定程度上弥补公立医疗机构因药品加成率下降带来的损失，设立"药品加成率下降补贴"项目，以确保医院收支平衡，正常运营；同时通过药价监测和控制要求，实施国家医药改革政策，缓解人民群众所反映的"药价高，看病贵"。

（二）政策内容、范围及期限

本次评价对象为"2016 年 Ooo 地区药品加成率下降补贴"政策及其对应的财政资金，预算主管部门和预算单位均为原 Ooo 地区卫计委；实施内容主要是针对 2016 年 Ooo 地区 14 家二级公立医院因为执行药品加成率下降政策而带来的药品收入损失进行财政补贴；预算期间为 2016 年 1 月 1 日至 12 月 31 日。

（三）政策资金来源、规模及使用情况

2016 年 Ooo 地区药品加成率下降补贴为原卫计委设立的经常性政策性补贴，资金来源为本级一般公共预算拨款。在 2015 年预算金额的基础上，根据 2016 年药品加成率进一步下降的要求，预算金额增加 40%，达到 14 000 万元。

2006 年起，国家第一次就医疗单位的药品销售价格进行加成率限制。由于补贴的分配方式是，补贴范围内的 Ooo 地区 14 家公立医院统一以 2006 年的药品加成率作为药品收入损失计算的基数，按照各家医院药品收入损失占医院的总损失比例进行补贴资金的分配，所以预算执行率为 100%。

> 药品收入损失计算的基本公式为：2016 年药品加成收入损失＝2016 年药品成本 *（2016 年医院药品加成率－2006 年医院药品加成率）
>
> 2016 年药品加成率的计算公式为：2016 年医院药品加成率＝（2016 年医院药品销售收入－2016 年医院药品购进成本)/2016 年药品购进成本 * 100%

2016 年 Ooo 地区内 14 家二级公立医院因为药品加成率下降带来的医院药品收入损失之和为 20 913.46 万元。财政专项补贴金额总计 14 000 万元，弥补了区内二级公立医院药品收入损失的 66.94%。药品加成率下降补贴弥补各医院药品收入损失的比重在 60.14% 至 72.75% 之间，具体如图 5-7 所示。

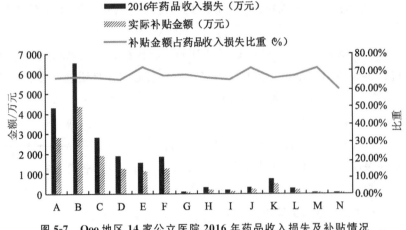

图 5-7 　Ooo 地区 14 家公立医院 2016 年药品收入损失及补贴情况

**（四）政策组织、管理及流程**

该政策的实施单位为卫计委，具体由计划财务科负责，主要涉及补贴预算的编制、申请、审核和发放等环节。实施过程中，各二级公立医院按照卫计委的要求，根据 2006 年和 2016 年医院药品加成率、药品购进成本计算各自的药品加成收入损失。卫计委汇总地区内各家二级公立医院上报的药品收入损失，根据各医院财务报表进行复核后，按照各医院药品收入损失的占比，分配药品加成补贴，而后按照规定程序向财政局申请补贴资金，按照财政支出规定的审核程序后，由财政局采用财政直接支付的方式将补贴资金拨付至辖区内各家医院。

**（五）政策绩效目标**

该政策的绩效目标为卫计委通过该项目的实施，明确计划财务科作为项目实施责任主体，采用资金补贴的方式，对卫计委所辖的 14 家二级公立医院因执行药品加成率下降政策造成的收入损失进行补助，以建立有效的审核机制为保障，及时准确拨付补贴资金，确保医院收支平衡、正常运营，同时做好药价监测和控制各项要求，全面实施国家药改政策，缓解人民群众所反映的"药价高，看病贵"。

**二、绩效评价设计与实施**

**（一）评价思路**

首先，评价组经过与委托方的沟通，对此次评价需要解决的根本问题进行了解，明确以考察补贴资金支出规范性和政策实施后药品加成率目标达成情况为评价目的，尝试分析补贴资金对医院收支平衡的作用。其次，评价组以政策类补贴预算支出特点为基础，通过对药品加成率下降补贴政策出台背景和目的的研究，基于对政策实施内容和基本情况的了解，综合专家意见，围绕政策实施规范性、政策效果实现程度和影响力因素，确定此次评价重点，具体如下：

一是考察政策及其执行情况。首先，评价政策实施计划的合理性和明确性，对预算编制依据的明确性和充分性进行考察；其次，通过医院药品收入损失的核定和医院有关财务报表数据核查，根据卫计委预算资金分配的基本原则，对政策补贴分配的规范性、准确性和时效性进行考察；最后结合政策实现的效益，对效果目标的达成情况进行反映。

二是考察政策效果。通过对 Ooo 地区内二级公立医院药品收入和整体盈亏变化情况的分析，考察药品加成率下降政策对医院收入的影响，并计算该政策补贴资金在医院收支平衡中的作用。

三是考察政策的影响力。了解医院的药品采购流程及药品日常管理情况，从采购成本控制和药品销售加成控制情况考察药品价格监测体系的建立健全性。

此外，由于医改涉及的内容较多，各措施之间互相影响，评价组还将梳理影响政策效果发挥的主要因素。

基于前述评价思路，评价组以 Ooo 地区财政支出绩效评价共性指标体系框架为基础，重点围绕绩效目标合理性，预算编制合理性，政策实施规范性、准确性和及时性，以及政策效益实现情况等方面进行考察。本次绩效评价指标体系包括政策决策、政策实施管理、政策绩效三个维度，将评价重点尽可能融合在评价指标体系中。

首先，在政策执行中对补贴的申请、审核和发放落实等关键环节的制度制定及执行的规范性情况设置具体指标。针对补贴计划完成数量、完成质量及完成及时性进行考察，其中质量指标"补贴发放准确性"是此次考察的重点。其次，根据项目立项背景及拟实现的效益，从药品加成率实际下降情况、医院药占比（指医院药品收入占医疗收入的比重）等方面设计效果指标。最后，评价组结合相关政策的关联性，设置了药品价格监测体系健全性等影响力指标。

此外，在评价指标体系的权重设置方面，在前期调研基础上，评价组结合政策考察要点，征询专家意见，依照重要性原则进行了分配。评价思路具体如图 5-8 所示。

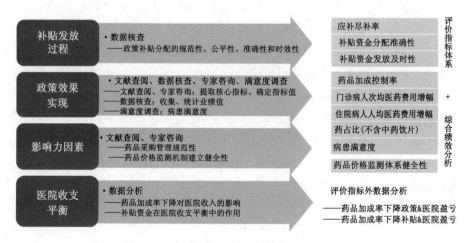

**图 5-8　评价思路图**

（二）评价实施

评价工作启动后，评价组按照 Ooo 地区财政支出预算绩效评价相关工作规范的要求，针对评价拟解决的问题，结合评价重点，确定评价过程中所采用的方法，严格执行各项评价工作程序，收集评价所需数据，完成评价工作。

首先，在评价实施过程中，以评价目的为根本，针对此次评价指标体系及综合绩效分析所需的数据，结合不同时段数据的可获得性及对数据准确性的要求不同，通过不同方式获取相应的基础数据。如由于药品加成率下降政策自 2006 年开始实施，至评价期已经实施十余年，在数据的采集上存在一定的局限性，部分医院提供的基础数据不完整，特别是 2006 年至 2010 年的有关数据缺失较为严重。针对这一情况，评价组仅对前期数据进行了简单统计，用于分析药品加成率政策发布后的药品加成率变化情况。而对近三年特别是当年度的药品加成率、病人人均医药费用增幅、药占比等指标的精确度相对较高，则由评价组通过调阅各医院的财务报表并按照确认的规则进行计算后得出。

其次，以药品加成率下降政策是否缓解了"看病难"的目的为导向，加大满意度指标的权重，并在有限的评价时间和评价经费下，尽可能扩大满意度调查的样本。评价组最终通过分层抽样的方式，获取有效问卷超过 500 份，以提高样本的代表性。

（三）绩效分析

围绕评价目的，此次政策绩效评价的绩效分析主要以政策效果为核心。首先是基于评价指标体系中相关指标的绩效分析，分别对药品加成率控制情况、医药费用增幅和药占比变化情况、病患满意度和影响因素、药品价格监测体系健全程度等方面进行绩效分析。其中，满意度的分析和药品价格监测体系健全性在案例中不做详细介绍。

1. 药品加成率控制情况

首先，统计分析了 Ooo 地区二级公立医院 2005—2016 年的药品加成率变化情况。2005—2016 年，Ooo 地区二级公立医院药品加成率有两次较大的变化：一是 2006 年发改价格〔2006〕912 号发布后，2007 年辖区内二级公立医院药品加成率由 2006 年的 31.69％下降至 20.68％，下降幅度超过 10％；二是 2015 年 12 月和 2016 年 9 月陆续发布两轮调整政策后，辖区内二级公立医院的药品加成率又有较大幅度的变化，药品加成率由 2015 年的 15.70％下降至 10.60％。2008—2015 年的药品加成率总体呈下降趋势（见图 5-9），但变化幅度不大，2015 年较 2008 年的药品加成率仅下降了 1.54％。从而说明，药品加成率下降政策得到了落实，对控制公立医院药品的销售与购进差价具有直接影响。

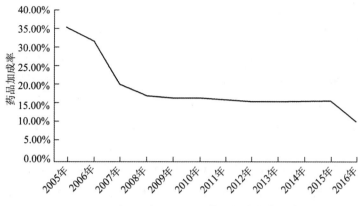

**图 5-9　Ooo 地区二级公立医院药品加成率变化情况**

其次，按照包含中药饮片、不含中药饮片及中药饮片进行分类，对评价年度和 2016 年两个时间段内药品总体加成率及 14 家医院各自的药品加成率控制情况进行分析。总体而言，目前的药品加成率仍略高于控制目标（5％，中药饮片 25％）；超过一半的医院药品加成控制率高于控制水平，但控制情况存在一定的差异，评价组结合控制水平进行了排序和分析，具体见表 5-7。

**表 5-7　2016 年 Ooo 地区二级公立医院药品加成率总体控制情况**

| 时间段 | 整体药品加成率 | 药品加成率（中药饮片除外） | 中药饮片药品加成率 |
| --- | --- | --- | --- |
| 2016 年 1—9 月 | 11.59％ | 10.10％ | 26.17％ |
| 2016 年 10—12 月 | 7.89％ | 5.68％ | 28.50％ |

2. 医药费用变化情况

以近三年门诊病人次均医药费用、住院病人人均医药费用为基础，计算了单人/次的药品费用增幅情况。考虑物价对药品价格的影响，在剔除通货膨胀因素后，门诊病人次均医药费用增幅和住院病人人均医药费用增幅均低于 2015 年增幅，在一定程度上说明，医药费用在增长幅度上得到了较好的控制。

3. 药占比变化情况

药占比用于反映医院药品费用水平和收入结构，长期以来作为合理用药的一项指标被广泛应用于医院药品费用管控。根据综合医院统计数据计算各医院药占比，2016 年公立医院药占比（中药饮片除外）较 2015 年下降 3.01％。评价组通过原 Ooo 地区卫计委及其他区二级综合医院了解到，由于病源结构，二级公立医院药品收入占医疗收入的比重基本都在 60％以上，特别是部分专科医院对药品收入的依赖程度更高。

4. 药品收入、药品加成补贴与医院盈亏分析

在上述指标分析的基础上，本次评价中，还对药品收入与医院盈亏、药品加成补贴与医院盈亏的关系进行了探索性的分析。

首先，在药品收入与医院盈亏方面，评价组对区内五家公立性综合医院2014年至2016年的盈利情况和药占比进行对比分析，从总体趋势上来看，三年内药占比较低的医院，其盈利情况相对较差，在一定程度上说明了药品收入对医院盈利的重要性。从近三年的数据分析来看，无论是药品收入对医疗收入的比值还是药品收入占医院总收入的比重都呈下降趋势，但是下降幅度均较小；从各医院的比重变化情况来看，各医院药占比也均显现出了下降趋势，但是各医院的药品收入比重下降情况有所差异。

其次，通过对近三年财政补贴的情况进行统计，评价组发现由于Ooo地区二级公立医院的药品加成收入损失不断增加，且增加幅度呈上升趋势，而财政资金有限，药品加成补贴占药品加成收入损失的比重逐步下降。从这一趋势来看，政策的可持续性是推进医疗改革重点关注的问题。另外，2014—2016年，Ooo地区药品加成补贴占辖区内二级公立医院总收入的比重分别为4.95%、4.46%和6.00%，为医院的收支平衡做出了一定贡献。但从医院各自的收支情况来看，仍存在个别医院亏损或盈利幅度较整体情况偏差较大的情形。

（四）评价结论

总体而言，该专项资金立项依据充分，符合地区和部门战略目标要求，预算全部有效投入；预算单位设置了基本的财务管理制度，财务监控基本有效；补贴资金100%覆盖政策要求范围，且及时发放至各医院。医院药品费用方面得到了一定的控制，2016年门诊病人次均医药费用和住院病人人均医药费用的增幅均较2015年有所下降。从整体来看，2016年药品加成补贴占医院总收入的比重达到6%，在政策实施管理制度和实施的规范性方面有一定欠缺，补贴资金分配方式可进一步调整；药品加成率较目标仍有些差距，药占比较前一年度有小幅度下降，但部分医院仍未达到二级医院的药占比要求。由于药品价格长期处于较高水平，病人满意度水平相对较低。

分析部分绩效目标未实现的原因，政策制定及政策实施过程中主要存在以下两个问题：一是未建立适用于该政策的实施管理制度和考核机制；二是分配原则执行不到位，补贴分配方式有待改进。

针对评价中发现的问题，评价组提出了相对明确的改进措施，具体如下：第一，完善实施管理制度，明确监督考核机制。特别建议卫计委对各医院药品价格相关指标进行考核，确立主要监管指标，明确监督考核细则，并将指标完成情况考核的结果与补贴资金的分配挂钩。第二，调整补贴资金发放方式，进一步加强考核。在补贴资金的发放上，采用"部分预拨、年中评价、隔年清算"的模式，当年度发放部分补贴，严格根据指标考核结果，在下一年度进行清算。

除该政策外，药品费用降低需要通过系统性改革逐步实现，药品加成补贴分配也应该综合考虑医改过程各方面因素。首先，财政补偿不应固化，不能只考虑医院因为药品加成率下降带来的损失，也应考虑补贴在医院收支平衡中的作用。其次，要想降低医药费用，需要进一步从药品采购和医生用药规范管理两个方面入手。建议建立监控机制，将药品费用控制的核心指标纳入考核范围，将指标完成情况与补贴分配挂钩。最后，医院应推行全面预算管理，规范公立医院收支运行，强化预算约束，强化绩效考核，按照合理控制医院运行成本的有关要求，弥补部分因为药品加成率下降政策带来的损失。

### 三、案例总结

#### （一）案例经验及优点

回顾案例评价工作的过程及成果情况，评价组梳理了此次评价的经验做法，总结主要有以下两点。

##### 1. 政策目的梳理清晰，评价重点明确

首先，深入研究政策，梳理政策目的。在政策绩效评价过程中，政策的效果指标设置往往是难点，这主要是由对政策出台的背景和目的理解不到位所导致的。而在本案例中，评价组在最初就通过多渠道的梳理，确认了政策出台的背景和目的，并与委托方的评价要求进行了充分的融合。其次，明确评价重点，梳理评价思路。在正式开展该政策绩效评价工作前，评价组通过与委托方的沟通确认了评价目的；通过对相关政策的学习和研读，征询专家意见，围绕评价目的确认了此次评价重点；依据评价重点，筛选了关键评价指标，形成评价指标体系；再结合评价指标体系和绩效分析的需求，设计社会调查方案；在报告阶段，又通过相关数据分析回应了评价拟解决的问题。从评价方案设计、数据采集与分析到形成评价结论，评价思路、具体评价路径和评价成果的呈现一脉相承。

##### 2. 基础数据扎实，多维度量化绩效分析

在评价工作中，除了思路上的困惑，评价的困难也可能来源于基础数据的缺失。该政策绩效评价所需要的数据多来源于医院财务报表，财务档案管理质量相对较高，相关数据统计的口径相对一致，为评价工作、特别是量化的绩效分析打下坚实基础。评价组基于扎实的数据基础，对该政策的绩效进行了深度分析：一是绩效分析紧扣评价目的、围绕评价重点展开；二是针对同一个分析内容，尽可能地挖掘数据分析维度，深化数据分析层次；三是数据分析结果的呈现，尽可能采用图、表等多元化且适合的表现方式。

#### （二）案例的局限性

在该案例的绩效评价中，评价组主要是在既定的政策补贴分配原则下，分析分配的执行情况、药品加成率下降政策执行的效果及政策补贴对医院收支平衡的作用。虽然评价组就分配结果对当前的补贴方式提出了异议，但未就分配原则做深入研究。

首先，收入损失测算规则有待优化。目前药品加成率收入损失的测算以各家医院2006年的药品加成率数据为基础，而各家医院当时药品加成率本身就有比较大的差

异，由于医院病源结构带来的影响，对药品收入的依赖程度也就有所不同，目前的测算方式的合理性也就有待进一步优化。

其次，药品加成率的计算方式有待完善。在进行药品加成率的测算时，均是以各家医院的药品销售收入总金额及其对应的药品购进成本为基数进行计算。实际上，因为生产成本、运输成本等各种原因，各类药品的销售价格差异较大，各类药品的药品加成率不尽相同。因为医院使用的药品种类、规格多样，为了便于计算，医院某一年度的药品加成率以医院某一年度药品收入和药品成本为基础进行简单计算，未考虑各类药品的权重，药品加成率的准确性可能存在少许误差。

（三）进一步探讨的方向

1. 药品加成率下降政策与新医改其他政策之间的关系

药品加成率下降政策的根本目的是控制药品价格，但该政策主要是从医院的药品销售端进行控制，而影响药品价格的因素还有很多，如药品的购进成本、采购模式等，药品费用降低需要通过系统性改革逐步实现。所以，要想真正实现药品价格控制，需要系统梳理新医改下有关药品价格控制的其他政策，并厘清这些政策之间的关系和相互影响，分析出影响药品价格的主要影响因素，从而结合当前政策实施情况，为政策优化提供参考。

2. 财政支持与医疗服务改革及医院收支平衡的关系

在案例中，原 Ooo 地区卫计委和财政局主要还是从总局的角度对政策补贴的预算进行安排，未真正考虑这个总盘子对于医院药品加成率的控制及对医院收支平衡的作用到底有多大，也未考虑财政资金对医院其他项目或政策的支持作用。所以，在新医改的主要政策执行到位前，还需要以医院为对象，分析医改政策对医院收支的影响，并结合影响程度和对应的解决措施，提出财政如何支持的建议。

## |案例五| **Ppp 地区失业保险基金灵活就业岗位补贴政策绩效评价**

就业是关乎国计民生的大事，是构建社会主义和谐社会的重要内容。近年来，为了缓解下岗失业人员再就业压力，政府以财政补贴的方式支持了多项就业政策。而这些就业政策专项资金在实际执行过程中是否实现了政策目标，是否发挥了减少失业、促进就业及保障人民群众基本生活水平的效果，是值得密切关注的绩效问题。基于此，本案例以 2018 年度 Ppp 地区失业保险基金灵活就业岗位补贴政策为研究对象，在文献研究和实践勘查的基础上，综合运用定量分析与定性分析的方法，对政策制定、执行与效果进行分析，发现政策实施与效果方面的问题，并提出进一步完善建议。

## 一、政策简介

### （一）政策实施背景

就业是民生之本。随着经济结构的调整，一些低技能要求、低劳动生产率、低收入行业的劳动力需求大幅度下降。为缓解下岗失业人员再就业压力，提高人民生活水平，维护社会稳定，2005年国务院下发了《关于进一步加强就业再就业工作的通知》（国发〔2005〕36号），明确提出对有劳动能力和就业愿望的失业人员，提供相应的政策扶持，鼓励劳动者通过自谋职业和自主创业等多种形式灵活就业，促进下岗失业人员再就业，提高灵活就业人员的稳定性。2004年，为贯彻落实国家和本地区促进就业政策要求，缓解就业矛盾，Ppp地区人社局制定了《关于进一步鼓励扶持自谋职业和自主创业的若干意见》，正式实施失业保险基金灵活就业岗位补贴政策，其目的是引导和鼓励本市户籍大龄失业人员实现灵活就业，保障大龄失业人员的基本生活。

### （二）政策内容、范围及期限

该政策主要对距法定退休年龄三年或不足三年、实现灵活就业的Ppp地区户籍失业人员（含失业离土农民）按月发放补贴。补贴标准为Ppp地区企业职工最低工资标准的50％，预算在Ppp地区失业保险基金中列支。通过申请的人员补贴，于次月起的每月15日前发放至个人银行账户。

### （三）政策资金来源、规模及使用情况

该政策资金来源于失业保险基金。失业保险基金实行全地区统筹、分级管理，Ppp地区就业促进中心作为本地区失业保险基金经办机构，负责编制预决算草案，经人社局、财政局审核后，上报本级政府、人大审批。2017—2018年，灵活就业岗位补贴项目累计投入22.4亿元，累计补贴人次23万余人，财政资金投入较大，目标受众较为广泛。

### （四）政策组织、管理及流程

该项政策涉及"地区—县（区）—乡镇（街道）"三级政府管理，政策实施全程采取信息化管理，地区、县（区）和乡镇（街道）各个层级均通过Ppp地区劳动保障管理信息系统进行申请登记、审批及补贴发放、查询等工作。地区本级，人社局负责政策制定、指导和监督管理工作，以及预（决）算草案审核等；就业促进中心负责编制政策年度预（决）算，补贴使用情况的统计分析、监督检查，以及对各县（区）就业促进中心开展业务指导和培训。县（区）级层面，主要由各县（区）就业促进中心负责补贴复审、补贴发放，并对乡镇（街道）社区事务受理服务中心开展业务指导和培训。乡镇（街道）层面，由乡镇（街道）社区事务受理服务中心负责所在地补贴人员受理、资格初审及补贴政策的宣传和咨询工作。

（五）政策绩效目标

1. 总目标

通过灵活就业岗位补贴及时准确发放，引导和鼓励 Ppp 地区户籍大龄失业人员开展灵活就业，保障大龄失业人员基本生活，减少大龄失业人员总人数，降低大龄失业人员在失业人员中的比重。

2. 年度绩效目标

产出目标：应补尽补率达到 100％，灵活就业岗位补贴足额发放率 100％，补贴受益对象准确率 100％，每月 15 日前均拨付灵活就业岗位补贴资金至个人账户。

效果目标：受益对象当前均在灵活就业中；2018 年年末 Ppp 地区大龄失业人数低于前两年年末大龄失业人数的平均数；2018 年年末 Ppp 地区大龄失业人数占总失业人数比重低于前两年年末的平均占比；有责投诉发生数为 0 次；项目受益群体抽样调查满意度达到 85％及以上。

影响力目标：建立健全的灵活就业岗位政策调整机制；建立完善的多部门互通的管理信息系统，实现各类信息实时共享。

## 二、绩效评价设计与实施

（一）评价思路

Ppp 地区失业保险基金灵活就业岗位补贴政策根据国家和本地区就业再就业工作要求设立。基于政策资金来源，围绕鼓励引导灵活就业、促进大龄失业人员再就业的政策目的，考察"地区—县（区）—乡镇（街道）"三级管理规范，全面评价财政资金使用是否符合失业保险基金管理要求，政策实施是否促进了大龄失业人员灵活就业，是否改善了大龄失业人员生活水平。

结合政策特点来看，评价应重点关注以下几方面内容：第一，灵活就业岗位补贴政策属于国家就业再就业政策，是一项社会关注度高的民生政策，本次评价立足于政策定位，探究政策实施对于鼓励和引导大龄失业人员灵活就业方面产生的实际效益，从而进一步完善政策设计，确保该项政策发挥引导作用。第二，政策实施"地区—县（区）—乡镇（街道）"三级长链条信息化管理，各级分工不同，工作内容不同，管理方式不同，本次评价拟对各级职能职责进行梳理和核查，关注各级管理机制落实情况及信息化管理情况，及时发现管理方面存在的问题和不足，并提供具有针对性、建设性的建议，以进一步优化管理流程，提高管理效率。第三，这是一项财政补贴政策，具有一定的无偿性，本次评价结合补贴资金特点，关注补贴资金使用的规范性及补贴资金效果，以期进一步规范资金使用，提升财政资金使用效益。

（二）评价指标体系设计

1. 评价指标体系设计思路

按照"投入—过程—产出"的评价逻辑路径，评价组从政策制定、政策实施、政策效益三个维度梳理评价内容，设计评价指标体系，具体如表 5-8 所示。

政策制定方面：重点评价政策决策的科学性、合理性，即政策文件立项依据是否充分，政策立项是否规范，政策目标是否符合实际现状等。

政策实施方面：一是财政资金使用效率评价，即重点评价是否按照失业保险基金管理办法要求编制预算，资金层层拨付是否及时，资金使用是否合规；同时，评价地区和县（区）两级是否制定完善的资金管理监控制度，是否采取了一定的监督监控措施。二是政策执行动态跟踪评价，即重点评价地区是否制定了完善的管理监控制度，是否对县（区）级开展了培训指导工作并进行有效的监管；（县）区级层面是否严格按照政策要求开展审核审批工作；是否对乡镇（街道）社区事务受理服务中心开展了培训和指导工作，是否制定了适应本区域的管理监控制度；等等。

政策绩效方面：重点考察补贴是否及时准确发放，受益对象是否均已灵活就业，大龄失业人数是否有所减少，大龄失业人员占失业人员总数比重是否有所降低，有责投诉发生情况，补贴对象满意度及政策实施的可持续影响。

表 5-8　2018 年 Ppp 地区灵活就业岗位补贴政策绩效评价指标体系（节选）

| 一级指标 | 二级指标 | 三级指标 | 权重 | 指标解释 |
| --- | --- | --- | --- | --- |
| 政策实施 | 政策执行动态跟踪 | 管理制度健全性 | 3 | 考察政策实施管理制度是否建立健全 |
| | | 政策宣传有效性 | 4 | 考察潜在受益对象对政策的知晓程度 |
| | | 业务培训有效性 | 2 | 考察三级政府对灵活就业岗位补贴业务人员的工作培训情况 |
| | | 受理审核规范性 | 3 | 考察县（区）就业促进中心、街镇社区事务受理服务中心对灵活就业岗位补贴项目受理审核流程规范性情况 |
| | | 档案管理完备性 | 2 | 考察街镇社区服务中心对灵活就业岗位补贴申请对象档案建立和管理情况 |
| | | 政策监管有效性 | 2 | 考察灵活就业岗位补贴实施过程中，地区就业促进中心、县区就业促进中心对政策执行的监管情况 |
| 政策绩效 | 政策产出 | 应补资金足额发放率 | 6 | 考察灵活就业岗位补贴对审核通过的人员是否足额发放 |
| | | 受益对象准确性 | 8 | 考察灵活就业岗位补贴是否准确发放 |
| | | 补贴发放及时性 | 6 | 考察灵活就业岗位补贴是否及时发放至受益对象账户 |

| 一级指标 | 二级指标 | 三级指标 | 权重 | 指标解释 |
|---|---|---|---|---|
| 政策绩效 | 政策效益 | 受益对象灵活就业状况 | 7 | 考察灵活就业岗位补贴受益对象是否均在灵活就业 |
| | | 大龄失业人数情况 | 5 | 考察引导大龄人员灵活就业情况，大龄失业人员是否低于前两年平均水平 |
| | | 大龄失业人员占比情况 | 4 | 考察引导大龄人员灵活就业情况，大龄失业人员占失业人数是否低于前两年平均水平 |
| | | 有责投诉数 | 4 | 考察灵活就业岗位补贴项目实施过程中发生的有责投诉情况 |
| | | 受益对象满意度 | 8 | 考察受益对象对灵活就业岗位补贴工作的满意程度 |
| | 政策影响力 | 政策调整机制建立情况 | 3 | 考察地区人社局是否建立适用于本项目的调整机制 |
| | | 信息共享情况 | 3 | 考察灵活就业岗位补贴信息共享情况 |
| 合计 | | | 100 | |

2. 评分要点设计思路

由于该政策是一项财政补贴政策，评价组在细化评价要点时，特别关注政策靶向明确性、各层级业务管理落实情况和资金管理使用情况。

一是政策靶向明确性。如在设置政策制定—政策目标导向性—政策规划明确性的评分要点时，由于这项政策是补贴政策，所以要重点评价补贴对象是否明确，补贴标准是否明确，补贴对象与政策目的是否相符。

二是各层级业务管理落实情况。如在设置政策实施—政策执行动态跟踪—受理审核规范性的评分要点时，要结合"地区—县（区）—乡镇（街道）"三级管理方式，对每层级具体职责分工进行评价，包括乡镇（街道）社区事务受理服务中心是否对申请信息进行核查，县（区）就业促进中心是否按照要求完成复审工作，乡镇（街道）和县（区）就业促进中心是否对灵活就业状态进行核查。

三是资金管理使用情况。如在设置政策实施—财政资金使用效率—预算编制合理性的评分要点时，要结合资金管理方式，考虑预算的编制是否符合《社会保险基金财务制度》要求。

此外，还需要充分考虑补贴资金的特点，重点突出补贴资金政策产出和政策效益。尤其是政策效益，需要评价受益对象最终是否真的实现了灵活就业，这是评价补贴效果非常重要的指标。

（三）评价实施

结合本次政策评价重点，评价组采取了案卷分析、现场核查、面对面访谈、问卷调查等多种方式。针对政策目标，通过邀请行业专家，采取案卷研究、访谈调研、实地走访等方式对目标进行分析，评价政策目标的明确性、合理性。针对政策管理，分别对三级政府相关部门进行访谈和现场核查，同时结合信息系统采集的相关数据，对管理情况进行分析，评价不同层级政策执行的有效性。针对政策执行效果，一方面对乡镇（街道）社区事务受理服务中心进行现场核查，评价补贴资金发放的合规性、准确性、及时性；另一方面对受补贴对象通过电话访谈、问卷调查等方式获取补贴发放数据，了解补贴对象就业实现情况及对于该项政策的满意程度，以评价补贴资金最终效果。

（四）绩效分析

评价组通过梳理政策文件要求与实地勘察所获得数据进行对比分析，认为该政策年度工作任务总体完成情况较好，取得了良好的社会效益。尤其是评价组结合补贴资金特点，不仅分析了补贴工作的完成情况，还分析了补贴工作的完成效果。评价组通过筛选整理社保信息系统相关数据，比对补贴计划发放人数和实际发放人数，分析应补资金实际发放完成情况；通过比对近三年大龄失业人数情况，分析大龄失业人数较前两年平均失业人数变化情况，以及大龄失业人员占比变化情况，并分析其变化原因。此外，以政策目标为导向，对社会公众满意度进行分析，重点分析受益对象生活水平改善程度及灵活就业收入提升度。

（五）评价结论

1. 取得的成效

Ppp 地区失业保险基金灵活就业岗位补贴政策作为鼓励大龄失业人员灵活就业的方式之一，符合失业保险基金促进失业人员再就业目的。2018 年灵活就业岗位补贴覆盖地区所有县（区），实际发放 75 402 人，全年发放资金 76 647.77 万元。2018 年大龄灵活就业备案人数为 109 380 人，较上一年度大龄灵活就业备案人数增长 11.08％。2018 年大龄失业人员占失业人数 40.71％，较上一年度大龄失业人数占比降低 1.43％，低于前两年大龄失业人数占比平均水平。

2. 存在的问题

政策制定方面：一是绩效目标不明确。结合政策文件要求及预算主管部门、预算单位，以及涉及的相关部门，单位访谈情况来看，对于该政策到底是要实现帮困托底还是促进就业的定位比较模糊，目标不够明确。二是对"灵活"就业的界定不清晰。政策文件中未对"灵活"就业形式、从业领域等角度进行明确界定，致使无法准确判断受益对象是否真的实现灵活就业。如文件中定义"自谋职业、自主创业"即为灵活就业，而评价组在实地走访中发现无正式劳动关系佐证，只是备案、承诺即认定为灵活就业。问卷调查中也发现，在家做家务、照顾老人等无收入人群也获得了补贴。

政策实施方面：一是政策实施管理机制不够健全。评价组在实地调研中发现，在补贴期间，乡镇（街道）对已纳入补贴范围的人员（最长为 3 年）状态缺乏定期核查程序，未对受补贴人员灵活就业状态进行更新。二是信息化系统信息共享不足。目前 Ppp 地区劳动保障管理信息系统与公安等相关部门信息库未能实现有效的信息对接，无法及时发现不符合补贴条件的发放对象。

政策绩效方面：一是补贴发放不够及时，延时最长达到 3 年；二是发放不够准确，存在超龄发放、受益对象已死亡仍享受补贴等情况；三是通过对受益对象满意度分析，评价组发现在政策宣传、受益对象生活水平改善程度及灵活就业收入提升度等方面还需要进一步努力。

3. 建议和改进措施

首先，明确政策导向，明晰补贴范围和对象。一是建议人社局结合现阶段实际需要，明确政策目的，增强政策靶向性，并进一步明确政策绩效目标及绩效指标；二是从人员类型、从业领域、就业能力、收入状态、用工关系等角度对灵活就业进行界定和分类；三是结合政策目的，建议人社局对 Ppp 地区大龄人员灵活就业状态、就业需求等进行充分调研。

其次，健全管理机制，完善项目管理流程。一是建议人社局、就业促进中心建立完善灵活就业状态核查机制、补贴追回机制、补贴申领诚信管理制度，设立补贴申领黑名单。通过完善管理机制，加强监管，提高申请对象的自律意识。二是建议增加灵活就业审核确认、管理的实施环节，加强风险管理。

最后，推进社保卡集成应用，增强信息互通共享。一是建议人社局连同相关部门，结合"智慧政府"的建设，逐步实现财政补贴资金社保卡一卡通服务，进一步方便市民和节约行政资源。二是加强 Ppp 地区劳动社会保障信息系统与相关部门数据的共享，及时剔除异常值，不断提升业务监管能力，提高基金安全性和使用效率。


**三、案例总结**

（一）案例经验及优点

1. 按照"全覆盖"要求探索社保基金绩效评价模式及要点。按照《中共中央 国务院关于全面实施预算绩效管理的意见》要求，各级政府应将一般公共预算、政府性基金预算、国有资本经营预算、社会保险基金预算全部纳入绩效管理。本次案例资金来源为失业保险基金，属于社会保险基金范畴，因此本次评价在评价思路、评价重点中也结合社会保险基金管理的特点进行了调整。

2. 在政策评价方法上注重取证分析。政策绩效评价相关信息的采集和取证，综合运用了政策背景调研、政策文本解读、评价指标取数、社会调查、现场勘查和专家咨询等方法，全面收集了政策决策、执行和效果的相关信息，以及政策利害关系人、政策基层执行人和社会公众的意见建议。秉承"价值标准"和"事实标准"并重的原则，采取了定量与定性相结合的分析方法。其中，定量分析主要是针对灵活就业人数、大龄失业人员占比等数据进行分析；定性分析主要是开展了政策回应性分析，借助问卷调查和社会访谈等公众评判法进行政策满意度的综合测量和分析。

3. 在指标体系设计上更加体现政策性。政策绩效评价是以预算管理为主线、专业性更强的一种公共政策评价。体现在评价内容上，则应涵盖公共政策评估与财政支出绩效评价两个层面，包括政策制定、政策执行与实施、政策执行后的效果及价值。其指标体系的设计也要体现这两类评价的内容和目的。本次政策评价指标体系采取"政策决策—政策实施—政策效果"的全过程逻辑链条，针对财政政策的特殊性，提炼核心关键指标，综合设计指标体系。在具体设计时，由于不同层级政府、不同政策主体扮演的角色、关注的重点不同，设计具体的政策制定、执行维度的绩效评价指标也不同；在设计政策效果指标时，结合政策目标，选择了相应的社会效益、经济效益进行个性化设计，并通过实地调研、分类搜集、反复提炼、专家论证等严格程序，对指标体系进一步优化。

4. 结合补贴政策特点深入挖掘。财政补贴政策，即在结构失衡或出现供给"瓶颈"时，提供各种形式的财政补贴，以保护特定的产业及地区经济。财政补贴作为一种宏观调控手段，对促进市场稳定、保障人民生活等方面都有积极作用。但是，财政补贴如果运用不当，补贴范围过宽，数额过大，就会超出财政的承受能力。所以在评价补贴类政策时，需要关注补贴的必要性、对象明确性、补贴标准的科学合理性等，并明确其与其他政策内容是否存在交叉；在补贴资金使用方面，也需要关注补贴发放流程的规范性、补贴资金使用的规范性；在补贴资金效果方面，需要关注补贴覆盖面、补贴保障度及公众满意度。对于民生类财政补贴政策而言，尤其需要明确补贴目标和底线，还有社会公众是否满意。

（二）案例的局限性

财政政策绩效评价，既要关注政策的效益，还要关注政策科学性、合规性、合理性和经济性，以及政策的投入产出比（效率性）。考虑到某些财政政策的普惠性特征，还要涉及财政政策的"公平性"评价。但在本次评价中，我们还是聚焦于就业人数本身，对于就业的稳定性、平等性方面分析有所不足。此外，政策实施本身具有外部性和可持续性，但其评价难度较大。政策的外延影响、辐射性和政策效果的可持续影响等，这些效益效果往往很难量化，也很难用目前的数据去分析今后的实际效益情况。

（三）进一步探讨的方向

就业政策不局限于地区本身，可与其他同类地区对比，开展经济性、效益性横向比对分析，可以通过不同的维度来比较各地区在就业保障、改善民生和解决日益复杂的社会问题方面所具有的特点、共性与差异性，分析其影响因素，通过比较研究可为我们提供有价值的决策依据。同时，财政补贴政策具有公共普惠性，即可以给大众带来利益、实惠的公共政策，那么也可以对未受补贴人群进行调查，全面评判政策实施效果，以进一步提升政策的人群覆盖度。

政策评价的核心内容是政策的产出和效果。但大多数情况下，要实现某种预期财政目标，政府往往需要采用一揽子的政策，而不是某项单一的政策。各项政策相互之间是相辅相成、相互作用、互为补充、互为策应的，某项政策只是预期产出和效果的影响因素之一。评价单一财政政策产出和效果时，想要把其他政策的叠加影响分拆开或者剔除掉，是很难做到的。因此，在选择政策评价对象时，可以考虑选择作用影响相对封闭、独立性强的政策进行评价，或者选择"政策体系"，而不是"单一政策"来进行评价。

部门整体预算绩效管理

第六章

《中共中央 国务院关于全面实施预算绩效管理的意见》指出"将部门和单位预算收支全面纳入绩效管理，赋予部门和资金使用单位更多的管理自主权"，同时明确"地方各级政府和各部门各单位是预算绩效管理的责任主体"。实施部门和单位预算绩效管理应"围绕部门和单位职责、行业发展规划，以预算资金管理为主线，统筹考虑资产和业务活动，从运行成本、管理效率、履职效能、社会效应、可持续发展能力和服务对象满意度等方面，衡量部门和单位整体及核心业务实施效果"。开展部门整体预算绩效管理已经成为推动提高部门和单位整体绩效水平、落实预算主管部门全面实施预算绩效管理主体职责的重要手段。

本章将通过 3 个案例来解读部门整体预算绩效管理工作开展的一般思路和方法。通过案例的形式，从"以财评事"的视角，反映部门整体支出绩效评价的目的和意义，提炼部门整体支出绩效评价指标体系设计的总体思路及绩效分析等内容。

### |案例一| Qqq 地区新闻出版职业技术学院整体支出绩效评价

职业教育是指让受教育者获得某种职业或生产劳动所需要的职业知识、技能和职业道德的教育，担负着传承技术技能、培养多样化人才的职能，是我国现代教育体系的重要组成部分。为深入贯彻习近平总书记关于职业教育的重要指示精神，认真落实《国家职业教育改革实施方案》，各级政府不断完善经费稳定投入机制，统筹发挥政府和市场的作用，加快现代职业教育体系建设。在全面实施预算绩效管理的大背景下，对高等职业技术学校开展部门整体支出绩效评价，有利于优化教育领域财政资源配置，提升院校教学、科研和社会服务质量。本案例以 Qqq 地区新闻出版职业技术学院（以下简称"出版学院"）2018 年度部门整体支出绩效评价项目为案例，提炼高等职业技术院校部门整体支出绩效评价开展思路，总结评价指标体系设计与数据采集路径，反映职业技术学院在运行管理、财政资金使用等方面存在的问题，探索教育部门整体支出绩效评价实施机制，以期为职业教育主管部门和财政部门的预算绩效管理提供参考。

## 一、部门简介

### （一）部门设立背景

20 世纪末，出版学院以 Qqq 地区新闻出版局和与德国公司合作的中德印刷培训中心项目为基础筹建；21 世纪初期，经 Qqq 地区人民政府批准设置为职业技术学院，同年 9 月揭牌成立。根据学院"三定方案"，出版学院为全日制普通高等职业教育事业单位。

### （二）部门职能及人员情况

评价组根据出版学院的"三定方案"、学院中长期发展规划和 2018 年工作计划，对出版学院的职能和 2018 年的主要工作任务进行了梳理。综合出版学院设立的背景和职业教育的根本目的，其核心职能包括人才培养、科学研究、社会服务和文化传承创新四项，2018 年的主要工作任务包括优化日常教学和科研工作等 12 项。为更好地反映出版学院相关职能实现的保障情况，评价组按照主要任务实施的目标、内容及特点，将主要任务与职能进行匹配，具体见表 6-1。

**表 6-1　出版学院四大职能及主要任务对应表**

| 四大职能 | 主要任务 |
|---|---|
| 人才培养 | 1. 优化日常教学和科研工作 |
| | 2. 加强人才队伍建设 |
| | 3. 负责招生和就业工作 |
| | 4. 学生管理工作 |
| | 5. 提供基础服务与后勤保障 |
| 科学研究 | 6. 开展教科研项目、课题研究 |
| | 7. 专利技术研发、维护、使用 |
| 社会服务 | 8. 开展企业技术服务、培训 |
| | 9. 校企合作 |
| 文化传承创新 | 10. 传承区域传统文化 |
| | 11. 社会主义思想政治教育 |
| | 12. 创新创业 |

根据出版学院"三定方案"，核定出版学院事业编制 170 名。截至 2018 年年底，出版学院教职工人数为 200 余人（包括事业在编 150 余人，编外 40 余人，到学院挂职干部 1 名）。其中，专任教师 170 余人，研究生学历以上占 22.16%，高级技术职务教师占 19.32%。2018 年年底，在校学生 4 000 余人，应届毕业生 1 000 余人。

（三）部门预算资金来源、规模及使用情况

2018 年出版学院总收入为 8 181.00 万元，由财政拨款收入、事业收入、用事业基金弥补收支差额、上年结转和结余四部分组成，具体收入情况见表 6-2。

表 6-2　2018 年度出版学院经费收入情况表

万元

| 收入构成 | 年初预算数 | 调整后预算数 | 决算数 |
|---|---|---|---|
| 财政拨款收入 | 4 183.80 | 5 648.96 | 5 348.75 |
| 事业收入 | 2 157.60 | 2 163.50 | 769.84 |
| 已用事业基金弥补收支差额 | — | — | 94.58 |
| 上年结转和结余 | — | 1 167.82 | 1 967.83 |
| 总计 | 6 341.40 | 8 980.28 | 8 181.00 |

2018 年出版学院支出预算总额为 7 812.46 万元，实际支出 5 743.09 万元，总体预算执行率为 73.51%，具体支出情况见表 6-3。

表 6-3　2018 年度出版学院支出情况表

万元

| 支出科目 | 年初预算数 | 调整后预算数 | 决算数 | 预算执行率 |
|---|---|---|---|---|
| 基本支出 | 2 593.00 | 2 593.80 | 2 241.68 | 86.42% |
| 人员经费 | 1 999.20 | 2 000.00 | 1 771.33 | 88.57% |
| 商品和服务支出 | 593.80 | 593.80 | 470.35 | 79.21% |
| 项目支出 | 3 748.40 | 5 218.66 | 3 501.41 | 67.09% |
| 基本建设类项目 | — | 97.41 | 97.41 | 100.00% |
| 行政事业类项目 | 3 748.40 | 5 121.25 | 3 404.00 | 66.47% |
| 小计（基本支出＋项目支出） | 6 341.40 | 7 812.46 | 5 743.09 | 73.51% |
| 年末结转和结余 | 0.00 | 1 167.82 | 2 437.91 | — |
| 总计 | 6 341.00 | 8 980.28 | 8 181.00 | — |

（四）部门资产状况

截至 2018 年年底，出版学院保有固定资产总值为 2.5 亿元，具体分为四大类：房屋、车辆、单价在 50 万元（含）以上的设备和其他固定资产，四类固定资产价值分别占总固定资产的 35.50%、0.47%、24.50% 和 39.53%。

（五）部门管理情况

在学院管理方面，出版学院实行学院党委领导下的院长负责制，采用"党委领导、院长负责、教授治学、民主管理"的机制。同时，设置学术委员会、教职工代表大会、学生代表大会、校务委员会、校企合作委员会、工会、团委等部门，根据授权履行校内相关事项的管理和服务职责。在学院内部机构设置方面，学院设有财务处和总务（保卫）处等 6 个党政办公机构，印刷包装系等 5 个教学机构，实验实训中心和图书馆（网络信息中心）2 个教学辅助机构。

（六）部门目标

作为一所高职院校，出版学院拟通过贯彻执行党的教育方针和国家有关高等职业教育的法律法规及政策，面向经济建设和社会发展，以就业为导向，为行业和地方培养一批生产、服务、管理第一线岗位需要的实用型、技能型高级专门人才。同时做好教育教学研究，促进教育事业发展，为社会提供多样化的优质教育服务。

2018 年度出版学院的绩效目标为：通过加强预算管理，合理控制在职人员数量、三公经费支出和固定资产规模等，完善软硬件条件配置，优化教师队伍配置，仪器设备使用率、校舍使用率均达到 95％以上；保证招生工作完成率达到 100％，有序推进教学、教研活动；在学生培养方面，专升本比率、对口就业率超过近 2 年平均水平，应届生就业率达到 90％以上；科学研究专利、论文成果超过近 2 年平均水平，社会服务企业委托科研课题经费、企业顶岗人数超过近 2 年平均水平，进入全国同类高职院校竞争力排名前 20％；在校学生、基层教职工满意度均达到 85％以上。

**二、绩效评价设计与实施**

（一）评价思路

1. 拟解决的问题

一是从财政资金预算安排和执行的角度切入，考察出版学院履职目标和年度绩效目标的实现程度，包括重点任务完成情况和预期效益等。二是以主要任务和绩效目标完成情况为基础，综合分析"学院核心职能—中长期发展目标—年度工作任务—预算支出安排"之间的关系，考察 2018 年度出版学院资金投入规模和结构，分析财政资金、人力资源和固定资产等软硬件资源配置的合理性。三是综合前述信息，分析当前出版学院在发展规划、运行管理和项目执行中存在的问题，并提出改进建议，以提高学院履职的整体绩效水平和财政资金使用效益。此外，结合委托方的需求，通过此次评价，探索本地区部门整体支出绩效评价的实施路径，为后续同类机构绩效管理工作的开展提供参考。

2. 总体思路的设计

对照本次绩效评价要解决的问题，评价组梳理评价思路如下：

首先，开展绩效评价的第一步是认识评价对象。在本案例中，评价组通过查阅学院的简介、"三定方案"、发展规划、年度工作计划等资料，结合对学院相关负责人的访谈，了解学院设立背景、学院定位及日常管理情况，理清学院架构、预算安排与执行、资产配置及学院教职工情况，并进一步明确学院的职能、主要任务，梳理和明确绩效目标。

其次，科学设置评价指标体系，考察出版学院 2018 年绩效目标的达成情况。通过基础数据表填报、访谈、管理台账查阅、实地勘察、问卷调查等方式，对学院主要工作任务的完成情况，以及学院教学、科研、社会服务、自身发展等效果目标实现程度进行考察，完成评价指标体系评分，并综合财政资金预算安排和执行情况，分析"学院核心职能—中长期发展目标—年度工作任务—预算支出安排"之间的匹配关系，考察财政资金投入对学院职能履行、达成年度绩效目标的保障作用，分析学院的财政资金、人力资源、固定资产等软硬件资源配置的合理性。

再其次，结合评价指标体系评分结果，对出版学院主要任务完成及履职成效进行进一步分析，综合部门投入和部门管理的情况，对绩效目标未实现的原因进行分析，反映当前部门决策和管理中存在的问题，并给出优化建议。

最后，总结此次出版学院部门整体支出绩效评价模式，对部门整体支出绩效评价的内容、基本实施方法和路径、评价指标体系框架等核心要素进行归纳提炼，为 Qqq 地区后续推进部门整体绩效支出评价工作提供参考。

3. 评价内容及指标体系设计

结合 Qqq 地区预算主管部门的预算绩效管理思路，本次部门整体支出绩效评价内容主要包括 2018 年度出版学院的预算编制与执行情况、年度工作计划及重点项目执行情况及履职效果等。在评价指标体系的设计上，按照"投入—过程—产出—效果"的基本逻辑路径设置一级指标。同时，为提升评价工作效率，提高出版学院的配合度，设置了"评价工作配合情况"的指标，从而形成了包括 5 个一级指标、9 个二级指标和 38 个三级指标的评价指标体系，具体见表 6-4。

表 6-4　出版学院整体支出绩效评价指标体系（节选）

| 一级指标 | 二级指标 | 三级指标 |
|---|---|---|
| 投入 | 预算编制 | A11 预算基础信息完整性 |
| | | A12 绩效目标符合性 |
| | | A13 绩效指标明确性 |
| | | …… |
| | 预算配置 | A21 在职人员控制率 |
| | | A22 "三公经费"变动率 |
| | | A23 重点支出安排率 |
| | | …… |

| 一级指标 | 二级指标 | 三级指标 |
|---|---|---|
| 过程 | 预算执行 | B11 预算完成率 |
| | | B12 预算调整率 |
| | | …… |
| | 预算管理 | B21 预算管理制度健全性 |
| | | B22 资金使用合规性 |
| | | …… |
| | 资产管理 | B31 资产管理规范性 |
| | | B32 固定资产利用率 |
| | 项目管理 | B41 项目管理制度健全性 |
| | | B42 制度执行有效性 |
| 产出 | 职责履行 | C11 教学活动完成情况 |
| | | C12 招生、就业工作完成情况 |
| | | …… |
| | | C17 后勤保障工作完成情况 |
| 效果 | 履职效益 | D11 学院竞争力 |
| | | D12 对口就业率 |
| | | D13 教师队伍建设情况 |
| | | D14 教师年人均论文发表数量 |
| | | …… |
| | | D19 服务对象满意度 |
| 评价配合 | 评价工作配合情况 | E11 评价工作配合度 |

（二）评价实施

本项目主要通过文件资料采集、社会调查和现场核查等方式采集评价基础数据。首先，通过文件需求表向出版学院及其预算主管单位采集学院设立、运行管理、预算编制与执行、重点项目实施等基础材料。其次，通过面向出版学院的二级单位和重点项目负责人的访谈，面向在校学生、一线教职工的访谈和问卷调查，深入了解学院的运行、管理、相关方满意度等。最后，对财务会计凭证、固定资产、管理制度及其执行情况开展现场核查的方式，对学院的财务管理、资产管理与使用，以及其他各项业务管理的建设和执行情况进行全面考察。各类数据采集的方式、对象和内容详见表 6-5。

**表 6-5　出版学院整体评价数据采集方式、对象和内容汇总**

| 序号 | 采集方式 | 采集对象 | 采集内容 |
|---|---|---|---|
| 1 | 文件需求表 | Qqq 地区新闻出版局、出版学院 | 学院设立、运行管理、预算编制执行、重点项目编制与执行等情况 |
| 2 | 访谈 | 一线教师 | 教学、考试、思政教育等教学活动开展情况 |
| 3 | | 一线科研人员 | 学科建设、课程设置、教师培训、技能大赛等教研工作开展情况 |
| 4 | | 招生、就业工作负责人 | 招生、就业工作完成情况 |
| 5 | | 基地、图书馆等配套设施负责人 | 实训基地、图书馆建设等教育配套情况 |
| 6 | | 当年各类重点工程项目负责人 | 房屋建筑物修建情况 |
| 7 | | 信息化建设负责人 | 校园基础平台、学院管理应用软件、入侵防御系统、教学资源库等信息化建设完成情况 |
| 8 | | 后勤保障工作负责人 | 校园保洁、宿舍管理、校园安全、医疗卫生等后勤保障工作完成情况 |
| 9 | | 财务负责人 | 学院预算编制与执行、财务管理等情况 |
| 10 | 问卷调查 | 在校学生（每个年级 200 人） | 学生满意度，对学校管理的意见、建议 |
| 11 | | 一线教职工（教师 50 人，其他 30 人） | 教师满意度，对学校管理的意见、建议 |
| 12 | 现场核查 | 会计凭证 | 财务管理、预算执行规范性 |
| 13 | | 固定资产 | 固定资产管理、使用规范性 |
| 14 | | 管理制度 | 管理制度健全性、执行有效性 |

## （三）绩效分析

经过数据采集和客观评分，Qqq 地区出版学院 2018 年度部门整体支出绩效评价等级为"良"。以评价指标体系评分结果为基础，评价组围绕使用的经济性、效率性及效益性开展绩效分析。

总体来说，2018 年出版学院资金支出主要在校园环境、教科研、招生就业、校园文化、学校管理、工资福利及补助六个方面。其中，校园环境、教科研、工资福利及补助三个方面的资金支出比例较高，三者之和超过 75％；招生就业、校园文化、学校管理三个方面的资金支出相近，支出比例相对较低。围绕人才培养、科学研究、社会服务、文化传承创新四大职能，评价组对各项支出内容及其绩效的情况分别进行了具体的分析，以下主要以教科研和招生就业情况的分析为例进行介绍。

1. 教科研方面绩效分析

2018 年，出版学院教科研支出占比 33.71%，在各项支出中占比最高。支出内容主要是教学设施的建设，即图书科技楼、图书馆及实验实训室的改造。其余支出为教学及科研相关培训费、书报杂志费、差旅费等。

首先，教学环境有较大改善，教学资源基本满足教学需求。以实验实训室为例，出版学院以往的教学资源比较紧张，所以周末和晚间均安排了授课任务。而作为职业院校，出版学院重视学生实践技能培养，在实训基地的建设上投入力度也较大，近几年新增各类实验实训室，并于 2018 年对所有的 37 个实验实训室进行室内室外硬件环境的升级和重新布局，实验实训条件有了较大的改善，教学资源已经基本能够满足日常教学需求。

其次，学院在教科研方面的经费投入合理性不足，教科研成果质量有待提升。2018 年出版学院教科研项目共 15 个，教师论文发表数为 33 篇，获得 2 项外观设计专利。从教科研成果质量来看，出版学院的教科研项目级别均为省级，论文发表的期刊也多为三类普通期刊，缺乏国家级项目及在核心刊物上的发表，教研科研成果质量有待进一步提升。虽然出版学院重视教科研工作，在专任教师年度考核办法中，专任教师"教研与科研"项目评分权重占总分数的 20%，并将教师教科研成果纳入职称评定中，但是出版学院在教科研经费上的投入较为分散。每年安排的教研经费不仅是针对单纯的教研和科研，还包括学科建设（采购网络课程资源，主要用于新专业）、课程设置、教师培训和进修、校企合作、技能大赛等诸多内容。此外，出版学院缺乏有效的科研奖励机制，学院对教师科研能力的评价，往往都是将发表论文篇数、科研立项及科研获奖情况作为其奖励依据，却忽视了论文、课题的质量，科研工作从数量上来看不低，但其实教师本身的科研能力却没有得到实质上的提高。

2. 招生就业方面绩效分析

2018 年出版学院在招生就业方面的资金投入占比 2.73%，主要用于招生宣传与就业培训和宣传。

招生方面，2018 年招生宣传力度降低，导致招生结果不尽人意。出版学院提出了更名申请，在办学方向上进行转型升级发展，2018 年新建 6 个专业，其中 3 个专业在 2018 年招生顺利，新专业对招生有着明显的促进作用。然而，出版学院招生形势依旧严峻，2018 年招生工作完成率不足 70%，招生结果较历史年度所有下降。主要由两方面的原因造成：一方面，由于高考报名人数下降，高校招生录取率逐年提高，生源竞争更加激烈；另一方面，2018 年教育部门给出版学院下达的分类考试招生计划人数增加了 25%，考虑历史年度招生成绩较为突出，出版学院对分类招生情况评估过于乐观，对 2018 年的招生形势判断错误，降低了招生宣传力度，导致最终招生结果不理想。

就业方面，出版学院开展了多种就业创业服务，学生就业情况较好。出版学院针对高职教育特点，科学安排实践教学比重，注重学生技能培养，新建了数字媒体等实践教学基地，突出校企合作中企业对学生的培养比重，学生实践能力强，就业率才有保障。2018年出版学院毕业生初次就业率超过92%。此外，出版学院还开展了多种形式的教育活动、指导活动、就业创业咨询指导，组织多种形式的大中型双选会和网络招聘会，为毕业生提供就业信息、搭建就业平台，学生就业满意度和用人单位认可度均较高。

（四）评价结论

1. 总体结论

2018年，出版学院工作正常有序推进，建立起了一套完整的管理制度，整体而言执行有效，完成了全年的教学、科研、就业等工作计划；校园建设任务基本完成，校园环境得到一定程度改善，专业建设更具时代性。但是整体环境仍有优化空间，校园文化的内核还需进一步培育，教科研产出有待进一步提升，预算编制过程中绩效目标管理的意识还需进一步加强。

2. 经验做法

经过2018年的工作开展，出版学院也积累了一定的经验做法，为学院的持续发展奠定了基础。一是重视教学设施和学生的生活条件等校园硬件环境改善，为学院各项发展目标的实现奠定了物质基础；二是结合社会发展新建专业，促进学院转型，完成了发展方向的调整，专业建设稳步推进，专业实力得到稳步提升；三是注重实训实习，实现人才与市场"零距离"。大力推进实验室建设和管理，同时积极拓展校企合作，拓宽高技能人才培养的深度和广度，并采用多种方式实时跟踪毕业生顶岗实习情况，确保学生更好地适应市场需要。

3. 问题及建议

本次绩效评价发现的问题主要包括：校园环境品质需进一步提升，图书馆使用率有待提高；预算支出进度慢，结转结余体量大；职能履行基本完成，但是完成质量有待提升。

评价组提出的建议如下：

一是进一步改善学校硬件条件，提升校园环境品质。一方面，整体规划，完善后勤配套，提升环境品质；另一方面，强化引导，着力提升学院图书馆使用率。

二是科学编制预算，加强支出进度管理，降低结转结余数量。

三是与时俱进，打造文化内核，推进学院建设，提高履职质量。首先，适应时代变化建设软件环境，因地制宜培养人才；其次，明确科研方向，改善科研条件，激发教师科研积极性，提高科研产出质量；再其次，提升社会化办学能力，培养社会需要的人才；最后，传承区域文化，打造文化内核，实现创新发展等。

4. 结果应用

本次绩效评价结果在两个层面得到良好的应用。一是通过本次部门整体支出绩效评价工作，对预算绩效管理的思路和方法进行了宣传贯彻，为出版学院后续开展预算绩效管理，如填报部门整体支出绩效目标、撰写部门整体支出绩效自评报告提供了基础。评价中发现的问题和建议也为学院改进管理、合理安排预算资金提供了参考。二是本次绩效评价是 Qqq 地区首次开展预算部门整体支出绩效评价，结合当地的实际和特色厘清了部门整体支出绩效评价内容与思路，构建了评价指标体系，探索了评价的实施方法，形成了评价结果论证机制并开展结果应用，从而形成一套完整的部门整体支出绩效评价实施机制，财政主管部门将在 Qqq 地区由点及面逐步推开。

### 三、案例总结

（一）案例经验及优点

我国有近 3 000 所高校，针对出版学院的绩效评价是对高等职业院校开展部门整体支出绩效评价的一次有益实践，对开展高职院校绩效评价具有一定的借鉴意义。

其一，通过对出版学院基本信息的了解，综合预算支出的方向和内容，梳理出了科学研究、人才培养、社会服务和文化传承创新四大职能，以及校园环境、教科研、招生就业、校园文化、学校管理、工资福利及补助六个支出方向，为开展高校绩效评价工作提供了基础性资料梳理的思路。

其二，此次绩效评价的总体思路与绩效分析思路可以为高职院校部门整体支出绩效评价提供参考。在此次绩效分析的过程中，评价组紧紧围绕出版学院的核心职能，从预算支出的总体规模和支出结构出发，分析能够反映核心职能的效果指标的实现情况，分析目标未能如期实现的原因，从而给出有针对性的优化建议。

此外，基于本案例形成的部门整体支出绩效评价总体思路、评价指标体系、评价结果论证和应用机制为 Qqq 地区树立了典型，此种评价类型将在后期得到有效推广，对推进当地预算绩效管理发挥了一定作用。

（二）案例的局限性

部门整体支出绩效评价应当从运行成本、管理效率、履职效能、社会效应、可持续发展能力和服务对象满意度等方面，衡量部门整体及核心业务实施效果，应当关注部门整体的资源配置，特别是财政资金支出方面的配置。但由于前期管理基础相对有限等原因，在本案例中，对出版学院"职能—中长期发展目标—年度工作计划—预算"之间匹配关系的分析仍停留在预算支出内容对学院职能履行、目标实现及项目完成的保障上，对支出结构合理性的分析仍显不足，受限于评价资料的获取情况，未对出版学院历年的资金投入与履职效果进行纵向对比分析，无法针对 2018 年履职效果不佳的方面给出预算投入调整的建议。

（三）进一步探讨的方向

在本案例中，Qqq 地区是按照生均经费安排财政投入，教育部及 Qqq 地区教育主管部门均有相关规范标准，因此本次评价未涉及预算标准合理性方面的内容。但从绩效管理的思路出发，按照中共中央、国务院实现预算和绩效管理一体化的要求，财政预算的安排应当以绩效目标为依据，并将绩效目标的实现情况与后期的预算安排挂钩。因此，建议进一步探索建立高职院校等高等教育学校的绩效目标体系。

首先，可以按照管理层级的不同，从资金支出的主体出发，设置院校部门整体支出绩效目标、院校二级单位整体支出绩效目标等。其次，从大的绩效目标框架上，也可以分为产出目标、效果目标和服务对象满意度三个部分。其中，效果目标的设置应先从院校的发展定位出发，如职业教育的基本定位是技术技能人才培养，为国家技术技能积累服务，所以在职业院校的绩效目标中，除了体现一般教育领域的基本特征外，还应当重点突出对职业技术技能人才培养目标的考察。而产出目标应该先由其支出拟实现的效果目标确定，围绕高职院校的中长期发展规划和年度重点任务设定。

总体而言，绩效目标的设定应当以现代职业教育体系建设的发展目标为导向，结合院校自身发展优势和特色，通过绩效目标引导财政资金投入。结合本案例实施过程中存在的不足之处，下一步还应在绩效目标体系建设的过程中，逐步推进绩效标准的建设，以通过更加直观和量化的方式，为财政资源配置提供决策依据。

## |案例二| Rrr 地区人才服务中心部门整体支出预算绩效评价

本案例以 Rrr 地区人才服务中心 2018 年的部门整体支出预算绩效评价为例，通过全面梳理部门情况，按照部门职能、部门战略目标、中长期规划、三年工作计划、年度工作计划，由宏观到微观的逻辑顺序梳理部门年度整体支出绩效目标，以绩效目标指导绩效评价重点，构建绩效评价指标体系，对单位年度重点工作目标的实现和职能的履行进行评价，发现部门在资源分配、业务管理、效益实现方面存在的问题。

### 一、部门简介

#### (一) 部门设立背景

Rrr 地区人才服务中心（以下简称"中心"）成立于 20 世纪末，为 Rrr 地区人力资源和社会保障局（以下简称"人社局"）直属事业单位。21 世纪初，中心挂牌流动人才党员服务中心、回国留学人员服务中心，之后又增挂外国人来华工作服务中心牌子，成立外国人来华工作部，2018 年增加负责外国人来华工作、台港澳人员来 Rrr 地区工作的申请受理、发证等有关服务工作的职责。2018 年，中心设 12 个内设机构，单位事业编制为 135 名，年底在编人员 120 名。中心执行党委、政府和人社局制定的人才服务政策，接受人社局的工作考核。

（二）部门职能

根据当地编制委员办公室和中心主管部门的文件，人才服务中心的主要职责有十五项，中心设办人力资源市场管理部、财务资产管理部、流动人才档案管理中心等12个内设机构，如图6-1所示。

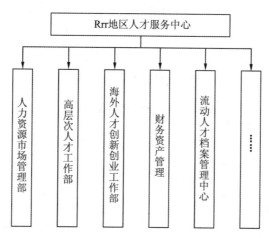

**图 6-1　Rrr 地区人才服务中心组织架构图**

评价组通过对中心核心职能的梳理、提炼，对应各内设机构的具体职责，结合中心服务对象及其对应服务内容，进行分类归纳，将中心的核心职能分为人才事务性服务、人事档案管理服务、人才就业创业服务、人才引进交流服务和日常管理服务五个方面。此种分类方式既可以覆盖中心的核心职能，又能够体现中心的服务内容及服务范围。

以人事档案管理服务职能为例，具体由流动人才档案管理中心负责，主要包括两块工作：一是负责本地区流动人员人事档案管理和服务。制定实施细则和工作标准，管理本市流动人才人事档案信息系统；指导区（县）和相关行业中心、专业中心开展人事档案管理和信息应用服务。二是负责本地区人才诚信信息系统建设。承担信用信息核实工作，管理失信记录信息库；负责指导区（县）中心人才信用信息应用。

（三）部门预算资金来源、规模及使用情况

2018 年，中心收入约为 2 亿元，其中公共财政预算拨款收入 1.5 亿元左右，其他收入[①] 40 余万元，非税收入近 4 000 万元。非税收入主要包括固定资产处置收入和国有资产出租出借收入。

中心年初公共财政拨款支出预算为 1.31 亿元，调整后预算为 1.5 亿元。一是由于中心人员变动基本支出预算调整；二是增加四个一次性项目，项目支出增加。2018年中心公共财政拨款实际支出不足 1.5 亿元，预算执行率为 96.64%，结余资金已按

---

① 其他收入主要为利息收入、税务返回个人所得税手续费。

照要求及时上缴财政。

（四）部门管理情况

根据中心工作开展性质，部门管理工作主要分为党建工作、行政管理和业务管理三大类。党建工作主要涉及"三会一课""两学一做"和"三重一大"决策等；行政管理主要包括人员管理、预算管理、财务管理、资产管理、采购管理及公务卡和现金管理等。由于这两类工作均不具有典型的部门特点，本案例主要就中心业务管理的梳理进行介绍。在对中心部门职能梳理时，已经将部门履职的重点工作内容进行对应，所以对于部门业务管理情况的梳理，也按照前述五个分类进行。具体如表 6-6 所示。

表 6-6　中心业务管理基本情况

| 中心职能 | 业务管理情况 |
| --- | --- |
| 人才事务性服务工作管理 | 负责窗口事务性工作，专技人才工作部负责职称受理。通过制定各项受理业务标准流程的规范文件，对各环节的规范性进行管理 |
| 人事档案管理服务工作管理 | 制定《流动人员人事档案管理服务标准化手册》，明确了工作内容和要求、工作流程、流动人员人事档案管理服务工作规定等，以加强流动人员档案服务管理工作 |
| 人才就业创业服务工作管理 | 依据政策文件要求开展。在提供就业创业服务时，主要开展形式为招聘会组织、政策宣传等，未制定专门的业务管理制度。此类工作在开展过程中支出内容多为广告费、专家费等，中心按照采购服务管理办法、专家费支出标准进行项目支出管理 |
| 人才引进交流服务工作管理 | 中心通过梳理服务内容，以服务清单形式开展高层次人才服务管理工作。为高峰人才及其团队提供共计 16 大类 40 项服务，为国家海外高层次引进专家提供共计 9 大类 20 项服务，为海外高层次引进专家提供共计 9 大类 16 项服务 |
| 日常管理工作管理 | 1. 人才公共服务平台一体化：加强上下级联动，明确同意工作标准和工作规范，制定中心主任工作会议制度、定期培训制度、业务工作交流制度、服务信息通报制度和年中考核评估等配套制度<br>2. 人才大厦运行管理：制定了"一周""两联""三方""四节"管理机制，重点开展安全管理<br>3. 信息运维管理：制定《Rrr 地区人才服务中心计算机及信息系统维护制度》《Rrr 地区人才服务中心网络与信息安全应急预案》等 |

（五）部门目标

由于该部门在评价期内尚未编制部门整体支出绩效目标，部门整体支出绩效目标由评价组按照"部门战略目标—部门职能—中长期规划—评价年度工作计划—评价年度绩效目标"的思路梳理，由宏观到微观，进行部门绩效目标的层层分解。主要梳理路径如图 6-2 所示：

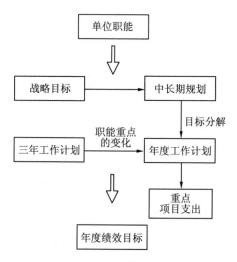

**图 6-2 绩效目标梳理路径图**

以人事档案管理服务职能为例,通过梳理对应的部门职能、中长期规划和年度工作计划与对应支出项目,评价组确定 2018 年人事档案管理服务职能的考核重点是档案服务的信息化,特别是档案数字化。因此在分解绩效目标及设计绩效评价指标时主要考察档案数字化工作完成数量、质量和时效等,见表 6-7。

**表 6-7 职能—目标分解表**

| 职能 | 中长期规划 | 2018 年工作计划 | 2018 年项目支出 |
|---|---|---|---|
| 人事档案管理服务 | 创新服务供给模式,提升服务队伍能力素质,进一步提高相关基本公共服务的针对性、便捷性和可及性 | 各项档案管理服务业务正常运行,中心人事档案数字化率达到 90%,档案系统联网正常运行 | 流动人员人事档案管理专项 |

按照前述绩效目标分解的思路,对应中心 2018 年度工作重点,评价组分别提炼产出绩效指标;结合中心职能,提炼部门效果目标。最终梳理出 2018 年中心的部门整体支出绩效目标,见表 6-8。

**表 6-8 2018 年中心整体支出绩效目标(节选)**

| 目标分解 | 对应工作任务 | 分解指标 | 目标值 |
|---|---|---|---|
| 产出指标 | 人才就业创业服务 | 高校毕业生招聘会场次 | 90 场 |
| | | 高校毕业生招聘会协调组织单位参与数 | 1.2 万家 |
| | | 高校毕业生招聘会提供工作岗位数 | 16 万个 |
| | | …… | …… |

| 目标分解 | 对应工作任务 | 分解指标 | 目标值 |
|---|---|---|---|
| 产出指标 | 人才档案管理服务 | 电子档案录入完成数 | 12 954 卷 |
| | | 档案录入验收合格率 | ＞95％ |
| | | 电子档案录入完成及时性 | 及时 |
| | …… | …… | …… |
| 效果指标 | 社会效益 | 留学生创业政策知晓度 | ≥80％ |
| | | 中心人事档案数字化率 | 90％ |
| | | 人事服务有责投诉数 | 0 次 |
| | | …… | …… |
| | 服务对象满意度 | 业务办理者满意度 | ≥85％ |
| | | 回国留学人员满意度 | ≥85％ |
| | | 高校毕业大学生满意度 | ≥85％ |
| | | …… | …… |

## 二、绩效评价设计与实施

### (一) 评价思路

**1. 拟解决的问题**

本次部门整体支出绩效评价拟集中解决两个问题：一是部门整体支出绩效目标的梳理，围绕部门职能、中长期规划，梳理年度工作计划内容，确定年度重点工作任务及其履职目标；二是通过绩效评价，分析中心年度绩效目标的实现程度，考察部门履职情况，从部门整体支出的角度，发现部门管理及资源配置方面存在的问题，为部门后续工作的开展提供参考。

**2. 总体思路的设计**

在明确评价目的的基础上，评价组按照 Rrr 地区部门整体支出绩效评价的基本要求，在完成部门概况梳理的基础上，结合中心职能和工作开展的实际情况，确定本次绩效评价思路，具体如下：

首先，从中心发展历史出发，结合部门"三定方案"，对部门的基本情况进行梳理，具体包括部门职能、机构设置和人员编制情况，部门工作管理情况，以及评价年度部门收支预算安排及执行情况等。

其次，从宏观到微观逐级分解形成年度绩效目标。按照"部门战略目标—部门职能—中长期规划—年度工作计划—年度绩效目标"的思路，梳理中心职责范围和履职内容，明确中心职能—中长期规划、年度工作计划的对应关系，梳理评价年度部门整体支出绩效目标。

最后，从部门决策（投入）、运行管理、职能履行等维度考察中心整体支出绩效状况：

一是部门决策。主要围绕中心职能、部门战略规划、中长期规划和年度计划，梳理中心职能和当年度重点工作任务，考察中心重点工作和项目安排的科学性和合理性。

二是运行管理。从人员、财务和业务管理等维度对部门管理情况进行考察。在人员配置方面，通过梳理中心内部控制制度及人员编制和在岗情况，重点针对人员配置的合理性开展评价。在财务管理方面，通过对中心人员经费、公用经费、项目经费和存量资产的梳理，考察中心资金管理的规范性，分析中心年度运行成本控制情况，特别关注中心财政资金管理情况，包括预算编审、预算执行、决算、政府采购等方面。在业务管理方面，通过对重点工作开展情况的梳理，分析业务管理质量控制水平，重点关注各项服务的标准是否明确、各项服务机制是否健全，以及服务要求执行情况。

三是履职效果。重点考察人才事务性服务、人才档案管理服务、人才就业创业服务、人才交流引进服务等重点服务工作完成情况。针对中心为窗口服务单位的特点，在履职效果中将重点关注服务窗口的服务效率水平、服务效果和服务人群的满意度情况。

3. 评价指标体系设计

遵循绩效评价的基本原理，依据前述评价思路，按照本地区绩效评价要求设计中心部门整体支出绩效评价指标体系，设置投入、过程、产出、效果四个一级指标，围绕中心预算资金管理，部门管理效率、履职情况、履职效益完成情况和社会评价，着重对中心相关职责履行的产出和效果等方面进行考察。由于中心工作内容较多，评价组按照职能分类，将对其的考察细化至四级指标。具体部门整体支出绩效评价指标体系详见表6-9。

**表6-9　2018年中心部门整体支出绩效评价指标体系（节选）**

| 一级指标 | 二级指标 | 三级指标 | 四级指标 |
|---|---|---|---|
| A 投入 | A1 目标设定 | A11 年度计划明确性 | — |
| | | …… | …… |
| | A2 预算配置 | A22 预算编制合理性 | — |
| | | …… | …… |
| B 过程 | B1 预算执行 | B11 预算执行率 | — |
| | | B12 结转结余率 | — |
| | | …… | …… |

| 一级指标 | 二级指标 | 三级指标 | 四级指标 |
|---|---|---|---|
| B 过程 | B2 财务管理 | B21 财务管理制度健全性 | — |
| | | B22 资金使用合规性 | — |
| | | …… | …… |
| | B3 资产管理 | B31 资产管理制度健全性 | — |
| | | B32 固定资产利用率 | — |
| | | …… | …… |
| | B4 业务管理 | B41 业务管理制度健全性 | — |
| | | B42 业务管理制度执行有效性 | — |
| C 产出 | C1 职责履行 | C11 人才事务性服务 | C111 办理证件废证率 |
| | | …… | …… |
| | | C12 人事档案管理服务 | C121 电子档案录入完成率 |
| | | …… | …… |
| | | C13 人才就业创业服务 | C131 高校毕业生招聘会完成率 |
| | | …… | …… |
| | | C14 人才引进交流服务 | C141 "千人计划"服务相关活动完成率 |
| | | …… | …… |
| | | C15 人才大厦的日常管理 | C151 维修维护及采购完成率 |
| | | …… | …… |
| D 效果 | D1 履职效益 | D11 社会效益 | D111 窗口业务办理效率提升 |
| | | | D112 中心人事档案数字化率 |
| | | | D113 留学生创业政策知晓度 |
| | | | D114 人事服务有责投诉数 |
| | | | …… |
| | | D12 社会公众满意度 | D121 人才大厦业务办理者满意度 |
| | | | D122 回国留学人员满意度 |
| | | | …… |

（二）评价实施

评价组通过前期调研，完成了评价工作方案，明确了评价目的和评价思路，开展了评价指标体系设计及配套社会调查方案编制等工作。依据评审后确定的工作方案，通过基础数据填报与复核、问卷调查及实地调研等数据采集方式，经过数据整理、分析和报告撰写等环节，顺利完成了评价工作。考虑到中心是服务型单位，评价组将服务对象满意度作为重点指标，在加大指标权重的同时，为全面反映不同服务对象对不同服务内容的满意度，评价组进一步细化满意度调查人群，并有针对性地设计了满意度问卷。调查对象包括招聘会企事业单位负责人、人事业务办理人员、人才大厦入驻企业及回国留学人员等，同时采用线下和线上相结合的方式开展满意度调查，增加调研覆盖面，提高评价效率。

（三）绩效分析

绩效分析按照"投入—履职—效益"的逻辑路径展开，从投入与履职绩效两个方面阐述。

1. 投入方面

主要围绕人员经费、公用经费及各专项经费的资金投入情况，分析资金投入是否保障了部门职能的履行。在投入规模上，通过三年历史数据的对比，分析部门预决算总体规模变动趋势，并挖掘变动原因。对于投入质量，主要从资金投入结构切入：一是分析基本支出和项目支出的结构变化；二是深入分析项目支出的结构，从而考察支出结构与部门履职工作安排的匹配性，项目支出是否与当年度重点工作任务匹配等。

2018年，人员经费、公用经费等基本支出投入为中心工作开展提供了基本的人员和办公环境支持，有效保障了中心各部门工作的正常运转。从项目支出目的分析，均与部门职能高度相关，通过项目支出保障，中心能够更好地完成部门履职，为各类人才提供服务，并不断提升整体服务水平。

2. 履职方面

针对职能履行方面，评价组主要从产出和效果目标的实现程度出发分析。2018年，中心的项目完成情况和履职效果均较好，重点工作完成度超过90%，履职效果指标得分率达到95%。如人才事务性服务，通过项目的落实和开展，2018年中心按时保质保量完成窗口受理等行政审批事项，窗口业务办理时间较上一年度有所减少，提高了服务效率，人才事务性工作的落实使公共服务形象得到极大提升，高层次人才等服务对象满意度高。

（四）评价结论

1. 主要绩效与经验做法

2018年，中心围绕本单位职能，全面落实党委、政府和上级主管部门工作部署要求，遵循稳中求进的工作总基调和人才优先的工作主线，通过不断改进工作作风、创新服务机制、延伸服务领域、提高服务水平，助力打造具有国际竞争力的人才发展环境，较好地完成了全年工作任务。在工作开展方面，以下两点经验做法值得借鉴：

（1）不断完善业务机制，借助信息化手段，缩短业务办理时长

通过不断完善业务管理机制，积极打造创新服务举措。通过窗口受理"一口清"接待服务，高端人才"绿色通道"快捷服务，"容缺受理"服务，电话咨询专线，开

展"线上培训服务"新模式，全面普及政策知识，减少业务办理时长。同时，借助信息化手段，建立全网预约制度。采用"实名制、分时制、轮候制"，有效减少排队等候时间，申报人员按照预约时间到现场办理业务，30分钟以内即可完成。

（2）打造"大讲堂"品牌，加大政策宣传力度，强化宣传效果

打造"大讲堂"系列活动，加大政策宣传的力度、广度、深度和精准度。以"人才大厦"为主的培训基地，以金融人才等分中心为分基地，并通过"线上＋线下""传统＋新媒体"相结合的方式，依托人才微信服务公众号等新媒体打造政策宣传平台，扩大人才政策宣传培训的覆盖面和影响力。同时，根据培训群体的需求，量身定制个性化培训专场，诚邀各方面权威的导师及有影响力的企业负责人参加，提升整体培训的效果，体现政策的集中度和透明度。

2. 存在的问题

虽然2018年中心整体工作完成情况较好，但在以下三个方面仍然有较大的优化空间。

（1）年度工作目标精细化程度欠缺，部分工作计划未完成

中心年度工作计划整体框架合理，思路明确，但具体项目未明确具体实施内容及对应进度安排，对于项目的进展缺少过程性监控，精细化程度不足，导致部分工作未按计划完成，如高校应届毕业生招聘计划完成率仅为81%。

（2）中心办公设备超标准配置，资源配置有待优化

中心存在办公设备配置超标的问题，台式机总数超过单位编制内实有人数的配置标准150%以上。主要原因是新的审批系统端口接入市政府统一受理平台，要求新旧系统同时操作运行。

（3）外国人来华工作证件废证率超过行业标准

201×年，外国人来华工作证件废证率达到0.9%，未达到行业标准要求。造成废证的原因主要为资料信息错误、证件质量低、操作失误、设备故障等。

针对上述问题，评价组分别给出了有针对性的建议，此处不赘述。

### 三、案例总结

#### （一）案例经验及优点

1. 部门绩效目标梳理逻辑清晰，全面反映部门履职重点

评价组在梳理部门年度目标和工作任务时，围绕部门职能，结合Rrr地区人才战略定位，梳理出部门战略目标和中长期规划，结合部门年度工作计划，梳理出部门评价年度工作目标和重点，由宏观到微观，不断明确部门职责范围和履职内容，聚焦到年度工作和重点项目。一方面梳理路径清晰，便于操作和参考；另一方面详尽展现了部门履职内容，且重点突出。

2.“线上＋线下”调研相结合，全面反映中心服务效果

人才服务中心作为人才服务单位，其服务的对象较多，因此测定“社会满意度”指标的重要性不言而喻。评价过程中，评价组通过梳理中心服务对象，结合中心履职重点和年度重点项目支出，筛选出满意度的调查对象。在调查方式上，对事务性服务对象等业务办理较为集中，能够实现面对面调查的，采用线下调研的形式，在事务办理大厅进行问卷发放和回收；而针对留学回国人员、企业招聘负责人、高层次人才等服务对象分散的服务事项，主要通过中心的线上平台（微信群、邮箱）进行问卷的发放和回收。通过线上与线下结合的方式，既保证了调研信息反馈的充分性，也保证了问卷调查对象的覆盖面。

（二）案例的局限性

在此次评价中，评价组虽考察了部门对于人、财、物的投入和管理情况，但是考察重点仍聚焦在合规性方面。因为服务工作量测算难度较大，目前也尚未制定支出标准，所以对于投入的经济性及部门资源配置的合理性未做进一步分析。

此外，中心的职责定位是当地人才政策的执行者，人才服务的“店小二”，根据当地人社局制定的人才政策提供服务，政策决策环节并非中心的职责。评价组在实地调研中也了解到中心在政策执行过程中遇到的困难，包括服务对象对政策的不理解、对政策的不满意等，而中心作为政策的执行方常常比较被动。在衡量中心的履职效果时，有一些效果难免是与政策本身的科学性与合理性相关的，特别是服务对象的满意度，在分析绩效指标出现偏差的原因时，需要具体分析问题产生在哪个环节，建立政策执行反馈机制，及时对政策制定层面存在的问题进行反馈，而不能简单地将绩效目标未实现的责任落在中心身上。

（三）进一步探讨的方向

如何开展部门资源配置合理性分析是部门整体支出绩效评价需要解决的问题，也是需要进一步探讨的问题。以中心为例，首先需要探索科学的绩效标准测算模型，对中心不同类型服务的工作量、服务标准、服务价值进行量化，使其实现可测量的目标；其次，对应服务内容和服务标准，建立支出标准体系，如各类人事服务支出标准等。在此过程中，需要通过大数据的积累，为标准建设提供支撑，才能够真正实现部门整体支出层面的绩效分析。

## |案例三| **Sss 地区党史研究室和**
## **地方志办公室部门整体支出预算绩效评价**

党史是中国共产党从 1921 年 7 月 1 日成立以来整个发展过程的全部历史，党的主要领导人历来高度重视党史和党史工作。地方志是重要的地方文献，是一个地区的

史书，享有"地方百科全书"的美誉。地方志工作作为全面系统记述地区的经济社会发展历史与现状的资料性文献，同党和国家大局紧密相关。虽然史志工作的意义重大，但史志工作的价值是较难外化和量化的，因而给部门整体支出预算绩效评价带来了更多的挑战。本案例通过总结 Sss 地区党史研究室、方志办的部门整体支出预算绩效评价过程，提炼评价组在部门概况梳理、评价思路和绩效分析等方面的经验，分析评价存在的不足，以期为史志工作支出预算绩效评价及部门整体支出预算绩效评价提供一定的参考。

## 一、部门简介

### (一) 部门设立背景

史志工作在党的全局工作中具有十分重要的地位，关系到党和国家的事业大局，发挥着"以史鉴今、资政育人"的特殊作用，党和国家历来重视党史和地方志工作。为贯彻落实上级有关党史和地方志的具体工作要求，Sss 地区自 1984 年起便相继设立了专门机构负责地区党史资料征集和地方志工作。随着地区社会经济不断发展，行政区划发生调整，以及新时代对党史和地方志相关工作的新要求，对应机构也随之调整，经历了一系列的部门发展变迁。2011 年，Sss 地区建立了中共 Sss 地区党委党史研究室和 Sss 地区地方志办公室（以下简称"党史研究室"和"方志办"）。

### (二) 部门职能

根据部门"三定方案"，党史研究室是在中共 Sss 地区委领导下的中国共产党党史研究部门，是 Sss 地区主管党史业务的工作部门；方志办根据《地方志工作条例》及当地地方志工作条例的有关规定，负责 Sss 地区地方志工作。Sss 地区党史研究室与方志办合署办公，为参照公务员法管理的正处级全额拨款事业单位，按照部门"三定方案"规定，贯彻执行国家和本市有关党史和地方志工作的方针和政策。

围绕部门"征、编、研、宣"的主要工作内容，评价组梳理其主要职能有以下四个方面：一是史志资料征集，负责征集党史和地方志的相关文献、资料；二是史志编研[①]，负责编纂、出版党史、地方组织史及党史大事记、地方志书和地方综合年鉴等；研究制定 Sss 地区党史和地方志工作规划和编纂方案，推动党史资料研究及地方志理论研究；三是史志宣传，组织开展党史及地方志的学习教育和党史普及宣传；四是其他工作，如协同做好党史遗址保护，承办 Sss 地区党委和政府交办的其他工作。

### (三) 部门组织架构及人员情况

根据部门"三定方案"，党史研究室和方志办内设 3 个科室，包括 1 个内部管理科室为综合科，负责部门综合性事务；2 个业务科室为党史科、志鉴科，分别负责

---

[①] 史志研究是史志编纂的基础，史志编纂是史志研究工作的成果体现，为将成果与支出进行匹配，将史志编纂和史志研究职能合并为史志编研职能。

Sss 地区党史和地方志工作。党史研究室、方志办的人员编制为 11 名。截至 2018 年年底，部门共有在编人员 10 人。此外，由于业务需要，党史研究室、方志办长期聘用一定数量的人员协助区志相关编研工作。外聘人数在 8～10 人之间浮动，并根据工作内容设总撰稿人，聘用人员费用在项目经费中列支。

（四）部门资产状况

总体而言，受业务性质影响，党史研究室、方志办是"轻资产"部门。截至 2018 年年底，部门所持有固定资产总价值为 50 余万元，主要包括办公设备、家具用具两类，资产价值占比分别为 80.59％、19.41％。

（五）部门管理情况

党史研究室、方志办结合实际工作情况，针对部门人员管理、部门财务管理和部门业务管理建立相关制度。针对史志资料征集、史志编研和史志宣传三类重点业务，部门制定有《课题研究工作制度》《党史大事记当年征集制度》等业务管理制度，对征编原则、内容和质量要求等进行了明确规定。如针对编撰成果的质量，建立三级审核机制：一级是参与编纂的单位根据保密法规定进行内容审核；二级是区保密组审核；三级是出版社审核。

（六）部门预算资金来源、规模及使用情况

2018 年部门支出预算为 460 余万元，调整后预算和支出决算数均为 430 余万元。其中，基本支出预算数为 360 余万元，调整后为 340 余万元，项目支出预算小计 100 余万元，调整后为 90 余万元。从支出结构来看，项目支出占比较小。

（七）部门目标（包括中长期目标、年度目标）

结合部门"三定方案"明确的职能职责、部门中长期规划和部门年度工作绩效，梳理部门战略目标与 2018 年度部门整体支出绩效目标。

1. 部门战略目标

依据《Sss 地区国民经济和社会发展第十三个五年规划》《中共 Sss 地区党委党史研究室 2016—2020 工作规划》《Sss 地区地方志事业发展规划纲要（2016—2020 年）》《Sss 地区地方志办公室"十三五"期间重点工作和重要措施》，提炼部门战略目标。

围绕地区中心工作，深化党史编研，推进志鉴编纂。通过稳步推进文献资料征编，加大口述史料征集力度，做好影像、图片资料征集，抓紧征编党史资料；通过拓展地方志资料收（征）集范围和渠道，开发利用地方志资源，推进地方志理论研究；通过编纂基本著作、深化专题研究，提高党史研究水平；通过优化地方志体例结构，突出内容特色，拓展形式载体，扩大应用范围，创新年鉴编纂工作；通过做好党史重大事件纪念活动，创新党史宣传方式方法，发挥党史教育基地作用，扩大党史宣传教育；通过创新形式，大力宣传地方志对经济社会发展的新成绩、新贡献。

2. 年度部门整体支出绩效目标

评价组依据部门上年度工作总结及 2018 年工作计划，结合部门预算编制依据和部门内部管理制度，提炼 2018 年部门整体支出目标，并与部门进行确认。

产出目标：继续推进史料征集工作，按计划开展口述史征集及 1～2 项历史调研；加强史志资料整理、研究，并完成史志编纂工作 6 项；同时，完成史志成果出版工作 4 项；加强党史及方志教育宣传，完成史志宣传工作；6 项史志验收合格成果；史志编纂、出版及时完成。

效果目标：按计划发放史志成果至政府机构、学校、图书馆等单位，《Sss 地区年鉴（2018）》发放至 187 家单位，《口述 Sss 改革》发放至近 300 家单位；公众查阅史志成果的便捷性较高；史志宣传渠道得到拓展；党员满意度≥85％。

**二、绩效评价设计与实施**

（一）评价思路

1. 拟解决的问题

从职能设置、职责分工、重点工作确定、科学配置资源、履职完成情况及履职效果情况等角度，全面反映部门整体履职情况、部门整体支出效益，从而提高部门整体支出的整体效果和使用效率。

2. 总体思路的设计

按照部门整体支出绩效评价的基本要求，结合党史研究室、方志办部门履职特点和工作开展的实际情况，评价组梳理本次部门整体支出绩效评价总体思路如下：

首先，考察党史研究室、方志办部门决策情况。主要围绕党史研究室、方志办部门职能、部门战略规划和部门年度计划的明确性、匹配性和完整性，以反映党史研究室、方志办部门决策的科学性和合理性。

其次，考察党史研究室、方志办部门运行的有效性。从人、财、物、业务四个角度，分别考察部门人员配置、财务管理、资产管理和主要业务管理情况。在人员配置方面，通过梳理党史研究室、方志办内部控制制度及人员编制，重点针对人员配置的合理性开展评价，并尝试对部门人员队伍建设情况进行分析；在财务管理方面，通过对部门人员经费、公用经费、项目经费和存量资源的梳理，考察部门资金管理的规范性、分析部门年度运行成本控制情况；在资产管理方面，通过现场核查等，考察资产管理规范性和资产利用情况；在业务管理方面，通过对重点工作开展情况的梳理，分析业务管理质量控制水平。

最后，考察党史研究室、方志办部门职责的实现程度，即党史研究室、方志办工作所取得的整体效果。从部门工作完成情况、部门效益完成情况、社会评价和部门可持续发展情况的路径展开考察，重点关注党史研究室、方志办核心职能，综合评估部门整体支出取得的绩效水平。

3. 评价内容及指标体系设计

评价组根据 Sss 地区部门整体支出绩效评价指标体系框架，确定评价指标体系包括部门决策、部门管理、部门绩效三部分内容，并围绕上述评价思路，进行具体评价指标的设计。

在部门决策方面，对党史研究室、方志办部门职能及规划情况，重点通过"部门职能明确性""战略规划完备性""年度工作计划明确性""年度工作计划合理性"等指标进行考核。

在部门管理方面，对党史研究室、方志办部门运行的有效性，从人员角度，重点通过"人员配置合理性"指标考核；从财务角度，则重点考察"部门整体支出预算执行率""资金使用合规性"；从资产管理角度，通过"资产利用率"等指标考核；从业务角度，则重点通过"业务管理制度健全性""业务管理制度执行有效性"指标考核。

在部门绩效中，考虑到党史研究室、方志办在编人员 2018 年度重点工作内容覆盖了部门核心职能，包括史志征集、史志编纂和史志宣传职能等，所以评价组通过重点工作内容的完成情况考察部门的职责实现程度。从部门履职来看，通过史料征集、史志编纂、史志宣传工作计划完成率等指标重点考核部门工作完成情况，同时通过"史志成果验收通过率""史志编纂完成及时率"等指标考核部门完成工作的质量情况及时效情况。从部门履职效果来看，结合部门设立的目的及部门工作特性主要关注"成果发放单位覆盖率""史志成果获取便捷性""宣传渠道拓展情况"等方面效果的实现程度，以及"人才队伍建设提升度""党史办部门沟通机制健全性"等长效发展关键要素的考核。

（二）评价实施

本次绩效评价工作旨在从单位（部门）支出的角度探寻党史研究室、方志办整体预算资金的效率和效益，增强资金支出的有效性，促进各项工作的执行和完善，主要通过访谈、实地核查、问卷调查等方式开展。在问卷调查对象的选择上，考虑到一般公众对党史和地方志的关注度不高，因此以史志成果出版物的接收单位及本地区参与相关宣传活动的党员为主，对评价过程中开展的宣传活动参与者进行现场问卷调查；由于史志成果接收单位分布较为分散，主要通过微信群等网络渠道开展线上问卷调查。

（三）绩效分析

结合评价指标体系评分结果，围绕部门整体支出绩效评价"立足整体、关注重点"的基本原则，此部分主要从部门运行情况、部门年度整体支出产出和部门整体支出效果三个方面对 2018 年党史研究室、方志办的部门整体支出绩效情况进行分析，以反映部门年度履职情况。

1. 部门运行情况分析

结合部门管理的四大对象，从"人、财、物、业务"四个维度，主要对人员结构与队伍建设情况、预算安排和支出情况、固定资产管理和使用情况、部门内部管理情况分别进行分析。

以人员结构与队伍建设为例，在对部门人员现状了解的基础上，分析 2018 年度部门人员数量、年龄结构、队伍建设和外聘人员情况。以部门人员年龄结构为例，在编人员年龄结构分布较均衡。结合 2018 年党史研究室、方志办在编人员年龄分布情况，在不考虑其他外界因素影响的情况下，部门在 2019 年将有 1 名人员退休，在部门人员未满编、外聘服务人员较多且工作量满负荷的情况下，需要提前做好人员聘用准备工作。

预算安排和支出方面，分别对部门基本支出和项目支出情况分别予以分析，重点关注公用经费变化情况和"三公经费"使用及项目支出预算执行进度，并重点分析部门预算编制合理性。如通过 2016—2018 年预算安排及支出情况来看，项目支出金额虽然逐年增加，但占部门整体支出的比例基本均在 20% 左右。评价组分析部门项目支出占比较低的情况与党史研究室、方志办的工作性质有较大关系，本部门工作主要是依靠有史志工作经验的人员完成，人力投入主要通过基本支出保障，综合判断预算结构基本合理。

2. 部门整体支出完成情况分析

首先，评价组从部门职能出发，结合部门"十三五"工作规划，围绕史志"征、编、研、宣"的核心内容，对照党史研究室、方志办制定的 2018 年度工作计划中梳理出共计 13 项工作任务，其中重点工作 11 项，根据评价采集到的相关数据，实际全部完成的工作任务为 11 项。

其次，在分析部门 2018 年工作完成情况后，评价组对部门 2016 年、2017 年的工作内容也进行了梳理。从 2016—2018 年的工作内容来看，史志资料征集和编研工作的周期相对较长。如《口述××改革》出版工作，2016 年主要是开展了史料征集工作，2017 年启动编纂工作，2018 年完成编撰并出版，历时三年。史志宣传教育工作则往往结合上级和其他部门的工作重点，以及年度重大历史事件展开。由此可见，部门中期规划对工作开展具有更加重要的指导意义，需要得到部门的进一步重视。

3. 部门整体支出效果目标实现程度分析

为考察党史研究室、方志办 2018 年部门整体支出效果目标的实现情况，主要结合对应的效果指标，通过史志成果发放情况、史志成果获取的便捷性、对相关部门工作的支持度、史志宣传渠道拓展情况及宣传对象满意度等方面进行考察。以史志宣传渠道拓展情况为例，按照史志工作信息化建设的要求，部门建立"Sss 地区史志"微信公众号，定位区情历史普及及推广。通过关注该公众号，查阅公众号历史信息发布情况，发现推文发送频率约为每月一次，相对较低，微信公众号等受到大众关注的宣传推广模式目前尚未得到充分的利用。再如史志成果的应用要以获取为前提。评价组成员通过网络检索，对史志成果的可获取性及获取的便捷性进行了考察。发现使用者可以通过图书馆等线下渠道和网络检索获得《Sss 地区年鉴》《中共 Sss 地区历史实录（2011—2016）》等史志编研成果。

（四）评价结论

党史研究室、方志办在上级部门的指导下，围绕全区工作中心，深化党史编研，推进志鉴编纂。部门通过健全工作机制、各科室团结协作、加强人才培养，保证部门有效运行，推进相关工作目标的完成，积极推进史志宣传，服务全区工作大局。总体来看，部门内部管理较为规范，建立覆盖部门人员、财务、固定资产和业务的管理制度，基本能够有效开展部门业务，部门总体运行情况良好。党史研究室、方志办年度工作计划完成率达到 95％；部门年度整体支出效果目标全部实现。总体来看，2018年工作计划完成情况较好，除个别任务外，部门整体支出对应的产出目标和效果目标基本达成，但在绩效目标管理、外聘人员管理和资金支出管理规范性上可进一步加强。

针对上述问题，评价组给出了有针对性的建议。如通过对 2016—2018 年部门工作内容的分析，评价组认为部门的工作周期相对较长，从史志资料征集、编纂到成果出版大致需要 2—3 年的时间，中长期规划、特别是中期规划对工作开展的指导意义重大，建议进一步明确重点工作的中长期实施进度。针对年度工作推进，需要强化过程管理，对工作执行进度进行跟进，推进部门各项工作有序开展。再如针对党史研究室、方志办外聘人员较多，且外聘人员为本部门工作所必需，为明确双方的权责，应进一步规范项目资金支出，部门可以采用政府购买服务的方式购买史志编纂成果，改变目前通过劳务支出支付外聘人员费用的情况，等等。

**三、案例总结**

（一）案例经验及优点

通过对党史研究室、方志办部门整体支出绩效评价工作的复盘，笔者认为该案例有以下三点经验可供参考：

一是全面梳理史志工作和部门发展历史，深刻理解党史和地方志研究等工作的重要意义和部门发展历程，为明确部门设立目的、核心职能的提炼打下基础。通过对史志工作的研究，评价组发现党史研究和地方志研究原本分属两个部门，但 Sss 地区党史研究室与方志办是合署办公，为了了解部门的演变过程，评价组还绘制了部门发展沿革图示，便于报告阅读者对该部门发展历史有更深入的了解。

二是部门职能梳理的路径清晰，对部门的核心职能有了切实的理解。基于前述基础工作较为扎实，且与部门主要负责人的沟通交流较为充分，评价组对部门职能梳理的思路越发清晰，核心职能的提炼也就水到渠成。按照"战略目标—中长期规划—年度工作计划"的基本路径，结合 Sss 地区部门"三定方案"和三年工作内容的梳理，将部门核心职能归纳为史志的"征、编、研、宣"，即史志资料的征集、编撰、研究和宣传。对照四大职能，梳理形成部门职能—负责科室—工作计划—实际完成情况—完成比例、工作延续性和经费来源"的对照表，分类考察部门产出目标和效果目标的达成情况。

三是尝试多维度的绩效分析，对部门资源配置和绩效目标达成情况进行考察。史志工作的价值是很难外化和量化的，所以虽然本案例中评价组面对的部门较小、工作内容相对简单，但实际上评价的难度不低。在如何充分反映该部门资源配置合理性和整体支出绩效方面，评价组还是做了较多的努力。如在部门整体支出结构上，评价组结合部门工作性质，对基本支出和项目支出的占比情况进行了分析；在业务管理上，通过分析部门三年中的业务内容，分析出史志工作流程较长的特点，提出加强中长期规划的建议；在支出绩效上，针对史志资料的征集、编纂和研究，主要考察其完成情况；而针对宣传，则将调查人群聚焦至史志成果的使用者上，并通过线上线下相结合的方式，反映史志成果获取的便捷性、对史志宣传活动的满意度等。

（二）案例的局限性

党史研究室、方志办的核心工作内容是党史和地方志的研究与成果编纂及成果宣传，但日常使用党史和地方志等相关资料的人群较少，部门价值难以对外体现；党史与地方志工作的作用较难准确量化。因此，在评价过程中，可能无法全面、量化反映部门整体支出效果，更多以部门工作完成情况体现。

（三）进一步探讨的方向

《中共中央 国务院关于全面实施预算绩效管理的意见》虽然明确了部门整体评价的总体思路和方向，各地也均做出了部门整体支出绩效评价的试点和探索，但具体如何评价部门的运行成本、管理效率、履职效能、社会效应、可持续发展能力等还需要进一步细化，研究具体可行的评价工作方案。以本案例为例，其部门职能主要通过基本支出实现，也就是以"人"为本，部门的运行效率很大程度上取决于人员的工作效率，但是党史研究室、方志办的人员是否确实满负荷，需要聘用外部人员等需要进一步研究。对于此类以专项业务类工作为主，且支出效果较难量化的部门，如何进行评价，还需要进一步探讨。

专题预算绩效管理实践

第七章

按照全面实施预算绩效管理的要求，要积极开展涉及一般公共预算等财政资金的政府投资基金、主权财富基金、政府和社会资本合作（PPP）、政府采购、政府购买服务、政府债务项目绩效管理。除一般公共预算外，各级政府还要将政府性基金预算、国有资本经营预算、社会保险基金预算全部纳入绩效管理。从近期各地实践来看，部分地区对前述领域的预算绩效评价均开展了探索和试点。

有别于一般公共预算的项目、政策和部门整体支出绩效评价，上述领域的绩效评价的重点和思路有其特殊性。本章拟通过 5 个案例，分别对国有资本经营预算、PPP项目、政府投资基金、公交运营和地区五年规划中期绩效评价工作开展的流程、基本思路、评价方法和路径等进行介绍，反映各地在上述领域预算绩效评价试点的成果，为后续的探索和创新提供少许实践经验。

## |案例一| Ttt 地区国有资本经营收支预算绩效评价

为贯彻落实相关政策的要求，提高国有资本经营预算管理水平，完善预算绩效管理体系，Ttt 地区组织开展了国有资本经营收支预算绩效评价试点。本案例主要介绍了国有资本经营预算概念、预算结构、预算组织管理等基础性内容，并结合 Ttt 地区 2018 年国有资本经营收支预算绩效评价，对国有资本经营预算的评价思路、评价指标体系设计、评价的组织实施和绩效评价结论等内容进行呈现。通过梳理评价的全流程，总结国有资本经营收支预算绩效评价经验，发现评价中存在的短板和不足，并提出进一步完善国有资本经营收支预算绩效评价的思路和方向。

### 一、评价对象概述

（一）预算管理依据

Ttt 地区国有资本经营预算管理的主要依据包括中央、S 省、Ttt 地区出台的相关政策文件。

1. 国有资本经营预算整体管理依据

主要依据《中央国有资本经营预算管理暂行办法》（财预〔201×〕6 号）、《S 省区本级国有资本经营预算管理办法》（S 财企〔201×〕×号）等。文件明确了国有资本经营预算的收支范围，以及预算编制和批复、预算执行、预算调整、决算、预算监督等要求。

2. 国有资本经营收益收缴管理依据

主要依据《Ttt 地区国有资本经营收益收缴管理办法》（Ttt 府发〔201×〕×号）等。文件明确了企业国有资本经营收益由 Ttt 地区财政局负责收取；每年纳入国有资本经营收益收缴的企业范围由 Ttt 地区财政局会同国资委提出方案，报 Ttt 地区政府审批确定。文件还明确了国有资本经营收益的核定依据和上缴标准，国有资本经营收益的申报、审定和缴库要求等内容。

3. 国有资本经营预算支出管理依据

截至 2018 年，Ttt 地区尚未出台本级国有资本经营预算支出管理办法，支出预算管理主要依据为《中央国有资本经营预算支出管理暂行办法》（财预〔201×〕×号）、《S 省区本级国有资本经营预算支出管理办法》（S 财企〔201×〕×号）等。文件明确了预算支出范围、支出预算编制要求、先收后支的原则，以及支出预算执行、调整、监督等明细要求。

（二）预算规模及执行情况

2018 年，Ttt 地区国有资本经营收入年初预算为 2.4 亿元，调整后收入预算为 3.5 亿元，国有资本经营收益实际收缴 3.5 亿元，实际收缴率为 100％。

2018 年，Ttt 地区国有资本经营支出预算执行率为 99.56％，收支差额的近 700 万元全部调入一般公共预算。2018 年 Ttt 地区国有资本经营支出预算中，资本性支出预算、费用性支出预算和其他支出预算占比分别为 89.76％、7.60％、2.64％，资本性支出预算占比最高，支出内容为向 Ttt 地区 4 家国有企业追加注入资本金。

2018 年 Ttt 地区 4 家国有企业的资本性支出项目主要实施内容包括：

（1）B 公司：支付因公司制改制而产生的税金、资产权属变更费、人员安置费、聘请中介机构费等费用，以及接收的 6 家脱钩企业的遗留税费及债务；

（2）C 集团：用于增加旅游景区沙滩水上项目设施、提升改造廊下小木屋服务能级等，以此提高行业市场竞争力；

（3）D 公司：用于 3 个项目的投资，以延伸公司主营业务；

（4）E 集团：用于 Ttt 地区创业引导基金投资。

（三）预算管理绩效目标

评价组结合国有资本经营预算相关管理办法的要求，按照绩效目标编制基本原则，依据资本性支出项目的实施内容、预期达成的效果等，梳理出 Ttt 地区国有资本经营预算的总目标和年度绩效目标。

1. 总目标

完善 Ttt 地区国有企业收入分配制度，促进 Ttt 地区国有企业和行业发展，促进 Ttt 地区国有资本的合理配置，保障国有资本的保值增值，优化国有经济布局，增强

Ttt 地区政府宏观调控能力。

2.2018 年度绩效目标

（1）产出目标

收入预算产出目标：国有资本经营收益全额收缴，实际收缴企业与收缴范围一致，收缴及时。

支出预算产出目标：引导基金的子基金 100％组建，被投企业所属产业领域符合相关管理办法；B 公司改制费用均完成支付，脱钩企业遗留税费及债务均完成支付，公司制改制费用及时支付，脱钩企业遗留税费及债务及时支付；C 集团景区设施完成升级，景区设施升级完成及时；D 公司完成计划拓展的主营业务，主营业务拓展方向合理。

（2）效果目标

2019 年引导基金一次杠杆比率较 2018 年度有所提高[①]，引导基金 2019 年年底资产现值高于投资总额；B 公司未发生有责投诉事件；C 集团沙滩水上项目及廊下小木屋 2019 年客流量较 2018 年有所增长，沙滩水上项目及廊下小木屋 2019 年营业收入额较 2018 年有所增长；D 公司延伸业务全部投入运营，延伸业务能够自收自支，延伸业务有明确的后续年度发展规划；2018 年资本性支出预算占支出总预算比例不低于 50％，调入一般公共预算的比例高于 2017 年；2019 年 Ttt 地区国有资本实现保值增值；长效发展机制健全。

## 二、绩效评价设计与实施

### （一）评价思路

1. 拟解决的问题

根据各级国有资本经营预算相关管理办法中的有关规定和要求，结合 Ttt 地区国有资本经营预算实际管理情况，评价组确定了 2018 年 Ttt 地区国有资本经营预算绩效评价的评价重点，具体包括：Ttt 地区国有资本经营预算管理的规范性、科学性和有效性，预算管理的产出水平及达成的效果情况。其中，国有资本经营预算编制合理性、预算调整规范性、预算执行情况、预算监督有效性，管理制度健全性、制度执行有效性，收入预算的产出水平和支出预算的产出水平，预算管理的效果情况、预算结构的合理性及国有资本的保值增值情况，是此次评价的重要考察要素。

评价组通过对 2018 年 Ttt 地区国有资本经营预算进行绩效评价，总结国有资本经营收支预算管理工作的先进经验做法，发现管理中存在的问题和不足，并提供具有针对性、建设性的建议，以提高 Ttt 地区国有资本经营收支预算管理水平，促进 Ttt 地区国有企业收入分配制度的完善、国有资本的合理配置，增强 Ttt 地区政府的宏观

---

① 由于 2018 年预算拨付时间在年底，所以对应效果通过 2019 年的情况予以反映。

调控能力。

2. 总体思路的设计

为达成上述评价目的和评价重点，科学、有效地考察 2018 年 Ttt 地区国有资本经营收支预算管理水平，评价组确定总体评价思路为：将国有资本经营预算拆分成收入预算、支出预算两部分，分别评价其预算编制、预算执行、预算调整、预算监督、管理制度建设、制度执行情况及产出水平，并整合收入预算、支出预算效果，综合考察国有资本经营预算整体效果。具体评价思路设计如下文所述。

（1）以国有资本经营收益收缴为切入点评价收入预算

因国有资本经营收入预算的主要内容为国有资本经营收益的收缴，故评价组将国有资本经营收益收缴管理作为切入点，通过考察收缴管理制度健全性、收缴比例合理性、收缴流程合规性，评价国有资本经营收入预算的过程管理情况；通过考察 2018 年 Ttt 地区国有资本经营收益的实际收缴情况、收缴企业的准确性、收缴的及时性，评价国有资本经营收入预算的产出情况。

（2）以资本性支出为切入点评价支出预算

鉴于资本性支出为 2018 年 Ttt 地区国有资本经营支出预算的主要内容（占比达 89.76％），考察资本性支出预算能够较为有效地反映支出预算的管理水平和产出情况。因此，在评价支出预算的过程管理时，评价组着重考察了国资委和被注资国有企业对资本性支出的资金和项目管理情况，包括：资金管理制度、项目管理制度是否健全，资金管理执行、项目制度执行是否有效；在评价支出预算的产出水平时，评价组重点考察了资本性支出预算所对应具体产出的数量、质量、时效等。

（3）整合收入预算和支出预算进行整体效果评价

考虑到国有资本经营预算的编制原则是"以收定支"，国有资本经营收入预算的效果主要体现为对支出预算的保障支撑，因此，评价组将国有资本经营收入预算和支出预算效果进行了整合，通过考察占支出预算主体的资本性支出预算所涉及各项目的具体效果情况，以及支出预算结构合理性、国有资本保值增值率等支出预算的整体效果，来评价 2018 年 Ttt 地区国有资本经营收支预算实现的效果情况。

3. 评价内容及指标体系设计

评价组通过国有资本经营预算管理、国有资本经营预算产出、国有资本经营预算效果三个维度进行考察，从国有资本经营收入预算、支出预算两个方面，客观、系统、全面地评价 2018 年 Ttt 地区国有资本经营收支预算的编制、管理、执行情况，以及预算对应的产出和效果，评价指标体系框架如图 7-1 所示。

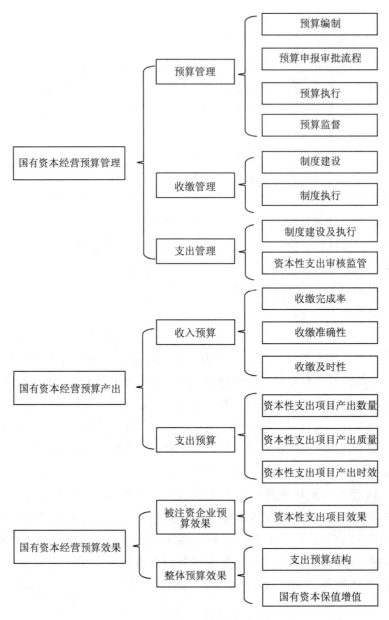

**图 7-1　评价指标体系框架**

以预算监督为例，评价组设计了"预算监督管理有效性"指标。根据 Ttt 地区国有资本经营预算相关管理办法要求，评价组考察了国资委作为预算单位，是否定期或根据需要对收支预算执行情况进行跟踪、检查、分析，规范和指导企业内部审计工作，出具相关分析报告或执行情况报告，并对发现的问题采取有效措施；考察了财政局作为预算主管部门，是否组织开展了专项检查或绩效评价，是否对发现的问题采取有效措施并监督预算单位及时整改。

资本性支出审核和监管方面，如"资本金注入项目投资规范性"指标，评价组从国有企业和国资委两个角度进行考察。一是考察企业在申请追加资本金注入时，是否向国资委提供项目建议书和可行性研究报告，以反映项目前期工作的完整性和深入性；二是考察国资委是否对企业提供的项目建议书和可行性研究报告进行规范审批，并对项目可行性进行充分讨论。

（二）评价实施

由于资本性支出为本次评价的主体对象，资本性支出的产出和效果是衡量国有资本经营预算绩效的重要内容，故在现场调研环节，评价组在对国资委进行调研后，重点对涉及资本性支出的4家国有企业开展了调研工作。

对于国资委，评价组核查了收入预算、支出预算两个方面的相关资料，包括预算建议草案编制流程资料、预算调整流程资料、国有资本经营收益收缴流程资料、资本性支出项目申报审批材料、财务凭证等，并对负责人进行面对面访谈，以了解国有资本经营收支预算的管理情况、国有资本经营收益的实际收缴情况、支出预算的实际执行情况等。

对于4家被注资企业，评价组重点核查了项目申报、项目实施及项目绩效相关的资料，包括项目可行性研究报告、财务报表、项目实施方案、资金支出明细、财务凭证等，并与企业相关负责人面对面访谈，了解各企业项目的实际实施情况及预期效益的达成情况等。

（三）绩效分析

本次绩效评价区别于项目绩效评价，评价组以评价指标体系作为评价工作开展的主线，以绩效分析为核心，未对评价指标体系进行评分。结合评价目的和评价思路，评价组分别从国有资本经营预算管理、国有资本经营预算产出、国有资本经营预算效果三个方面开展绩效分析。

1. 国有资本经营预算管理方面

评价组分析了国有资本经营预算编制科学性、申报审批规范性、支出预算执行情况、预算监督管理有效性、收缴管理制度健全性、收缴制度执行有效性、支出预算管理制度健全性、支出预算制度执行有效性等内容。例如，收缴制度执行有效性，评价组重点考察国资委是否会同财政局提出纳入2018年国有资本经营收益收缴企业范围的方案和国有独资企业上缴年度净利润比例的方案，并将方案报本级政府审批确定，以及国有资本经营收益收缴流程是否符合收缴管理办法的相关规定。经核查，Ttt地区的收缴流程规范，与收缴管理办法要求相一致，但国资委未出具收缴企业范围方案和上缴年度净利润比例方案。

2. 国有资本经营预算产出方面

评价组从收入与支出两个维度进行分析，具体内容包括国有资本经营收益收缴率、收缴企业准确性、收缴及时性，以及被注资企业项目数量、质量、时效等产出。

如"收缴企业准确性"，主要考察 2018 年实际上交国有资本经营收益的企业与收缴范围是否相一致。经核查，根据国有资本经营收入决算文件，2018 年实际上交国有资本经营收益的企业与预算收缴范围一致。

3. 国有资本经营预算效果方面

评价组对被注资企业项目达成的具体效果、支出预算结构合理性、国有资本保值增值率进行了分析。以"支出预算结构合理性"为例，主要分析资本性支出预算是否占支出预算主体，以及资金调入一般公共预算的比例是否高于上一年度。根据核查结果，2018 年资本性支出预算占总支出预算的 89.76%，但调入一般公共预算的比例低于上一年度，不符合《国务院关于印发推进财政资金统筹使用方案的通知》（国发〔2015〕35 号）的要求。

（四）评价结论

1. 主要绩效及经验做法

总体而言，2018 年 Ttt 地区国有资本经营收益收缴管理绩效较优，支出管理绩效有待进一步提升。主要成效为：

（1）国有资本经营预算管理。国资委严格按照财政局的要求申报审批国有资本经营收支预算和调整预算，预算申报审批流程符合规范；国资委制定了国有资本经营收益收缴管理制度，且管理制度内容健全。

（2）国有资本经营预算产出。Ttt 地区国有资本经营收益收缴及时准确，收益收缴率 100%；创业引导基金预算支出产出较好，子基金组建率 100%，被投企业的产业领域符合 Ttt 地区规定的重点产业领域要求。

（3）国有资本经营预算效果。创业引导基金的杠杆撬动作用显著，资本的投资回报情况较好；企业未发生有责投诉情况；国有资本在保值的基础上均实现了不同程度的资本增值。

为规范国有资本经营收益的收缴管理工作，财政局和国资委制定了《Ttt 地区国有资本经营收益收缴管理办法》（Ttt 府发〔201×〕×号），明确了 Ttt 地区国有资本经营收益的收缴企业范围标准、收缴比例、收益的核定依据和上缴标准、收益的申报时间及内容要求、收缴流程及各环节时限要求、收缴收益可减免的情况及减免流程，以及对滞留、欠缴经营收益企业的处理方法等，为 Ttt 地区国有资本经营收益收缴工作的有序实施提供了健全的制度保障。

2. 存在的问题

预算管理方面存在预算编制内容不完整，预算调整幅度较大，预算编制合理性不足；未结合项目进度跨年度安排及支付资金，预算安排不合理；预算单位对企业支出项目审核不够严格；国有资本经营预算调入一般公共预算的比例低于上一年度，与一般公共预算的统筹力度不够等问题。

项目管理方面存在项目可行性研究不充分，导致部分项目因客观因素而停滞、取消；过程管理监督工作不足，对项目的实施情况不够了解，未掌握已拨付资金的实际使用进度和效果情况，对预算资金使用规范性及合理性的监督不足等问题。

### 3. 建议及改进措施

针对上述存在的问题，评价组提出了以下建议及改进措施。

一是预算管理方面。在编制年初预算前，严格核查企业上报的预计净利润情况，将预算调整率控制在一定比例内；按照跨年度项目计划的资金使用进度，分阶段安排国有资本经营预算支出，以提高预算编制内容的完整性及预算编制的合理性；规范预算单位对企业资金申请的核准和备案，以保障国有资本经营预算支出的经济性和效益性；提高国有资本经营预算调入一般公共预算的比例，加大与一般公共预算的统筹力度。此外，国资经营预算绩效管理尚处于探索阶段，建议 Ttt 地区在国有资本经营预算绩效管理制度和机制建设方面加强力度，为实现全面实施绩效管理打下基础。

二是项目管理方面，企业对项目的可行性进行充分研究，加强项目的前期准备工作，以保障项目绩效的实现；切实加强国有资产监督，定期或根据工作需要对区本级国有资本经营预算的执行情况进行跟踪、检查、分析，并将监督记录落实于书面，有针对性地提出分析报告或执行情况报告，并对发现的问题进行处理和纠正，保障国有资本保值增值。

## 三、案例总结

通过梳理 Ttt 地区国有资本经营收支预算绩效评价的基本情况、评价重点、评价思路、评价组织实施等内容，评价组分析了此次评价取得的经验、存在的问题和短板，并思考了完善国有资本经营预算绩效评价的方向和思路，形成了本案例的经验和优点、存在的不足、进一步探讨方向上的总结。

### （一）案例经验及优点

本案例探索了国有资本经营收入预算及支出预算的评价路径，在一定程度上有助于提高 Ttt 地区国有资本经营收支预算管理水平，促进 Ttt 地区国有企业收入分配制度的完善和国有资本的合理配置，并对 Ttt 地区的预算绩效管理体系进行了补充、完善，进一步发挥了预算绩效管理对财政资金使用效率及效益的促进作用。本案例对于国有资本经营预算绩效评价的可借鉴经验如下：

### 1. 较为全面地评价了国有资本经营收支预算

预算由预算收入和预算支出组成，二者相辅相成，保障经济社会的健康发展。根据《中共中央 国务院关于全面实施预算绩效管理的意见》，预算绩效管理不仅要关注支出方面，还要关注收入方面。然而，在传统的绩效评价实践中，评价重点主要还是集中于支出预算。为响应政策要求，并考虑到国有资本经营预算"以收定支，不列赤字"的预算编制原则，本案例从国有资本经营预算管理、国有资本经营预算产出、国有资本经营预算效果三个维度，较为全面、系统地对 2018 年 Ttt 地区国有资本经营收支预算进行评价，从预算管理、预算产出、预算效果三个维度探索国有资本经营收入预算、支出预算的评价路径。

2. 探索了国有资本经营收入预算的评价路径

本案例探索了对国有资本经营收入预算的评价路径。评价组从收入预算的编制、调整、申报审批、监督管理、制度建设、制度执行及预算产出和效果等全流程，对2018年Ttt地区国有资本经营收入预算进行了较为全面、系统的考察。其中，制度建设、制度执行、产出和效果以国有资本经营收益收缴作为切入点进行评价，考察了国有资本经营收益收缴管理的制度健全性、管理规范性及有效性、收缴率、收缴准确性、收缴及时性等重点要素，较为有效地反映了2018年Ttt地区国有资本经营收入预算的管理情况和产出、效果情况。

3. 整合国有资本经营收入、支出预算管理效果

评价组遵循绩效评价规范，按照投入、管理、产出、效果四个方面，对2018年Ttt地区国有资本经营收支预算进行绩效评价。由于国有资本经营收入预算和支出预算在预算管理、执行、产出方面的差异性较大，评价组将上述评价内容拆分成收入预算、支出预算两部分，分别设置评价指标，意在准确、清晰地梳理两部分的评价重点。对于预算效果，鉴于收入预算的效果主要融合在支出预算的效果中，为更加科学有效地衡量国有资本经营收支预算效果，评价组将国有资本经营收入预算、支出预算的效果进行了整合，考察内容包括支出预算涉及项目的具体效果，以及支出预算结构合理性、国有资本保值增值率等整体预算效果，用以反映2018年Ttt地区国有资本经营收支预算的总体效果。

（二）案例的局限性

由于本次评价实施时间较为紧张，而国有资本经营收支预算评价为新探索领域，核查及访谈工作量相对较大，且委托方将评价范围由原先的"国有资本金注入项目评价，延伸部分收入管理过程"拓展为"国有资本经营收支预算评价"，致使评价思路、评价方法、评价指标、现场核查的工作量较大，在国有资本经营支出预算方面，评价组着重考察了占支出主体的资本性支出预算，对于费用性支出预算和其他支出预算未做重点考察，一定程度上影响了评价的全面性。

（三）进一步探讨的方向

基于上述内容，可进一步完善国有资本经营收支预算绩效评价。国有资本经营收入预算方面，国有资本经营收益收缴目标合理性、历年收入预算变化情况与国有资本保值增值目标的一致性、国有企业收入分配的合理性可作为探索方向之一。国有资本经营支出预算方面，可考察费用性支出预算和其他支出预算管理的规范性、有效性及产出、效果情况。此外，还可进一步拓展国有资本经营预算效果考察内容，如国有资本经营预算调入一般公共预算的比例是否逐年上升、国有资本配置是否合理、国有企业改制是否达到预期效果、是否促进了公有制经济结构和布局的优化等。

| 案例二 | **Uuu 地区餐厨废弃物处置 PPP 项目（建设期）绩效评价**

针对 PPP（Public-Private-Partnership）项目开展绩效评价工作是落实全面实施预算绩效管理相关要求的必要举措，是项目结算和付费的重要依据，也能更好地保障项目规范实施、高效推进。PPP 项目因投资模式、运作方式、操作流程、回报机制等方面的特殊性，其绩效评价思路与一般项目有所不同。本案例以"Uuu 地区餐厨废弃物处置 PPP 项目（建设期）"绩效评价为例，阐述 BOT 模式下基建类 PPP 项目的绩效评价情况，并结合此案例中项目类型和评价时点等特殊性，对基于案例的 PPP 项目绩效评价设计思路和实施路径进行总结，以期为 PPP 项目的绩效评价提供一定的思路和参考。

**一、项目简介**

**（一）项目实施背景**

为进一步落实上级对餐厨垃圾管理的相关要求，探索解决 Uuu 地区餐厨废弃物导致的食品安全和环境污染问题，2017 年 Uuu 地区政府常务会议和 Uuu 地区委常委会议分别审议通过了 Uuu 地区餐厨废弃物处置项目情况汇报，同意在 Uuu 地区环保产业园内集中建设 1 座餐厨废弃物处理厂，集中处理全区的餐厨垃圾并启动实施 Uuu 地区餐厨废弃物处置项目。该项目由 Uuu 地区城市管理局（以下简称"城管局"）牵头负责，采用 PPP 模式实施。

**（二）项目运作模式**

为保证对项目资产的有效监管，Uuu 地区政府采用国有资本参股、委派代表参与经营管理的方式对项目的建设运营进行管控。为达到对社会资本在可操作性和营利性方面均具有较强的吸引力，运作模式清晰，政府、社会资本权责界定明确，该项目采取 BOT（建设—经营—移交）模式开展。社会资本介入后可顺利推动项目建设运营，也能通过可行性缺口补助弥补运营成本、收回投资并实现合理收益。

在 BOT 模式下，本项目由中标社会资本与政府出资人以 7∶3 的股权比例共同出资成立项目公司。项目公司成立于 2017 年 12 月，注册资本 7 000 万元，特许经营年限 25 年（建设期 1 年，运营期 24 年），到期无条件移交回 Uuu 地区政府。具体运作模式如图 7-2 所示：

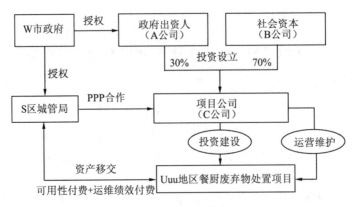

图 7-2　项目运作模式图

（三）内容、范围及期限

本项目主要内容是餐厨废弃物处理工程的建设，建成后面向 Uuu 地区所有餐饮单位，收运和处置其产生的餐饮垃圾、地沟油两大类餐厨垃圾。工程占地面积近 30 亩，设计日处理能力为 200 吨/天，其中餐厨废弃物 190 吨/天、餐厨废弃油脂 10 吨/天。工程采用厌氧发酵主体工艺，实行收运处一体，与焚烧厂协同处置，集中处理全区的餐厨垃圾。

项目主体工程实际于 2018 年 9 月底正式开工建设，较计划延迟一个月，于 2019 年 4 月底如期完工。为保证项目建设实施顺利进行，项目公司前期配备 8 人，完工后增加至 28 人。项目于 2019 年 5 月初进料试运行，经城管局批复确定商业试运行期限为 6 月 1 日至 8 月 29 日。原计划于 10 月底前完成竣工验收工作，但实际截至 2019 年 11 月底，仍有分项验收未结束，尚未出具验收报告。

（四）资金来源及规模

本项目建设期总投资 1.5 亿元，包括项目公司自有资本、项目公司自筹资金。其中，自筹资金 8000 万元均为银行、集团贷款资金。截至 2019 年 10 月底，建设期资金已到位 9800 万元，其中，注册资本已全部到位，银行贷款资金已提贷 800 万元，集团借款资金 1930 万元，建安工程施工、除臭系统等子项安全保证金 70 万元。

（五）项目组织管理及流程

本项目实施涉及的相关主体包括城管局、政府出资方、社会资本方、项目公司等。项目通过公开招标方式确定社会资本合作方，通过《Uuu 地区餐厨废弃物处置 PPP 项目投资协议》《Uuu 地区餐厨废弃物处置 PPP 项目特许经营协议》等约定各责任主体的职责。

项目建设期实施包括前期准备、建设实施、测试和完工、调试和商业试运行、项目竣工验收等环节。项目公司确定选址并完成前期各项批复手续后，陆续组织招投标工作，与建设单位、监理单位、设备供应单位等签订合同。项目完工、调试结束后，项目公司提交商业试运行申请，经城管局批复同意，进行商业试运行。最终经环保、消防、卫生等专项验收通过后，由城管局组织竣工验收。待商业试运行期满、竣工验收报告出具后，项目公司可正式商业运行。

（六）项目绩效目标

PPP项目绩效目标包括项目总目标和阶段性绩效目标。由于项目建设期和运营期目标差异较大，所以应分别梳理绩效目标。本项目立项时有明确的总目标，但未编制建设期绩效目标。

评价组根据项目申请报告、初步方案、项目投资协议等相关资料，梳理出项目建设期绩效目标如下：按计划如期完成餐厨废弃物处理厂建设工程（含厂内工程、收运系统）、餐厨废弃物及废弃油脂收运系统建设，通过环保、消防、卫生等专项验收，保证竣工验收合格，餐厨废弃物处理厂各项功能完备，建成后日处理能力达到200吨/天。

根据项目运营计划、试运营情况等，梳理出项目运营期核心目标，包括：项目公司及时与各餐饮单位签订收运协议，实现签约的餐饮单位覆盖Uuu地区各区镇；收运的餐厨废弃物100％得到及时处置，处置产生的废气、废水、废渣100％排放达标，安全事故发生数为0起，餐饮单位（企业）满意度≥85％。

## 二、绩效评价设计与实施

（一）评价思路

1. 拟解决的问题

通过前期对项目基本情况和PPP项目特点的梳理，结合委托方的需求，本次对Uuu地区餐厨废弃物处置PPP项目（建设期）进行绩效评价，拟解决的问题包括以下四点：

（1）PPP项目前期程序的规范性。PPP项目有着明确、规范的准备手续，回答了该项目前期各项论证程序是否符合上级和相关部门操作规范。

（2）PPP项目实施过程的管理规范性。PPP项目投资金额大、风险相对较高，且有特定的实施流程，根据PPP项目相关合同约定，通过对项目相关单位的访谈调研，梳理项目实施各环节的文件资料，回应过程中各类主体是否按约定落实相关责任。

（3）PPP项目建设期任务、目标完成情况。PPP项目顺利完成建设是PPP项目正式运营的开始，建设期质量决定了运营期的质量和效益，通过核查项目建设合同、验收报告等资料，结合现场调研结果，确认该项目是否完成了建设期任务及目标。

（4）PPP项目运营核心效益发挥情况。该项目已投入试运营，根据项目试运营阶段餐厨废弃物收运、处置等关键数据，回答现阶段的运营效益实现程度及资金投入的效果如何。

2. 总体思路的设计

PPP项目因其投资方式、运营模式、实施流程等方面的特殊性，与一般财政支出项目有明显的区别，主要体现在投资规模、项目主体、项目周期、项目实施流程、风险因素等方面，具体对比如表7-1所示：

**表 7-1 一般财政支出项目、PPP 项目对比表**

| 对比维度 | 一般财政支出项目 | PPP 项目 |
|---|---|---|
| 投资规模 | 相对较小 | 一般较大 |
| 项目主体 | 政府部门 | 多元化的项目主体，涉及政府部门、社会企业 |
| 项目周期 | 总体周期较短 | 项目周期长 |
| 项目实施流程 | 流程相对简易 | 有特定的项目实施流程 |
| 风险因素 | 风险相对较小 | 风险较高 |

基于PPP项目及基建类项目的特点，且评价期间为建设期，评价组重点关注项目各项保障的充分性、建设前各项准备手续的规范性、建设过程的规范性及建设完成、验收等环节的情况。同时，本项目采用的是BOT模式，因而在评价时充分考虑该种模式特点及PPP项目全生命周期各环节的特点，关注项目运营可持续保障是否充分。此外，该项目评价时已投入试运营，项目运营阶段的效益也是委托方关注的重点，因而在效益层面增加了对运营核心效益的考量。本次评价思路逻辑图见图7-3：

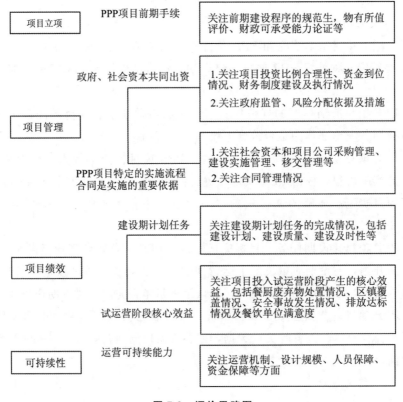

**图 7-3 评价思路图**

3. 评价内容及指标体系设计

根据上述评价思路，评价组分解、细化了建设期的绩效评价指标。对应上述评价重点，评价指标从项目决策、项目管理、项目绩效和可持续性四个方面设计。其中，项目管理方面，从投资情况、财务管理、实施管理等角度分别设计了指标，考虑PPP项目投资金额大、风险较高，设置了投资比例合理性和风险承担分配有效性的指标，在考察时充分结合了该项目的实施流程，分解了社会资本政府采购规范性、项目公司采购规范性、项目建设实施规范性、项目移交机制建立情况等指标；项目绩效方面，包括产出和效果，效果指标重点选取了现阶段可实现的核心效益指标，结合协议约定，设置了餐厨废弃物处理率、区镇覆盖率、排放达标率等指标。

权重分配方面，考虑到建设期项目绩效评价重点关注项目建设是否按计划完成，因而侧重于产出指标，适当降低了效果指标权重；同时兼顾项目可持续性也是评价的重点之一，适当增加了可持续性指标的权重。

（二）评价实施

一是充分研读政策文件，提前熟知项目特点。政策文件的研究对开展PPP项目绩效评价较为重要，因而在评价工作开展前，评价组研读了《关于印发政府和社会资本合作模式操作指南（试行）的通知》（财金〔2014〕113号）等相关文件，提前熟悉了PPP项目的特点、实施流程，对应梳理了PPP项目各环节对应的资料清单，多次与城管局、项目公司等相关单位展开沟通，充分了解项目资金投入、实施情况等方面，为后续评价工作的开展奠定了基础。

二是多次组织现场调研，充分掌握项目建设及运营情况。实地调研过程中，因该项目涉及政府方、社会资本方、项目公司等多个主体，评价组组织了多次现场资料核查、访谈及沟通工作，收集了项目立项前、建设实施阶段的各类资料，在对建设期情况进行分析的同时，也重点关注项目运营的可持续保障方面，评价组获取了项目公司建立的各项制度、试运行以来的各项运营数据，并针对运营情况进行了分析，结合上述分析结果形成了该项目的绩效评价报告。

（三）绩效分析

结合本次评价的重点，为进一步分析项目建设任务目标完成情况、项目现阶段效益发挥情况及后续运营保障是否充分，本次绩效分析围绕项目建设完成情况、运营效益、可持续性三个层面展开。具体分析内容如下：

一是项目建设完成情况。主要从建设计划、建设功能完备两方面分析该项目建设期任务目标的实现情况。项目建设总体完成情况较好，但分项验收未在约定时间完成。一方面，建设任务按计划完成，工程竣工验收已完成，安全、消防验收已完成，但截至2019年11月底，尚未得出环保验收结果，分项验收工作延迟；另一方面，项目建成后的各项功能设施配置完善，自试运营以来，项目公司的餐厨综合处理线、厌氧系统、沼气净化利用系统等运行情况相对稳定，收运、处置餐厨废弃物已于9月初达到 200 吨/天的规模。

二是运营效益层面。主要分析现阶段核心效益的实现情况。具体从收运处置覆盖范围、收运处置量、排放达标情况、受益单位满意度等方面展开。运营效益总体实现程度高：首先，项目公司自进场以来，在城管局的协调下，积极推进餐饮单位的收运签约工作。截至 2019 年 9 月底，收运处置范围已覆盖近六成的目标单位，餐厨废弃物处理量逐月增长，收运的餐厨废弃物垃圾均得到有效处理，收运处理总量已超过目标单位总量的八成。其次，项目公司处理餐厨废弃物产生的废渣、废水、废气采用与其他单位协同处理的方式，从排放抽样检测报告来看，废渣、废水、废气等均符合相关标准。最后，各餐饮单位满意度水平较高，整体满意度达到 93％。

三是可持续性。主要分析项目后续可持续发展的能力。具体包括设计规模保障、资金保障、运营机制保障、人员保障等方面。运营机制、人员可持续保障较好，但设计规模、财务收益可持续能力有待提升。一方面，项目公司收运管理制度健全，收运工作开展规范，运行管理制度健全，运行管理开展顺利，公司组织架构和职责分工明确，人员能够保证现阶段的餐厨废弃物收运、处理工作顺利进行。另一方面，设计规模与处理需求不够匹配，项目原设计规模无法完全满足区内餐厨垃圾的处理需求，项目后续扩建土地保障不足，且油脂收益与预期目标存在一定差距，原计划收益目标可实现程度不高，项目公司后续效益可持续性有待提升。

（四）评价结论

结合相关数据分析，本项目在餐厨废弃物收运处置方面取得了一定成绩，项目公司已面向 A 区与 1 640 家餐饮单位签订了收运协议，收运的餐厨废弃物均 100％ 处理，餐厨废弃物收运处理量逐步增长，实际日均餐厨垃圾处理量已达到设计规模，收运处理总量已达目标单位总量的 84.74％。但在采购规范性、竣工验收、设计规模等方面仍存在一些问题，有待进一步完善，包括建设完成情况和可持续保障两个层面。

1. 建设完成情况

竣工验收工作推进不够及时，影响正式商业运行。由于该项目对环境有一定影响，建设要求较高，且验收工作等需要协调多个相关方，该项目专项验收工作未在合同约定的时间内完成。而竣工验收报告和商业试运行报告是项目公司商业运行的前提，验收推迟造成项目公司商业运行推迟，对区内餐厨废弃物收运处置工作带来一定影响。

2. 可持续保障情况

一是设计规模不够合理，无法满足全区的餐厨废弃物处置需求。前期针对全区餐厨废弃物处理需求的调研工作不够充分，设计规模过于保守，导致项目公司试运行三个月已无法满足全区餐饮单位的处置需求。

二是油脂收益与预期目标存在一点差距，资金可持续保障能力有待提升。部分餐饮单位的垃圾分类意识不足，餐厨废弃物混杂部分生活垃圾，导致油脂收运量未达到预期目标，结合油脂市场单价，年收益相差近千万，项目公司运营将受到明显影响。

针对上述问题，评价组提出了如下建议：

1. 建设完成情况

及时签订补充协议，加大对项目运行的约束力度。建议城管局与项目公司及时签订补充协议，针对商业试运行结束日与商业运行日期间的断档期建立明确的约束条款，明确该阶段补贴费用的结算与支付标准，针对断档期可能存在的验收不通过、运行期处理能力不足等情况，应形成明确、具体的约束条款，以保障该项目的顺利运行。

2. 可持续保障情况

一是进一步提升餐厨废弃物处置能力。结合强制推行垃圾分类的要求，全区餐厨废弃物的处置需求将进一步扩大，建议城管局、项目公司等相关部门及时明确下阶段的餐厨废弃物处置计划，共同协商研究如何提升项目公司餐厨废弃物的处置能力，确定相应的扩建方案。

二是多措并举，保障项目公司正常运行。首先，建议项目公司对掺杂生活垃圾等的餐厨废弃物采用不予回收或挑拣的方式，逐步提升收运环节餐厨废弃物油脂的含量，城管局相关部门也应加大打击力度，减少油脂非法外流的现象；其次，可建立使用者付费的机制，逐步采取餐饮单位付费的方式，结合收运处理成本、餐饮单位承受能力和财政补贴情况等因素，合理确定餐厨废弃物处置收费相关标准，完善财政补贴与餐饮单位付费的分担机制。

### 三、案例总结

（一）本案例经验及优点

一是充分结合 PPP 项目特点，形成了具有针对性的评价思路，设计了较为科学合理的绩效评价指标体系。评价组通过研读 PPP 项目相关政策文件，按照绩效评价的相关要求，根据 PPP 项目的实施流程、运作方式、回报机制等特点，在关注 PPP 项目前期手续规范性、项目实施情况、建设完成情况的基础上，结合评价所处时段，增加了对项目运营效益的考察，以此形成了适用于本项目的绩效评价思路，并细化设计了相应的评价指标体系。在设计项目管理指标时，根据 PPP 项目由政府、社会资本共同出资，设计了"出资合理性"的指标，结合 PPP 项目实施的环节，对应环节针对性地设置了评价指标。同时，针对项目建设完成后的 24 年运营期，设计了运营机制、人员、资金、规模可持续等方面的指标，对可持续保障方面展开了分析，并提出了针对性的建议。

二是多次与多方主体进行沟通，充分掌握项目情况。该项目由政府、社会资本共同出资，且成立了项目公司专门负责项目建设及运营，行业主管部门为城管局，项目涉及多元化的主体。为深入了解项目实际，评价过程中，评价组通过多次组织访谈、座谈等方式，与多方主体充分沟通，多方位、多角度地对项目情况进行了解，有效掌握了项目前期准备、建设实施、试运营等阶段的各类信息。

（二）案例的局限性

本次评价受评价所处时段、项目实施情况等因素影响，存在以下不足之处：

一方面，典型的PPP项目绩效评价应包括建设期指标体系和完整的PPP项目绩效评价指标体系，PPP项目建设期的常规思路应重点围绕建设期的完成情况。而本次建设期指标体系结合评价介入时点和委托方要求，增加了部分运营期的效果指标。同时，PPP项目绩效评价指标体系应包括建设期和运营期，而本次评价重点围绕建设期展开，尚未形成覆盖运营期的PPP项目绩效评价思路及指标体系。另一方面，受评价所处时段影响，评价结果未能全面体现项目建设完成情况。本次评价报告出具时，该项目尚未完成竣工验收，无法完全体现该项目的建设完成情况，使得评价结果在完整性、合理性方面存在一定局限。

（三）进一步探讨的方向

PPP项目因其投资模式、运作方式、操作流程、回报机制等方面的特殊性，在开展绩效评价工作时，应充分结合项目特点，设计相应的绩效评价指标体系。同时，PPP项目基于社会资本方、政府方签订的合同开展运营，故合同约定条款也是绩效评价工作开展的重要依据。案例评价过程结合了PPP项目特征、案例特点及特许经营协议的条款形成了相应的评价成果，但受评价时段等因素的影响，评价结果仍存在一定的局限性。

PPP项目绩效评价在默认该项目合理性评价、财政可承受能力论证结果合理的前提下开展，尽管项目实际的建设情况与计划实施方案的内容存在一定偏差，但本次评价未针对该项目建设期结束后是否发挥效益、财政能力是否可承受展开验证。后续开展PPP项目绩效评价工作时，还可以针对项目立项前论证结果的合理性展开分析。一方面，根据评价项目实际的实施情况，再次比较项目实际PPP值（项目全生命周期内政府支出成本净现值）与PSC值（传统模式政府支出成本净现值），并结合定性分析的结果，形成评价时期项目物有所值的论证结果；另一方面，根据评价阶段实际的财政资金投入情况，进行财政能力承受情况的验证。

财政部最新出台了《政府和社会资本合作（PPP）项目绩效管理操作指引》（财金〔2020〕13号），明确了PPP项目全生命周期的绩效管理工作及相关要求，为PPP项目绩效评价工作提供了参考思路。项目实施机构是PPP项目绩效管理工作的责任主体，同时参与PPP项目建设及运营，项目公司（社会资本）是PPP项目建设及运营的实施主体，因而PPP项目绩效评价应针对实施机构、项目公司（社会资本）两个层面分别展开，具体的评价维度可结合操作指引进一步探讨。

此外，PPP项目主管部门、财政部门也应进一步加强PPP项目绩效评价结果的应用。《关于进一步加强政府和社会资本合作（PPP）项目财政监督的意见》（财金〔2019〕53号）等相关文件的出台，要求PPP项目实行绩效付费机制，规定项目运营期绩效考核结果与政府付费挂钩，挂钩部分比例不少于30%。PPP项目主管部门、当地财政部门应联合建立PPP项目运营期的绩效考核办法，明确考核主体、考核周期、考核方式、考核指标、考核结果与付费如何挂钩等内容，为绩效付费提供依据。

## |案例三| Vvv地区城乡一体化建设引导基金绩效评价

政府投资基金是指由各级政府通过预算安排，以单独出资或与社会资本共同出资设立，采用股权投资等市场化方式，引导社会各类资本投资经济社会发展的重点领域和薄弱环节，支持相关产业和领域发展的资金。为贯彻中央关于预算绩效管理的要求，Vvv地区选择对城乡一体化建设引导基金开展评价。本案例拟通过对该引导基金绩效评价的总结，探索政府投资基金绩效评价思路和评价指标体系构建思路，为今后开展同类政府投资基金评价提供思路借鉴。

### 一、基金情况简介

#### （一）基金设立背景

为探索和创新城乡金融制度改革，2015年Vvv地区利用省财政厅的30 000万元贷款，引导社会资本出资20 000万元设立了Vvv地区D城乡一体化建设引导基金（以下简称"D母基金"）。该引导基金按照"政府引导、市场运作、科学管理、防范风险"的原则，由市场化的基金管理人负责运营，并采用"母、子基金"运作方式，引导社会资本参与，分别于2015年和2016年设立了G城乡一体化建设发展基金合伙企业（有限合伙）（以下简称"G子基金"）和W城乡一体化投资基金合伙企业（有限合伙）（以下简称"W子基金"），由其负责投资符合市政府出台的城乡发展一体化政策规定的项目，特别是政策文件中明确要求支持的年度重点项目。

#### （二）基金出资情况

D母基金存续期4年，实际到位资金50 100万元，各方具体出资情况见表7-2。

表7-2　D母基金出资情况表

| 序号 | 出资人 | 身份 | 出资额（万元） | 所占比例/% | 到位时间 |
|---|---|---|---|---|---|
| 1 | Y公司（基金管理人） | 普通合伙人 | 100 | 0.20 | 2015年6月19日 |
| 2 | X公司（基金管理人的母公司） | 有限合伙人 | 20 000 | 39.92 | 2015年6月19日 |
| 3 | Vvv地区政府引导基金管理中心（政府出资代表方） | 有限合伙人 | 30 000 | 59.88 | 2015年6月18日 |
| | 合计 | | 50 100 | 100.00 | |

D母基金分别出资 26 000 万元和 24 000 万元，引导社会资本参与设立了 G 子基金和 W 子基金，子基金规模分别为 130 100 万元和 120 100 万元。截至 2019 年 8 月底，D 母基金已注销，G 子基金和 W 子基金分别在 2018 年和 2019 年返还了出资额。母基金存续期内，收益及分配情况详见图 7-4。

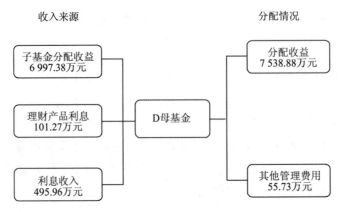

图 7-4　母基金收益及分配情况图

（三）基金组织、管理及流程

为进一步强化对 Vvv 地区城乡一体化建设引导基金的管理，Vvv 地区设立了城乡一体化建设引导基金管理委员会和投资决策委员会，负责确定各个城乡一体化建设引导基金的投资方向、投资原则等重大事项，D 母基金受前述机构的管理。根据合伙协议约定，子基金的最高投资决策机构是投资决策委员会（以下简称"投委会"），其存续期内，所有与项目投资相关的事务、与子基金经营管理及与被投资项目有关的重大事项，均由投委会做出批准决议后方可实施。基金管理人负责日常管理工作，具体包括跟踪管理、投资退出、收益分配、财产清偿等，并每半年向全体合伙人汇报事务执行情况及合伙企业的经营状况和财务状况。被投资项目层面，分别由被投资公司根据内部管理要求负责具体项目管理实施。

（四）基金运作情况

1. 基金投资方向

《Vvv 地区城乡一体化建设引导基金管理办法》中明确城乡一体化建设引导基金具体投资方向包括：支持促进城乡产业布局及发展规划一体化的建设项目，支持农村基础设施建设、农村生态环境建设、城乡公共服务均等化建设项目，支持推进富民强村、促进集体经济发展的建设项目，现代农业建设项目，省、市确定的特色田园、美丽乡村、农旅融合、被撤并镇建设等重点建设项目及其他经投委会同意的项目。

2. 子基金运作情况

G 子基金规模为 130 100 万元，根据子基金合伙协议约定，分别向 G 区国有企业 A 公司下属的三家专门从事市政工程建设的 A1、A2 和 A3 公司增资，未明确具体投资项目，投资期为 3 年，年固定回报率为 6.75%，到期股权由 A 公司回购。经核查，资金投资三家公司后均用于偿还以前年度项目贷款，且无法区分用于各项目的资金额。G 子基金股权结构图详见图 7-5。

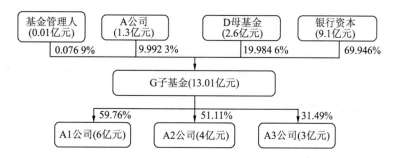

注：框内所写金额为各方出资额及子基金对外投资额，框外百分比为各方出资额占比及投资额占比。

**图 7-5 G 子基金股权结构图**

W 子基金规模为 120 100 万元，按合伙协议约定，W 子基金向 W 区国有企业 E 公司的子公司 E1 公司增资 18 000 万元，同时委托一家信托公司以信托贷款方式发放贷款 102 000 万元，期限为 36 个月，固定利率 8.5%，到期股权由母公司 E 公司回购，贷款在投资期内偿还。合伙协议约定投资资金主要用于 Vvv 地区 T 现代农业示范园 L 板块及城乡一体化综合整治项目，因资金投入企业后未进行项目化管理，故无法判断资金具体使用方向。W 子基金股权结构图详见图 7-6。

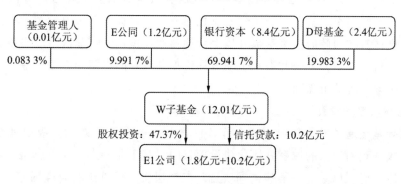

注：框内所写金额为各方出资额及子基金对外投资额，框外百分比为各方出资额占比及投资额占比。

**图 7-6 W 子基金股权结构图**

### 3. 子基金退出情况

运营期内，G 子基金共获得收益 25 878.96 万元，年均收益率为 6.75%；其收益按合伙协议约定分配至出资人，其中 D 母基金获得收益 3 750.725 万元，年均收益率为 4.81%。W 子基金共获得收益 25 851.09 万元，年均收益率为 7.23%；其收益按合伙协议约定分配至出资人，其中 D 母基金获得收益 3 246.65 万元，年均收益率为 4.54%。

（五）基金设立绩效目标

该引导基金设立的总目标为：通过创新政府资金扶持方式，发挥财政资金放大效应，引导民间资金进入 Vvv 地区城乡一体化建设领域，降低基层城乡一体化建设项目的融资成本，促进 G 区和 W 区深化 Vvv 地区城乡一体化发展综合配套改革，推进两区功能性城镇尽快完成就地城镇化，进而实现城乡之间的相互融合、协调共生。

## 二、绩效评价设计与实施

（一）评价思路

1. 拟解决的问题

本次 Vvv 地区城乡一体化建设引导基金的绩效评价，通过了解该引导基金设立目的、基金定位及母子基金运营情况和投资两区项目基本情况，拟解决的问题有：第一，分析引导基金设立依据的充分性和程序规范性及其设立目标的明确性和合理性；第二，分析引导基金募资、投资、运营管理、退出等环节的规范性；第三，了解基金设立目标的达成度及该引导基金投资项目取得的社会效益和经济效益等；第四，分析政府出资引导基金参与城乡一体化建设的优缺点及与直接由财政资金全额投入效益发挥方面的差异等内容，从而帮助选择城乡一体化建设项目的最优资金投入方式。

通过上述分析为 Vvv 地区日益增多的政府投资基金的规范化管理提供相关的建议，也为提升同类引导基金服务城乡一体化建设的质效提供有价值的经验和做法。此外，Vvv 地区首次对政府投资基金开展综合性绩效评价，通过此次对政府投资基金全过程绩效评价工作，为未来此类基金绩效评价提供良好的思路和方法借鉴，进而扩大财政预算绩效管理的覆盖面。

2. 总体思路的设计

本引导基金通过母子基金方式运作，两次放大财政资金效用，吸引社会资本参与，最终投资到两地区的城乡一体化建设项目中。基于此特点，评价思路上，产出和效果方面应考虑"母基金—子基金—项目"三个层次。评价组在研究国家、省、Vvv地区政府引导基金相关管理制度的基础上，查阅了与本引导基金设立、募集、投资、投后管理、收益分配及清算等方面的相关协议、会议纪要、决议等资料。考虑到引导基金设立时有明确的政策目标，因此绩效评价按政策评价的基本思路开展，从"基金设立、基金过程管理、基金绩效和可持续影响力"四个维度考察。具体评价思路如下：

第一，考察引导基金设立的必要性及运营保障措施的健全性。通过对基金主管部门、基金监管部门及基金管理人等相关部门的访谈调研，梳理基金设立程序和相关部门的具体工作职责，基金设立环节重点考察基金设立的必要性、设立程序的规范性及基金目标的合理性。

第二，考察引导基金过程管理的规范性。过程管理则通过查阅基金管理办法、合伙协议等资料，从募资、投资、投后管理及退出环节分别考察各环节相关制度健全性及制度执行有效性，考察确保基金规范安全运营的风险监控机制、信息报送机制和信用约束机制的建立及执行情况，以及母子基金管理团队配置情况和募集资金使用的规范性。同时，围绕基金设立的政策依据，考察基金实际运作过程和收益分配是否做到了公益性和盈利性的有效平衡，收益分配方式和标准是否符合市政府专题会议纪要精神，直接降低了基层项目的融资成本等。

第三，考察引导基金运营的绩效情况。基金运营绩效方面，与一般绩效评价项目类似，主要考察母子基金的产出和效果。产出方面根据资金投向设置对应的数量、质量和时效指标，具体包括 D 母基金参股子基金层面及子基金投资具体项目两个层面；效果方面则从设立基金的目标出发，设置反映基金引导作用效果发挥的指标和具体投资项目绩效的指标，同时兼顾引导基金对促进城乡一体化建设试点工作任务的促进作用。

第四，考察引导基金运作的可持续影响情况。首先，Vvv 地区城乡一体化建设引导基金是该地区第一个由政府出资实施的针对城乡一体化项目的引导基金，此种模式若可持续，则可以为未来进一步缓解城乡一体化建设过程中的资金不足问题提供良好的借鉴，故应从政策符合度、融资成本降低、与基层对接机制形成等方面考察其可持续性。其次，政府投资基金信用体系建设是规范该领域的重要手段，因此需考察该基金及其管理人员是否纳入国家相关部门要求的信用信息平台等。此外，因引导基金子基金投资基层的项目均为民生项目，属于当地财政负担范围，故信息共享方面还应考察此类项目是否存在重复投资的情况，从而避免资金的重复投入，使有限的资金发挥应有的效益。

3. 评价内容及指标体系设计

本次评价对象为由 Vvv 地区财政局和社会资本共同出资设立的 Vvv 地区 D 城乡一体化建设引导基金、参股的子基金及子基金投资的具体项目，在评价时点母子基金已基本完成退出清算工作，故评价期涵盖了基金管理的全生命周期。基于上述评价思路，评价指标设计方面，借鉴政策评价思路，从基金设立、基金实施管理、基金绩效和可持续影响力四个维度进行，同时根据基金运营管理的特点，细化各部分的评价指标，具体指标体系设计思路详见图 7-7。

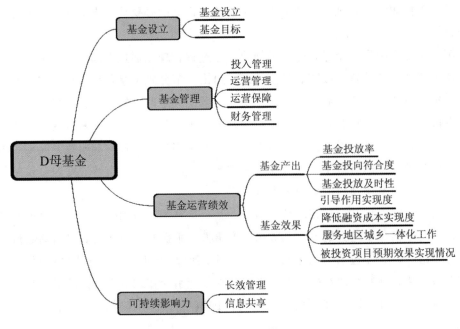

**图 7-7 绩效评价指标设计思路图**

**（二）评价实施**

政府投资基金涉及较多基金领域专业知识，国家层面也有很多政策文件规范其运营管理，基于此，评价组学习和研究了大量的基金运营管理专业资料和相关监管机构出台的管理文件，明确了当前政府投资基金的监管规范要求。如规定政府出资引导基金不得有明股实债等变相增加政府债务的行为；政府引导基金社会资本来源有硬性约束，不允许银行、信托资金多层嵌套再投资子基金；等等。基于上述了解，梳理了政府投资基金运营管理重点考察内容，并完成了评价工作方案的制订工作。通过数据填报、满意度问卷调查、访谈、座谈和实地勘察等，全面收集指标评分、报告撰写所需资料，经分析处理后形成评价报告，以全面反映引导基金利益相关方对本引导基金运营管理及效果方面的意见和建议等。

**（三）绩效分析**

本项目绩效分析对应评价思路，从引导基金层面和被投资项目层面展开分析。基金层面重点分析引导基金模式相较于传统财政投入方式的优越性，即回答为什么要采用引导基金的方式；同时分析目前运营模式下，社会资本预期收益实现情况，以反映该种模式的可持续性。投资项目层面分析引导基金资金投资项目管理及具体实施效果，以反映城乡一体化建设引导基金设立目标的实现情况。

**1. 基金运营层面**

（1）与传统财政投入方式相比，通过考察财政资金撬动作用、引导基金引导作用发挥情况，反映引导基金投资方式相较于财政直接投入的优势。本引导基金通过母子基金方式运作，以财政出资 30 000 万元撬动 220 000 万元社会资本投资到市场失灵和发展不足的城乡一体化建设领域，体现了较好的撬动作用和引导作用；同时，基金投资资金一次性投到被投资单位，被投资企业在资金使用上有较大的主导权，提高了相关项目的推进效率。

（2）与原有贷款方式相比，重点将引导基金模式下被投资企业融资成本与被投资企业同期、同类型、相同金额银行贷款的借款成本进行对比，分析传统贷款方式和引导基金投资方式下融资效率和使用管理要求的差异，以反映引导基金投资方式的优势。通过融资成本对比，发现以基金方式获取资金的成本远低于银行贷款的成本。

（3）引导基金运作方式可持续性，重点将基金出资人在其清算完成后获得收益分配的情况与合伙协议约定收益进行对比，以判断预期收益分配的合理性和实现度，也可反映该引导基金运作模式的可持续性。本引导基金清算完成后，母子基金社会资本出资方均实现了合伙协议约定的收益率，均达到了预期收益。

2. 被投资项目层面

被投资项目绩效分析重点关注资金与项目的对应情况及对应实施项目预期效果的实现度。该引导基金投资环节未明确具体项目和资金使用要求，实施环节无法确定资金使用方向和使用进度。据调研，G 子基金投资资金主要用于偿还以前年度项目贷款。W 子基金投资于 Vvv 地区 T 农业示范园 L 板块及城乡一体化综合整治项目，因资金投入企业后未进行项目化管理，故无法判断资金具体使用方向。就整个项目推进情况看，完成了 LH 板块所在区域农户拆迁、土地流转及平整工作，保障了示范园万亩标准化池塘和农田的配套基础设施建设。经后续投资开发，已于 2018 年被评选为 Vvv 地区市级现代农业园区，2019 年 7 月成功入选国家农村产业融合发展示范园区。

（四）评价结论

1. 总体结论

从基金整体情况看，Vvv 地区通过设立城乡一体化建设引导基金创新了该领域的投资方式，撬动了社会资本参与其中，采用专业化和市场化的运作方式，提升了引导基金的整体募资能力、运行效率和管理水平，实现了"降低基层项目融资成本"的目标。但其作为 Vvv 地区探索城乡一体化建设金融改革的试点和探索，引导基金的运营过程中还存有待完善的方面，具体如下：

（1）引导基金目标不清晰，基金效果难衡量

本引导基金未明确针对具体投资领域和项目的目标，也无引导基金必须投资于具体项目的要求，致使引导基金运营过程中管理机制不健全，主管部门无抓手，整个基金运营期主管部门缺位，未发挥其在主管领域的指导作用。此外，也使引导基金无法与项目匹配，绩效评价只能分析有无降低融资成本，而无法判断具体项目的实施效果。

（2）财政资金收益让渡给基层的方式和引导基金投资方式待优化

该引导基金市财政出资 30 000 万元未设收益目标，通过较低的收益率设定让渡

两区基层项目，实现了"降低融资成本"的目的。但在母基金层面收益率达 9.42%（不含作为两支子基金管理人在存续期内取得基金管理费），为所有出资人中获得收益最高的一方，可以看出市财政通过该种方式让渡收益不够彻底。此外，两支子基金一次性将 130 000 万元和 120 000 万元拨付至被投资企业，由此造成部分资金在账户沉淀，一定程度上增加了实际融资成本。

（3）基金管理人信息报送机制执行不到位

基金管理人作为引导基金日常运营管理的责任主体，在存续期内，未按合伙协议约定在每季度结束后 30 个工作日内向管理委员会报送投资管理报告。

2. 建议及改进措施

从上述问题分析，不难发现，基金管理因为参与方较多、管理链条较长、各方利益诉求不同等，使得基金管理面临诸多风险，需要加强全过程监管。评价组分别从引导基金目标管理、管理机制、让利方式、投资方式及基金管理人方面提出了具体建议，同时结合全面实施预算绩效管理的要求，对健全政府投资基金全过程预算绩效管理机制也提出了相关建议，具体如下：

（1）明确引导基金目标，健全引导基金监管机制

今后如设立同类引导基金，牵头单位应明确引导基金总体定位、投资领域后，进一步明确引导基金拟解决的问题和预期实现的效果，并确定设立引导基金总目标；在确定具体投资项目后，结合项目实施内容细化引导基金的阶段性目标及年度目标。同时，建议探索建立适应引导基金的组织管理方式，理顺基金管理链纵向涉及的各类主体在引导基金运营过程中的主体责任。此外，明确引导基金应以项目为出发点，征集筹建项目库并围绕总目标筛选项目；强化资金管理要求和投后跟踪管理要求，以引导基金运营规范化管理，保障基金投资效果。

（2）调整财政让利方式，优化资金投放方式

建议财政部门调整让利方式，按市场化投资基金受益分配方式进行分配，同股同权、各方享受同等的收益分配。获得分配收益后，财政局根据投资项目实际情况制订具体奖励或让利方案，直接降低具体项目融资成本。针对资金投放方式中存在的问题，建议今后在设计基金架构时，充分考虑基层项目的融资现实需求，适当延长引导基金投资年限，根据基础项目的实际需求，分阶段分批次投资，同时兼顾社会资本的利益，提高资金使用效率，进一步降低融资成本。

（3）加强对基金管理人的跟踪管理，提升其履职能力

建议完善基金管理人考核细则，主管部门做好对基金管理人履职情况的日常考核，定期组织系统考核，将考核结果与其管理费支付挂钩，确保其履职能力。

（4）建立健全引导基金全过程预算绩效管理机制

随着全面实施预算绩效管理工作的深入推进，预算绩效管理要求实现对政府出资引导基金的覆盖。对此，Vvv 地区应逐步建立和完善针对政府引导基金的相关预算绩

效管理的要求，以提升政府投资引导基金整体运营绩效。

### 三、案例总结

本案例是全周期的政府投资基金绩效评价，评价对象包含了财政出资资金及撬动的社会资本，且其运营模式和投资管理要求受引导基金设立时间节点的影响，具有一定的特殊性。就本案例而言，其主要经验和优点、不足及需进一步探讨的方面具体如下：

#### （一）案例经验及优点

**1. 充分了解引导基金相关政策文件及要求，研发政府投资基金绩效评价路径**

本案例评价对象为政府投资基金，不同于常规的项目支出、专项资金或政策评价，且该引导基金设计方式复杂，是一类全新的评价项目。为全面了解政府投资基金的相关知识，在方案撰写过程中，评价组收集了各类与政府投资基金相关的政策文件，了解我国政府投资基金项目发展历程、组织形式、各个阶段出现的主要问题、监管要求变化情况，以及目前各地区出台的针对政府投资基金的管理要求和绩效评价要求等，同时与专业的基金管理人保持沟通，了解基金管理方面的专业知识和监管要求等。在后续过程中，针对发现的新问题或新疑点，也及时查阅相关资料或咨询专业人员，提升对该项目的理解和认识。通过全过程的不断学习，加深了对政府投资基金的认识，厘清了设立该引导基金的目的及引导基金组织设计的目的等。基于对政府投资基金相关知识的精准掌握，明确评价目标及思路，最后才能准确定位其设立及运营管理过程中存在的问题，并能够提出有针对性的建议。

**2. 评价思路清晰，评价指标设置主次分明**

在确定评价思路时，根据相关文件指引，明确了评价对象为财政出资额及撬动的所有社会资金。在此基础上，根据引导基金管理要求及运营方式，同时考虑到本次评价周期涵盖了募资、投资、投后管理、退出等整个引导基金全过程，因此在基金运营管理层面设计指标时，抓重点、抓关键，设计了包括投入管理、全过程管理等方面的关键指标，同时考虑到政府投资基金的特殊性，设计了相关保障措施指标。在效果方面，分别设计了从引导基金层面到被投资项目层面，再到对地区城乡一体化建设贡献度方面的指标，做到了层次分明和主次分明。

#### （二）案例的局限性

本案例也存在不足之处，如：受引导基金组织管理方式和评价时点的影响，在整个评价实施过程中，只有基金管理人配合开展相关工作，被投资企业因为基金已清算、投资额已偿还等原因，无法有效配合评价组了解投资资金使用情况；引导基金管理体系复杂，评价过程中各部门间的沟通协调难度较大，致使整个调研过程推进较为缓慢、相关资料数据收集不够全面。另外，对该引导基金设立时"降低基层项目融资成本"这一重要目标实现情况分析方面，因缺乏同时期同类型项目相同融资额通过银行贷款、发债等融资方式融资成本的大量有效信息，仅与被投资公司几乎同时期不同信托贷款额的成本进行了对比，对比依据充分性有待进一步提升。

（三）进一步探讨的方向

本案例是针对政府投资基金全过程开展的事后评价，随着经济社会发展的需要，今后将会设立更多的政府投资基金。2020 年 2 月，财政部出台了《关于加强政府投资基金管理提高财政出资效益的通知》（财预〔2020〕7 号），明确提出实施政府投资基金全过程绩效管理。但目前对政府投资基金开展绩效评价仅为原则上的论述，暂未形成针对"募、投、管、退"四个关键环节的评价指标体系框架。有效的绩效评价是提高政府投资基金运作效率和效益的重要手段，后续还应探索建立针对政府投资基金的全过程预算绩效管理体系。

结合政府投资基金设立、运作和退出的全过程工作流程，各环节预算绩效管理各有侧重。事前绩效评估应重点对设定基金目标、选择管理机构等情况进行考核；运营监控则主要考察市场化、专业化管理程度及运作的合规性等；事后评价指标则主要从资本退出的角度进行考核，重点考核项目完成情况、政策目标实现情况及经济效益等。同时，还应按政府投资基金运作的阶段划分，明确每个阶段开展评价的机制及相关标准，以促进政府投资基金的规范发展。

此外，在评价政府投资基金效果方面，较难确定合理的评价标准，还需探索建立较为合理、全面的参照标准。具体来说，一方面政府投资基金强调按照"政府引导、市场运作、科学决策、防范风险"的原则进行运作，实践中，政府投资基金的公共性与市场化往往难以协调，在评判其绩效时更是难以衡量。另一方面，每个政府投资基金都是一个相对独立的运营单位，基金设置和运作模式方面均有各自的特点，且重点投资领域、投资项目筛选标准等也有差异，效果指标的标杆值缺乏参照，一定程度上会影响评价结果。对此，还需要基于当前我国及其他发达国家的各类政府投资基金运营数据，进行系统分析，逐步形成各领域政府投资基金的相关标准数据，为广大政府投资基金运营管理及评价提供合理标准。

## |案例四|　Www 地区公交运营绩效评价

优先发展公共交通是缓解交通拥堵、转变城市交通发展方式、提升人民群众生活品质、提高政府基本公共服务水平的必然要求。2016 年，交通运输部出台了《城市公共交通"十三五"发展纲要》，提出"建立政府购买公交服务机制""对执行票价低于成本票价的部分，建立完善公共财政补贴机制"等公交领域的财政资金投入机制。在此背景下，各地也陆续出台了各类公交补贴政策，对各地公共交通的运行给予相应补助。在公交优先政策扶持、监管机制不断完善、财政补助持续投入的背景下，公交行业整体运营绩效情况成为各地政府关注的重点。

当前，在公交补贴资金开展的绩效管理实践中，主要包括各类补贴资金绩效评价、成本规制研究、财政补贴机制研究及公交线网规划研究等内容。本案例以 Www 地区财政委托的成本规制和绩效评价工作为例，重点介绍公交补贴资金绩效评价的思路和实施路径。在此案例中，评价重点主要包括公交政策和行业监管机制效率评价、公交企业运营效率评价、公交运行效益评价，将通过本案例重点反映不同评价对象的评价指标体系设计思路及评价结果的应用场景。

## 一、项目概述

### （一）背景介绍

城市公共交通具有公益性及营利性的双重特点，其公益性体现在低票价政策，向群众提供较低出行成本的基本保障，而其营利性则体现于公交公司属于企业化运营，具有逐利的特征。为支持公交的公益性，切实降低市民出行成本，各地政府陆续出台各类公交补贴政策对公交企业以补贴的形式安排预算并拨付财政资金。随着公共交通的不断发展，公交企业的亏损额越来越大，财政资金的投入也越来越大，公交补贴绩效低下的问题日益突显。Www 地区出台了《Www 地区人民政府办公室关于实施市区城乡公交政府购买服务和财政补助政策的通知》等一系列扶持政策，不断加大惠民便民投入。

Www 地区公交服务分别由城市公交公司与城乡公交公司负责，两家公交企业均隶属于 Www 地区交通投资集团有限责任公司（以下简称"交投集团"）。城市公交公司主要负责 Www 地区城市公交服务运营，城乡公交公司主要负责 Www 地区二、三级城乡公交服务运营。截至 2019 年年底，Www 地区共有公交运营车辆 1 694 辆，公交线路 198 条，其中城市公交 111 条，城乡公交 87 条，2019 年运营总里程达到 8 100 万公里。此外，Www 地区每年通过线网优化，不断提升人们出行需求满足程度，落实公交优先发展战略。

### （二）资金来源及规模

Www 地区公交服务地方财政补贴资金来源为市和区两级财政资金，实行"市级为主、分级承担"的市与区分担机制，由市财政承担 70%，区级财政承担 30%。自实施以成本规制办法为主的补贴机制以来，Www 地区对公交企业的财政补贴资金由政策性亏损、场站贴息、购车补贴、科技补助四部分构成。2019 年，财政对 Www 地区对公交服务的补贴资金达到 2.93 亿元。

### （三）组织、管理及流程

1. 组织情况

公交行业发展需要政策指导及政府各部门的通力合作，公交行业涉及的部门较多，评价组在组织情况梳理时重点介绍公交运营阶段的相关部门的职责。具体如

表 7-3 所示。

表 7-3 组织情况表

| 序号 | 部门名称 | 职责 |
|---|---|---|
| 1 | 市人民政府 | 负责制定公交行业发展政策，指导公交行业发展 |
| 2 | 市财政局 | 负责公交补贴项目立项、补贴形式、预算申报、资金拨付等工作，并对资金的组织和使用进行统筹和监管 |
| 3 | 市交通运输局 | 行业主管部门，负责公交行业管理 |
| 4 | 市公安局交通警察支队 | 负责路权管理事宜 |
| 5 | 市城乡规划建设管理委员会 | 负责与公交基础设施建设的相关土地规划审批、公示 |
| 6 | 公交运营企业 | 负责根据行业主管部门与财政部门要求，组织运营生产，提升公交服务质量，配合主管部门做好线网规划、场站布局、车辆更新等工作，持续为市民提供低价优质的公交出行方式 |

2. 管理机制

（1）财政补贴

财政补助具体包括政府购买公交服务、新购车辆补助、公交科技补助、公交场站贴息补助四部分内容。其中：政府购买公交服务是指由市交通运输局以成本规制为基础，以政府购买公交服务方式保障市区城乡公交运营系统正常运营的模式；新购车辆补助指对列入市政府公交车辆购置计划并经主管部门审批同意的新购车辆和更新车辆，由财政按照比例给予补助；公交科技补助指对经交通运输主管部门审批同意的公交科技智能化管理设备，由财政按设备实际购置额的一定比例给予补助；公交场站贴息指对公交企业的公交停保场建设专项贷款给予财政贴息补助。

（2）行业监管

一是运营考核，交通运输局开展年度目标任务考核和服务质量考核。二是线路优化调整，2019 年交通运输局制定了《Www 地区公交线网优化调整办法》（W 交发〔2019〕×号），对线路新增调整、班次加密、公交线网优化调整程序进行了规范。三是场站建设，Www 地区人民政府办公室制定《Www 地区人民政府办公室关于进一步加快市区公交站场建设的意见》，对场站建设主体做出明确规定。交通运输局制订场站初步建设计划，Www 地区人民政府在年度城市道路交通治堵工作方案中明确年度建设计划，再由各区建设主体完成建设计划。

（四）绩效目标

通过 Www 地区财政对其城乡公交的四类补贴，完成公交运营计划，公交准点率达到 98%，杜绝重大服务质量事件，百万人次有责投诉不超过 1.8 起，违章违纪率不超过车日总数的 0.7‰，乘客满意度达到 80% 以上。坚持公交优先、城乡一体发展战略，提高城市公交服务水平，满足市民出行需求，促进国民经济和社会事业的健康发展。

## 二、绩效评价设计与实施

### （一）评价思路

#### 1.拟解决的问题

通过绩效评价反映当地公交运营绩效情况，分析在公交政策支持、行业监管及公交运营方面存在的问题，具体关注以下方面：

首先，对公交政策和监管机制、公交企业运营效率和效益进行评价，反映当地公交整体运营绩效情况。其中，公交政策和监管机制效率评价主要分析 Www 地区当地公交政策对公交优先发展的支撑力度。同时，分析公交监管机制的健全性和规范性是否切实推进当地公交事业可持续发展。公交企业运营效率和效益评价主要通过对公交企业组织结构、运行模式、管理机制、运营产出和效果的全面了解，反映公交企业成本管控水平，分析公交企业的运行效率和效益是否存在提升的空间。

其次，推进绩效评价结果与财政补贴政策挂钩。通过开展绩效评价工作，推进绩效评价结果与财政补贴政策的挂钩，完善政府购买服务机制，提高财政补贴资金的使用效率和效益。

#### 2.总体思路的设计

评价组在了解 Www 地区城乡公交相关信息的基础上，针对此次评价拟解决的问题，借助公交绩效大数据平台，重点对公交政策和监管机制、公交企业运营绩效进行评价，各部分的具体实施思路如下：

（1）梳理公交政策、行业监管机制、公交企业运营现状

针对公交政策和行业监管机制，在访谈和资料搜集的基础上，梳理当地各部门管理的实际情况。针对公交企业，通过访谈、资料获取，梳理公交企业的组织机构、运营模式、管理模式及前三年运营情况（财务和业务情况），掌握企业的基本现状；重点关注公交企业的业务数据趋势，如客流量变化、运营线路变化、收入变化。此外，针对公交企业开展成本规制工作，分析企业成本管控水平，并将成本规制结果与绩效评价指标体系目标值设置相结合。

（2）组合设置绩效评价指标体系

分别针对公交政策和行业监管机制、公交企业运营设置指标体系，区分评价结果应用对象，前者可应用于政府购买服务管理职责的考察；后者可用于对公交企业的绩效考核，并与财政补贴金额挂钩。

#### 3.评价内容及指标体系设计

根据评价内容和评价思路，为了既全面又重点突出地反映当地公交运营的绩效情况，考察公交运营不同主体的履职情况，评价组针对公交政策和行业监管机制、两家

公交企业运营分别设置指标体系，共同构成整体性的绩效评价指标体系。依据制定的评价指标对公交政策和监管机制、两家公交分公司分别评分，评分所占权重分别为40％、30％、30％。

公交政策和行业监管机制绩效评价指标体系重点考察当地政府相关部门对公交行业的整体投入保障和管理情况，考核政府对公交发展的政策支持情况、补贴政策制定情况、资金投入与配置、组织管理情况和行业监管情况。

公交企业运营绩效评价指标体系用于考察两家公交企业的运营绩效情况，通过考核运营投入、人员管理、成本管理、运营要素管理，以及产出和效果，对公交公司的运营情况进行综合评价。其中，针对两家公交运营企业，考虑城市公交服务与城乡公交服务的要求不同，在运营效果的考察上分别设置不同的指标。

关于指标目标值，评价组根据国家标准、行业标准、成本规制值标准、地方历史标准来设置。如行车责任事故死亡率指标等安全性考察内容主要按照国家、行业标准要求的目标值进行设置；与成本密切相关的指标根据成本规制结果进行目标设置，如人车比指标；部分指标地方主管部门有目标要求的则按照地方标准进行目标设置，如违章违纪率、投诉处理及时性等。具体见表7-4。

表7-4  公交政策和行业监管机制绩效评价指标体系（节选）

| 一级指标 | 二级指标 | 三级指标 |
|---|---|---|
| A 公交政策 | A1 当地政府对公交发展的政策支持 | — |
| | A2 财政补贴政策 | — |
| B 监管机制 | B1 组织管理 | B11 公交行业管理部门职责明确性 |
| | | B12 协调机制健全性 |
| | B2 行业监管 | B21 公交线网规划管理规范性 |
| | | B22 场站建设管理规范性 |
| | | B23 公交智能化建设管理规范性 |
| | | B24 绩效考核管理规范性 |

以城市公交为例，公交企业的指标体系如表7-5所示。

表 7-5  城市公交企业运营绩效评价指标体系（节选）

| 一级指标 | 二级指标 | 三级指标 |
|---|---|---|
| A 运营管理 | A1 公交企业运营投入 | A11 驾驶员人车比 |
| | | …… |
| | A2 公交企业人员管理 | A21 公交企业人员管理有效性 |

| 一级指标 | 二级指标 | 三级指标 |
|---|---|---|
| A 运营管理 | A3 公交企业成本管理 | A31 公交企业成本核算完成情况 |
| | | …… |
| | A4 公交运营要素管理 | A41 运营安全管理有效性 |
| | | …… |
| | …… | …… |
| B 运营效果 | B1 产出 | B11 公交线网优化完成率 |
| | | B12 公交计划班次达成率 |
| | | …… |
| | B2 效果 | B21 城市公交 500 米站点覆盖率 |
| | | B22 班次发车正点率 |
| | | …… |
| | | B28 公交企业驾驶员满意度 |
| | | B29 公交乘客满意度 |

（二）评价实施

经过评价小组前期调研、方案撰写、实地调研、数据分析、报告撰写等过程，采用定量和定性相结合的方式，获取评价所需基础数据，并对项目信息资料进行分析，评价组最终完成评价工作。

在实施过程中，评价组注重资料的全面搜集和多方印证，如针对公交政策分析，从多主体、多渠道搜集政策内容，包括一级政府发文、相关部门发文（财政、交通、规划等），可从财政部门、行业主管部门、公交企业三方全面获取相关资料。同时注意上位法则，收集国家、省级等上位政策，关注政策要求的一致性。针对行业监管机制的履行方面，一是通过访谈交通运输部门相关科室、公交企业相关人员了解日常情况；二是通过交通部门和公交企业台账、系统等留痕资料进行佐证。

（三）绩效分析

评价组重点对公交运营的经济性、效益性进行分析。经济性主要是对公交的成本结构、成本趋势进行分析，并将部分单位成本项与其他类似地区进行横向对比，以反映公交企业成本管控情况。通过分析发现了公交企业在驾驶员用工成本、燃料费、维修费合理性方面的不足。效益性分析首先从公交行业关键性客运指标进行，如客流量、运营里程、主营业务收入，反映公交运营的效益情况，分析发现客运量、主营业务收入两个关键性客运指标均呈现出逐年下降趋势，且趋势较为明显。此外，还从有责投诉占比情况及乘客满意度两个维度进行分析，发现 Www 地区的公交服务质量水平有待进一步提升。具体见表7-6。

**表 7-6　Www 地区公交运营三年关键业务数据**

| 年份 | 2017 年 | 2018 年 | 2019 年 |
|---|---|---|---|
| 客运量（万人次） | 11 291.09 | 10 589.06 | 9 639.204 |
| 下降幅度（%） | — | 6.22 | 8.97 |
| 主营业务收入（万元） | 11 421.76 | 10 411.52 | 9 306.084 |
| 下降幅度（%） | — | 8.84 | 10.62 |
| 运营里程数（万公里） | 6 521.268 | 6 794.244 | 6 849.204 |
| 上升幅度（%） | — | 4.19 | 0.81 |

**（四）评价结论**

结合绩效评价指标体系的评分结果，Www 地区公交行业公益性定位清晰，出台了多类政策保障公交优先发展。通过实行政府购买公交服务政策，并制定成本规制办法，积极探索购买服务在公共交通领域的应用，为公交的可持续发展营造了良好的政策环境。通过开展创新项目，加快了 Www 地区公交标准化建设，提高了信息化建设水平，奠定了 Www 地区公交的领先地位。但是，公交政策和监管机制及公交企业运营等方面仍存在一定问题。

1. 公交政策和监管机制方面存在的问题

一是相关部门职责不够明晰，主要体现在市交通运输局在政府购买公交服务立项、预算编制和预算拨付过程未承担政府购买公交服务主体的职责。二是线网优化调整机制不够完善，未对线路调整优化的核心技术指标进行梳理并形成评估指标体系，且对线路评估内容和标准没有明确的列示，作为对每一条线路调整的评估依据，线网优化调整评估机制不够完善。

2. 企业管理及企业运营方面存在的问题

首先，公交企业人员配置和薪资结构不合理。一是人员配置结构不合理，呈现一线人员偏少，二线人员偏多现象。二是公交驾驶员薪资水平偏低、驾驶员满意度低。Www 地区公交驾驶员薪资水平低于同样劳动强度下的周边城市平均工资水平。此外，城市公交公司、城乡公交公司驾驶员平均满意度均处于较低水平。

其次，公交企业运营部分资源配置效果不佳。一是有效运营里程占比较低。两家公交企业 2019 年有效运营里程占比情况均呈现较低水平，均低于行业平均水平。二是车辆使用率偏低。两家公交企业的车辆使用率从数量、质量两个方面来看，车辆利用率和车辆使用效率均处于偏低状态。

针对上述问题，评价组给出了针对性的意见和建议：

1. 明确各部门职责分工

交通运输管理部门作为服务的购买主体，编制政府购买服务预算时，可按"成本定价、超收奖励"原则与公交企业签订政府购买服务合同，约定服务数量和质量，在年底按照考核办法和合同约定对公交公司合同执行情况进行绩效考核，并将补贴资金与考核结果挂钩。

2. 健全线网优化评估机制

在目前的线网优化调整办法基础上，增加大数据运用。对线路调整的核心技术指标进行梳理，制定明确的线网优化评估指标体系，对线路规划进行事前评估，对每一条线路的调整进行充分论证，为线路优化提供数据支撑，为交通运输主管部门和公交企业制定线网优化方案提供决策依据。

3. 优化公交企业人员结构，加强员工薪资水平管理

建议集团对公交企业进行人员管理时，结合成本规制的人工费规制结果，对公交企业的人员结构和基本薪资水平做出要求，在人员招聘中向驾驶员倾斜，鼓励公交企业提高驾驶员的福利待遇，通过制订驾驶员培养计划、提高薪资水平等方式增加驾驶员数量，并结合企业自身发展需求，适时调整管理人员占比。

4. 合理规划线路安排及车辆投入，提高资源使用效率

合理规划首末站位置及相应的线路安排，缩短公交车由停保场往返首末站间的非有效运营里程，提高有效运营里程占比。同时，结合线路安排及实际需求，适当调整线路运营车辆投入数量、不同大小的车型及不同时间段的班次密度，进一步提高车辆使用率。

### 三、案例总结

（一）案例经验及优点

从评价对象上看，案例将公交整体运营绩效作为评价对象，区别于以投入的财政资金为评价对象的项目，评价结果能够更全面地反映当地公交运营的绩效情况，分析影响绩效实现的各方面因素。

从绩效评价指标体系设置上看，通过分类设置绩效评价指标体系，进一步明确、突出了评价重点。以往项目中，仅将行业监管设置1~2个指标放在管理指标中，本案例单独设置公交政策和行业监管机制绩效评价指标体系，不仅能够更合理地分析行业监管机制的健全性，而且通过评分权重的设置突出了对行业监管的评价重点。

从评价指标的标杆值设定来看，案例中评价指标的标杆值来源于多方。同时，遵循目标从严原则，即当地目标要求低于国家、行业标准，以国家、行业标准为目标值，当地目标要求高于国家、行业标准，按照当地目标要求设置目标值。

此外，将成本规制结果作为绩效评价的目标值来源，成本规制要求融入绩效评价中，同时绩效评价结果又与成本规制最终的补贴金额挂钩，体现了两者要求的融合，

既能够科学地评价当地的公交绩效水平，又能够激励企业在成本规制和绩效管理的要求下降本增效。

从评价结果应用上看，绩效评分结果可应用于多个场景，一是各绩效评价指标的评分结果组合应用于对公交行业整体绩效水平的衡量，二是公交政策和行业监管机制的评分结果可应用于对政府相关部门的管理绩效水平的衡量，三是公交企业运营绩效的评价结果可应用于对公交企业运营绩效水平的衡量，同时结果可应用于政府购买服务机制下的财政补贴金额的测算。

（二）案例的局限性

本案例在评价对象方面考虑较为全面，但是在公交政策和监管机制部分的评价目前主要侧重于机制的建立、相关制度的完善与执行，对监管机制的效果未做深入考察。主要是因为部分监管机制的效果难以衡量，需要更多的绩效信息予以支撑。如场站建设管理机制，主要是从场站选址规划合理性、场站功能设计合理性、场站功能实现度及场站建设成本分担机制合理性等方面进行分析，场站建设对公交运营绩效的影响难以量化。再如公交线网规划的合理性是关系到公交运营绩效的基础性因素，但受评价技术等方面的影响，在本例中未予以重点分析。

（三）进一步探讨的方向

随着大数据、人工智能等技术在公交运营管理中的应用，智慧公交建设对提高运营效率、优化公交资源配置和提升公交服务质量都发挥了巨大作用，也为公交行业的绩效管理提供了更多的手段方法和可能性。如前述公交线路规划问题，如何在满足公交出行需求的前提下，降低公交运营成本，提升公交运行绩效和财政资金使用效益，就可以借助大数据，架构线路合理性分析模型，提取线网密度等核心指标构建公交线路指数，通过大数据筛选和甄别表现异常的公交线路。再如公交资源配置方面，亟待通过构建公交系统运力配置合理性分析模型，为公交运力资源配置提供参考。在公交运力配置合理性分析中，可以从运力供给能力和运力需求两端出发，解决运力供需不平衡的问题，根据整个公交线网线路的运力供需关系的整体情况，以线性规划为基础，得到与线路相关的车辆配置信息和运行策略，提出相应的合理化建议。

## |案例五| Xxx地区对口支援"十三五"规划中期评估

对口支援即经济发达或实力较强的一方对经济不发达或实力较弱的一方实施援助的一种政策性行为。目前大部分对口支援由中央政府主导，地方政府为实施主体。对口支援项目"十三五"规划中期评估旨在了解"十三五"规划实施以来对口支援项目的开展情况，跟踪评估"十三五"规划中期实施成效，发现规划落实中存在的问题与不足，探究规划下一阶段调整与改进的对策与建议，提高对口支援资金使用效益，为深化支援地区与受援地区的合作交流提供保障。本案例以 Xxx 地区对口支援 A 地区"十三五"规划中期评估为例,总结对口支援五年规划中期评估的思路与方法,以期为后续其他规划的评估工作提供一定参考。

## 一、项目简介

### (一)规划出台背景

对口支援是推动区域协调发展、协同发展、共同发展的大战略,是加强区域合作、优化产业布局、拓展对内对外开放新空间的大布局,是实现先富帮后富、最终实现共同富裕目标的大举措,是加强民族团结、维护祖国统一、确保边疆地区长治久安的迫切要求。自脱贫工作成为党和国家决胜全面建成小康社会必须打好的三大攻坚战之一以来,对口支援也进一步成为国家精准扶贫战略落实的重要举措。为实现共同发展、共同富裕,保障边疆地区和少数民族地区繁荣稳定,按照中央有关文件要求,Xxx 地区与 A 地区结为对口支援关系。

"十三五"时期是我国全面建成小康社会的决胜阶段,是推进"一带一路"、精准扶贫等国家战略的关键时期。为进一步促进区域协调发展,强化对口支援的力度、广度和深度,助力 A 地区打赢脱贫攻坚战,Xxx 地区人民政府于 2015 年制发了《Xxx 地区"十三五"时期对口支援 A 地区经济社会发展规划》。

### (二)规划目标与实施内容

规划总体围绕"改善农牧民生活生产条件,大力提升公共服务水平,提高特色产业现代化水平,促进两地交流交往交融"等四个方面的目标,具体通过:一是对建档立卡贫困户的精准帮扶,实现脱贫目标;二是通过支持异地办学、建立健全基本医疗和公共卫生服务体系等方式促进 A 地区就业、教育、医疗、文化等社会民生保障水平提升;三是通过农牧、旅游示范项目的建设,以点带面,建立并逐步完善 A 地区在农牧、旅游等方面的现代产业体系,促进产业结构优化调整;四是通过挂职、培训、进修、讲学及综合运用远程教育等方式,以"援智"的方式系统提升 A 地区干部、专业人才综合素质。

至"十三五"期末,最终实现城乡居民人均可支配收入比 2010 年翻一番、接近 A 地区所在省平均水平,基本公共卫生服务主要指标接近 A 地区所在省平均水平,基本实现人人享有社会保障,综合交通运输网络基本形成,生态系统步入良性循环,民族关系和谐,社会持续稳定,人民安居乐业、保障有力、家园秀美、民族团结、文明和谐的小康社会的目标。

### (三)规划主要任务及保障措施

为实现上述目标,规划也对"十三五"期间的主要任务和具体的保障措施予以了明确,详见表 7-7:

表 7-7 规划主要任务和保障措施

| 序号 | 主要任务 | 保障措施 |
|---|---|---|
| 1 | 精准发力,改善农牧民生活生产条件 | 1. 通过建立和巩固两地对口支援与合作交流协调等机制,完善对口支援工作机制<br>2. 通过打造优秀支援干部队伍,完善对口支援人才保障<br>3. 通过修订《Xxx 地区对口支援 A 地区项目管理暂行办法》等方式优化资金和项目管理,完善监督考核制度<br>4. 通过委托第三方管理等方式,助力对口支援工作落实<br>5. 通过建立统计监测制度、实施中期评估等方式,加强对口支援规划节点评估<br>6. 通过广泛宣传 Xxx 地区对口支援 A 地区的政策措施、工作进展、主要成效和典型案例等方式广泛动员社会力量参与对口支援工作 |
| 2 | 突出民生,大力提升公共服务水平 | |
| 3 | 科学发展,提高特色产业现代化水平 | |
| 4 | 智力援助,促进两地交流交往交融 | |

## 二、中期评估设计与实施

### (一) 中期评估思路

#### 1. 拟解决的问题

本次评估旨在反映"十三五"规划目标工作的实现情况,客观评估规划实施带来的效益,探究 Xxx 地区对口支援 A 地区的工作重点与瓶颈问题,为下一阶段规划实施重点与方向提出针对性对策和建议。拟解决的具体问题包括:

(1) 分析对口支援机制的建立情况及规划项目安排的合理性;

(2) 评估分析"十三五"规划各项保障措施的建立和落实情况;

(3) 重点反映规划项目的实施效益及规划主要目标的实现情况。

#### 2. 总体思路的设计

为实现本次评估目的,评估组结合规划提出的主要目标、任务及保障措施,分析现阶段规划实施各项保障措施的建立及执行情况,结合历年项目计划及实施情况,分析规划实施期间的项目安排与规划主要任务、总体目标是否匹配,项目安排是否科学、合理;针对规划总体目标的实现情况,评估组结合规划主要任务的各个方面对总体目标进行了分解,并结合分阶段实现总体目标的计划安排,掌握现阶段规划实施应实现的目标程度,根据具体规划项目的实施效益,反映各县规划主要任务的落实情况,分析 A 地区现阶段总体规划目标实现水平是否能保证"十三五"规划总目标的实现。

在对 A 地区"十三五"期间发展现状进行深入调研的基础上,对 A 地区在"十三五"期间对口支援开展情况和工作效果进行全面评估。按照以下三个层次展开:在面上,根据规划提出的主要目标、任务及保障措施,结合"十三五"期间规划具体项目的实施情况、各项保障工作的落实情况,对目前"十三五"规划实施的整体情况展开分析,充分反映规划实施中期实现的产出和效果;在线上,在对各县总体情况进行深入调研的基础上，结合规划提出的目标任务，对A地区各县的实施情况展开对比分析；在点上，通过抽查等方式，对具体项目的推进情况及产生的效益予以考察。具体如图7-8所示。

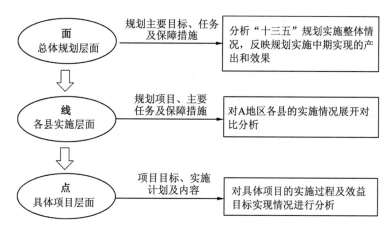

**图7-8 评估思路构建图**

3. 指标体系设计

对应上述三个层次的评估思路，评估组通过总体和县级评估指标体系的设计进行综合反映。通过总体指标体系对"十三五"期间Xxx地区对口支援A地区工作进行宏观把握和总体评估；通过县级评估指标体系对各县管理及具体实施成效进行评估，便于通过评分结果进行对比。两套评估指标体系构成基本一致，均从投入和管理、产出、效果、影响力四个方面展开。指标体系框架如表7-8所示。

**表7-8 中期评估指标体系（县级层面）**

| 一级指标 | 二级指标 | 三级指标 |
|---|---|---|
| A 投入和管理 | A1 对口支援机制 | A11 合作交流协调机制建立及执行情况 |
| | A2 对口支援人才保障 | A21 人才队伍建设 |
| | | A22 人才跟踪管理 |
| | A3 资金管理 | A31 资金保障情况 |
| | | A32 资金监管情况 |
| | A4 项目管理 | A41 项目管理制度健全性 |
| | | A42 项目管理制度执行有效性 |
| | | A43 项目公司管理制度建立及执行情况 |
| | A5 社会力量参与 | A51 社会力量参与机制建立情况 |
| | | A52 政策宣传有效性 |
| | | A53 鼓励政策落实情况 |

| 一级指标 | 二级指标 | 三级指标 |
|---|---|---|
| B 产出 | B1 改善农牧民生活生产条件 | 均按照数量、质量、时效三个维度进行细化 |
| | B2 大力提升公共服务水平 | |
| | B3 提高特色产业现代化水平 | |
| | B4 促进两地交流交往交融 | |
| C 效果 | C1 改善农牧民生活生产条件 | 对照对口支援规划四个方面的目标，提炼如脱贫人口增长率、道路通达率、年接待旅游人次增长率和专业技术人才数量增长率等 13 个评估指标 |
| | C2 大力提升公共服务水平 | |
| | C3 提高特色产业现代化水平 | |
| | C4 促进两地交流交往交融 | |
| | C5 综合效果 | C51 带动社会资金投入增长率 |
| | C6 满意度 | C61 对口支援受益对象满意度 |
| D 影响力 | D1 信息化建设 | D11 信息化管理情况 |
| | D2 沟通协作 | D21 沟通协作情况 |
| | D3 长效管理 | D31 后续维护机制建立情况 |

其中，投入和管理指标设计围绕规划提出的保障措施，从对口支援机制、对口支援人才保障、资金管理、项目管理及社会力量参与等五个方面设置。产出指标围绕规划项目总体安排，针对农村建设、社会事业、产业发展、人力资源培训及其他方面分别设计，同时结合"十三五"期间各年度计划安排分解情况对相应指标的目标值进行调整，设置了与评估时段相对应的目标值。效果指标则围绕规划提出的"改善农牧民生活生产条件，大力提升公共服务水平，提高特色产业现代化水平，促进两地交流交往交融"等目标展开，并根据现阶段规划目标应实现的水平调整了具体指标的目标值。影响力指标从信息化建设、沟通协作和长效管理三个方面考察。

阶段性目标值根据规划推进进度分解来确定，如基建类的项目，可以对照工程总体进度和年度计划安排进行调整，以基建类项目中的住房改善工程为例，"住房改善工程计划完成率"总体目标值为"100％"，对应评估时点，需结合年度计划安排调整为"85％"，若实际完成率高于 85％ 则判断住房改善工程规划目标的完成可能性高，若低于则表示存在一定风险，等等。

最后，依据具体项目目标及实施内容，设置基础数据采集表，并通过资料核查及现场勘察等方式，掌握项目实际开展情况。在 A 地区受援办的组织协调下，本次评估现场核查工作覆盖 A 地区所有受援县，抽查各类型项目共计 60 个。

（二）绩效分析

绩效分析以评估指标体系评分结果为基础，围绕对口支援工作投入和管理及产出、效果等方面展开。

首先，从资金投入、人员投入和保障措施三个方面对投入和管理情况进行分析。从结果来看：一是援助资金多投向社会事业和产业发展的基础设施建设，占比达81.66％；而相应的人员队伍建设及维护运营方面的软投入偏少。二是Xxx地区选派了优秀支援干部队伍，为规划顺利实施提供了智力保障，两地通过干部挂职培训、主体班子培训、团队交流互访等，切实促进两地交流、交往。三是对口支援工作、第三方管理、统计监测、中期评估等各项管理机制较为健全，但社会力量参与存在明显不足。

其次，以对口支援规划目标为根本，重点从教育、卫生、产业发展、扶贫及新农村建设等方面，分析对口支援资金投入对A地区相关领域发展的推动作用。一是通过标准化建设等工作，改善了各校的教育教学条件，但师资力量配备仍存在不足，部分学校师生比未达标，A地区培训力度不足，当地人才的自身造血能力有待加强。二是乡镇卫生院标准化建设、农村传染病攻坚计划、巡回医疗项目、乡镇卫生院远程医疗培训等项目，改善了医疗卫生的基本条件，明显提升了地区重点疾病防治能力，但医疗专业技术人员仍然紧缺，巡回医疗时间偏短，无法有效满足当地需求。三是产业合作社形式逐步推广，明确利益联结机制，此种模式为建档立卡户分红、增收提供了渠道，但产业扶贫效益未充分发挥，如生态保护政策导致旅游业发展遭遇瓶颈，规模化养殖较为困难，产业合作社运营率低等。四是对建档立卡贫困户实施了住房改造、村容村貌整治，有效解决了农牧民的居住问题，改善了农牧民的生产生活条件，但各县脱贫率与目标有较大差距，脱贫攻坚目标任重道远，且各县均存在不同程度的返贫现象。

（三）评估结论

1. 总体结论

从总体层面而言，"十三五"期间，对口支援规划实施在新农村建设、教育、卫生等基础设施建设等方面效益总体发挥较好。通过不断地加强教育基础设施建设，A地区各校基本办学条件明显改善，招生吸引力明显提升，但师资力量配备方面仍存在不足；通过基层医疗卫生机构基础设施改造、农村重大传染病信息系统建设及筛查等工作，A地区基层卫生院配套设施明显改善，重点疾病防治能力明显提升，但医疗专业技术人员仍然紧缺；产业合作社形式逐步推广，但产业扶贫效益未充分发挥，畜牧业特色产业带动能力不强，旅游业发展受环保政策影响较大；通过贫困户住房改造、村容村貌整治等新农村建设项目，明显改善了农牧民生产生活条件，但脱贫率与目标有较大差距；人力资源培训方面，轮岗干部能力总体提升，但相关人员赴Xxx地区参加培训效果不明显。

从县级层面的工作机制和保障措施来看，对口支援的投入和管理机制健全；第三批对口支援干部人员保障到位，其管理、考核适用于《对口支援干部管理办法（试行)》等；对口支援项目资金保障到位，资金监管有效，支出合规；项目管理制度覆盖项目遴选、变更、政府采购、决算验收、统计监测和归档的项目全生命周期，制度健全且执行有效。各县建立了社会力量参与机制，利用多种媒体形式宣传 Xxx 地区各区对口支援 A 地区各县的政策措施。

在援助产出方面，截至 2017 年年底，各县的贫困人口均已建档立卡，实现了建档立卡户的全部帮扶；村庄村容村貌整治工程、公共服务配套设施建设、基本办学条件改善工程、医疗机构设施改善工程基本完成，但部分项目完成及时性不足；旅游资源开发建设工作因生态保护政策要求，部分著名景区关闭，相应的环卫设施建设、旅游产业园等项目均已拆除；巡回医疗工作按计划开展，现代农牧业配套设施建设全部按计划完成；各项培训按计划完成。

在援助效果方面，2017 年脱贫人口数相比近三年平均值有所下降；村容村貌显著改善，道路通达率逐年增长；教育条件逐年改善，但设备配备及师资力量存在不足；基本公共卫生服务主要指标达标率逐年提升，但低于目标值；地区生产总值逐年增长；2017 年接待旅游人次相比于近三年平均值有所增长；社会消费品零售总额逐年增长；轮岗培训干部能力明显提升；受益农牧民满意度较高。

影响力方面，各县有相应的跨部门协作机制；抽查的项目按照相关机制开展定期汇报、定期督查等工作；但各县未采取信息化管理手段对规划项目的开展、实施及后续情况进行管理，信息化管理水平有待提升，后续维护机制有待完善。

从抽查项目实施情况来看，各县相关主管单位提供了项目的文件材料，资料完备性、规范性情况良好。但核查过程中仍发现如下问题：一是项目超期现象严重，且未形成规范的进度调整机制，项目进度管理存在缺陷；二是存在已建设完成但尚未完全投入使用的项目，项目效益未能及时、有效发挥。

2. 经验做法

一是积极践行精准扶贫，多措并举促进农牧民增收。中央扶贫开发工作会议后，省委、省政府要求把"精准扶贫"工作作为 Xxx 地区对口支援工作的重中之重。结合 A 地区的实际情况，确保资金项目能够切实投入重点脱贫工程。同时，积极创新项目支援模式，开展了以"公司＋合作社＋牧户"的经营模式对合作社产业进行扶持，以切实促进牧业增产、牧民增收。

二是高度重视对口支援项目管理工作，出台多项管理制度。A 地区及各县主管部门高度重视对口支援项目的管理工作，在参照《Xxx 地区对口支援 A 地区项目管理暂行办法》《Xxx 地区对口支援与合作交流专项资金管理办法》的基础上，不断完善项目前期管理、施工管理、竣工验收及移交、档案管理、资金管理等相关制度建设，规范工作流程，加强对工程项目评审、建设过程、资金审核等三个重点环节的检查，保障项目建设顺利有序开展。同时，出台《A 地区建设工程项目规范管理办法》等多项管理办法，以进一步加强对援建项目的组织管理、施工管理、竣工验收管理，也通过实行定期统计报表制度、不定期检查通报制度，进一步加强项目过程管理。

3. 存在的问题

一是规划制定层面，规划较为宏观和笼统，部分工作直接将 A 地区社会和经济发展的总体水平作为规划目标。然而，A 地区社会经济的发展需要多方面资源投入，对口支援仅为其中较小的组成部分，将 A 地区总体经济社会发展水平作为 Xxx 地区对口支援的规划目标不符合实情，充分发挥 Xxx 地区优势，实现示范、引领的带动作用，才是对口支援工作的宗旨。此外，现有规划未对对口支援工作的总体方向加以明确，未对对口支援工作的示范性提出强针对性、高匹配度的目标，相应的内容及目标较为宽泛，不够清晰；资金投入侧重于基础设施建设，软件配套投入偏少，产业发展模式引导、管理人员培养投入偏少，资金安排考虑有所欠缺，投入方向有待转变。

二是项目立项层面，部分立项项目实施内容和方式不尽合理。在项目申报、审核、确定过程中，部分项目未充分结合 A 地区的实际情况，项目实施的内容及方式均无法充分满足当地民众的需求，项目的效益不够理想。如专业人才交流计划项目，教育、卫生人才往往因忙于本职工作而无法抽身前往 Xxx 地区参加培训，且培训周期偏短，Xxx 地区和 A 地区在教育理念、医疗设备配置等方面又均存在差异，培训人员所学知识无法直接应用到 A 地区的教学、医疗工作中，实用性不足，培训效果不明显。

三是规划实施管理层面，项目延期、变更现象较多，对实施过程的监管力度不足，导致部分项目实施进度滞后，对规划总体目标的实现造成一定影响。资金管理办法未明确结余资金后续如何处理，不利于结余资金效益的充分发挥。部分新采购设施设备因缺少后期维护机制、缺乏后期维护资金等综合原因，在建设完成后无人维护管理，长期处于闲置状态，造成了资源浪费，无法发挥援建资金的效益。

4. 相关建议

在政策决策层面，建议结合 A 地区的发展现状，加强对口支援资金统筹安排，优化支出结构。下一阶段的对口支援工作应遵循补短板、强弱项的原则，对资金安排重点进行相应调整。在基础设施建设的基础上，需要进一步加大对"软件"配套的投入，如教师队伍建设方面，一是组织更多的志愿者进行支教，延长支教时间，进一步解决教师短缺的问题；二是转变培训方式，因地制宜援助指导。

在项目立项层面，项目规划应根据后续对口支援工作及资金安排的重点方向，结合 A 地区的实际需求，在 A 地区上报的年度计划的基础上，筛选更切合实际、更能满足其现实需求的项目，通过双方商讨确定项目实施内容，以更切合 A 地区实际需求的内容和方式开展项目。

在执行管理层面，规划实施过程中一方面需要重点加强停工或延期项目实施进度的监控力度，要求各县及时上报停工或延期的主要原因及存在的问题，协调相关部门解决相应困难，给予必要的技术支持，推动对口支援项目的顺利开展，保障其效益的及时发挥；另一方面，针对后续规划的项目，在项目申报时，增加后续维护资金的相关内容，进一步加强前期项目论证，建立健全设备设施维护方案，保障项目后续正常运行及维护。

### 三、案例总结

#### （一）案例经验及优点

本次评估通过"面—线—点"相结合的方式从三个层面对规划的实施情况进行全面的评估，全面、立体地反映了规划实施中期目标实现情况。规划评估的重点包括规划目标的合理性、规划保障措施的落实情况及规划目标的实现情况等，并从三个不同层次对规划的实施情况及目标的实现程度进行分析，形成最终规划评估结论。

首先，梳理分解规划总目标，厘清评估时点的阶段性目标。虽然是对"十三五"规划开展中期评估，但除了反映阶段性规划目标的实现情况，还应判断总目标是否能如期达成。评估组在分解规划总目标的基础上，从农村建设、社会事业、产业发展、人力资源培训等方面，结合各年度具体计划安排确定了阶段性目标，并根据阶段性目标的完成情况判断规划总目标顺利实现的可能性。

其次，落实"面—线—点"三个层级的评估思路，各层级评估结果相互关联。整体规划目标可以通过各县规划任务落实情况体现，各县规划目标实现程度可以通过具体项目绩效目标实现情况反映，评估组从总体规划、县级实施、具体项目三个层面，围绕"十三五"规划的目标、任务及保障措施展开，对规划实施情况进行总体分析，对各县实施情况开展对比分析，对各具体项目进行抽查分析，评估工作层次清晰、内容全面。

#### （二）案例的局限性

本次案例也有一些不足之处，主要在于未能获取部分数据，规划的部分项目效益无法反映。本次案例受评估所处时段影响，部分规划项目存在延期、变更的情况，评估过程采集的数据受采集时间、统计口径、数据来源等影响，未能获取部分数据，未能充分反映该类项目的效益，而评估所处阶段的数据仍有一定的局限性。

#### （三）进一步探讨的方向

本次规划中期评估重点在于反映规划的实施情况及实施过程中存在的问题，因而评估指标体系框架和绩效分析主要沿用了专项资金评估的思路。然而，对口支援规划中期评估相比对口支援专项资金绩效评估的范围更广、综合性更强，不仅要评估规划的效果，还要对规划本身的制定情况展开分析，评估的内容及评估指标体系设计应该有所区别。后续开展区域规划中期评估，可以参照政策评估的框架体系，贯穿区域规划制定、实施和成果的全过程。

受援地区的总体发展水平受地理位置、生态环境等因素影响较大，对口支援作为带动援助地区发展的手段之一，对受援地区的社会经济发展起着重要的促进作用，但对口支援工作的宗旨在于充分发挥援建方示范、引领的带动作用，因而无法决定受援地区的社会经济发展水平。"十三五"规划的总体目标覆盖了受援地区生活生产、公共服务、产业发展等各方面，对口支援工作起到的促进作用相对有限，因而援建方、受援方在规划实施过程中的责任及事权划分也是规划评估过程中值得关注的重点，对于规划目标未能如期实现的情况，还需结合相关主体的责任进一步探讨。

# 后 记

· · · ·
· · · ·

《中共中央 国务院关于全面实施预算绩效管理的意见》发布以来的三年多时间里，各级政府各部门都在积极推进相关工作，在不断取得成果的同时，也面临着新形势下的各种新要求、新问题。总的来说，全面实施预算绩效管理正处在一个关键时期。在这个关键期里，过去的许多经验需要梳理，面临的许多问题需要回答，当下的最新要求需要分析，将来的发展形势需要研判。

上海闻政管理咨询有限公司（以下简称"闻政"）基于长期研究积累和过往经验，将这三年多来的工作进行系统性梳理总结，并尝试对学界和业界关心的一系列问题给出一些答案，为让更多的人能读懂全面实施预算绩效管理这部"巨著"贡献自己的力量。为此，我们在 2019 年出版的《全面实施预算绩效管理系列丛书》的基础上进行了修订和再版，形成了呈现在读者面前的这套全新的《全面实施预算绩效管理系列丛书》（修订版）。

作为上海财经大学等国内多个高校的"产学研"基地，闻政始终坚持以绩效为核心，以"驱动绩效 定义未来 给力政府"为己任。在多年的发展和实践中，闻政以苛求专业的精神、求真务实的作风积极为各级政府部门、业内第三方机构等提供专业的全方位绩效管理服务，是一家集"预算绩效管理研究、政府绩效咨询、绩效信息化产品开发与服务、绩效大数据建设与应用、政府绩效管理培训"于一体的智库型企业，并不断深入开展关于政府治理能力现代化大数据决策应用体系的研发构建。

本套修订版丛书由闻政团队结合实践经验和研究成果精心打磨、淬炼而成。其中，《全面实施预算绩效管理专业基础（第二版）》和《全面实施预算绩效管理实践指导（第二版）》由 2019 年版《全面实施预算绩效管理系列丛书》修订而成，内容上更加细致全面；《全面实施预算绩效管理案例解读（2021）》根据闻政近三年的实际案例全新编撰。此外，闻政团队还基于 2017 年财政部与共建高校联合研究课题"关于政府购买服务第三方绩效评价机制研究"上海财经大学研究成果编著了《政府购买服务绩效评价：理论、实践与技术》，基于2019年财政部部省共建联合研究委托课题"政府债务预算绩效管理研究"中国国债协会和上海财经大学联合研究成果编著了《政府债务预算绩效管理路径探索：基于代际公平和投融资机制的视角》，两本新书提供了实现预算绩效管理全覆盖的典型范例，是对当前预算绩效管理新要求的一种回应。

丛书由刘国永担任主编，李文思、王萌担任副主编。丛书编委由孙晓霞、王华巍、姜蓉、张林、罗杰、王文才、何文盛、马蔡琛、华清君、李宜祥、俞红梅、任晓辉、彭锻炼、汤泉、刘敏、信俊汝、吴晶、夏和飞组成。具体来说，《全面实施预算绩效管理专业基础（第二版）》和《全面实施预算绩效管理实践指导（第二版）》由刘国永、李文思、王萌主导编撰；最新分册《全面实施预算绩效管理案例解读（2021）》由信俊汝、朱文、王春影、梁园园撰写；《政府购买服务绩效评价：理论、实践与技术》由熊羽、罗杰、刘敏撰写；《政府债务预算绩效管理路径探索：基于代际公平和投融资机制的视角》由孙晓霞、黄超、刘敏编撰。丛书再编过程中还参考、借鉴了国内外有关专家学者的最新研究成果。借此致敬前人的智慧，同时也对成书过程中给予关怀和支持的社会各界、领导同志、绩效同仁及读者表示深深的感谢。

本书作者信俊汝，上海闻政管理咨询有限公司总监，青海省省级预算绩效评价专家，以乡村振兴领域绩效管理体系建设为主要方向。本书作者王春影，上海闻政管理咨询有限公司研究员，中级统计师，其主要研究方向为转移支付绩效管理体系、财政高质量发展以及产业扶持财政支出政策等。本书作者朱文，上海闻政管理咨询有限公司高级项目经理，擅长乡村振兴、公共交通、医疗卫生等领域。本书作者梁园园，上海闻政管理咨询有限公司河南分公司副总经理，河南省财政预算绩效管理咨询专家，长于教育、交通、乡村振兴等领域绩效评价业务。

本着"孜孜以求，不断探索"的精神，闻政深知绩效之路深远绵长，唯以匠人之心继往开来，敢于在实践中求证，方能近道。今后，闻政还将继续全方位多触角发力，陆续推出关于基层政府预算绩效管理改革，教育、公交、国企等行业绩效管理探索，以及地方实践模式创新等领域的更多成果，旨在为绩效行业发展献上自己的智慧果实，让绩效管理更专业、更科学，从而为政府的科学决策提供有力支持。

编者

2021年12月